陕西省乡村旅游可持续发展研究

高林安　著

陕西省社会科学基金项目（后期资助）（项目编号 2014HQ03）——“陕西省乡村旅游可持续发展研究”项目资助成果

陕西省社会科学基金项目（项目编号 12Q010）——“旅游资源开发中的历史街区保护与动态规划研究”项目资助成果

科学出版社

北　京

内 容 简 介

本书根据陕西省乡村旅游快速发展的动态性与适应性管理模式，架构了陕西省乡村旅游适应性管理框架，旨在推动陕西省乡村旅游全面、健康、持续发展。在此基础上，本书提出切实可行的措施解决我国乡村旅游发展存在的问题，探索指导我国乡村旅游可持续发展的路径。

本书对关注乡村旅游的政府管理部门、研究机构、大专院校，经营单位等的决策者、管理者、研究人员、教师、学生、经营者来说，值得一读。

审图号：陕 S（2018）009 号

图书在版编目（CIP）数据

陕西省乡村旅游可持续发展研究/高林安著. —北京：科学出版社，2018.9
ISBN 978-7-03-054949-5

Ⅰ. ①陕… Ⅱ. ①高… Ⅲ. ①乡村旅游－可持续性发展－研究－陕西 Ⅳ. ①F592.741

中国版本图书馆 CIP 数据核字（2017）第 260588 号

责任编辑：冯 涛 李祥根 杨 昕 / 责任校对：王万红
责任印制：吕春珉 / 封面设计：东方人华平面设计部

科学出版社 出版
北京东黄城根北街 16 号
邮政编码：100717
http://www.sciencep.com
北京虎彩文化传播有限公司 印刷
科学出版社发行 各地新华书店经销
*
2018 年 9 月第 一 版 开本：B5（720×1000）
2018 年 9 月第一次印刷 印张：14 1/4
字数：287 000

定价：88.00 元

（如有印装质量问题，我社负责调换〈虎彩〉）
销售部电话 010-62136230 编辑部电话 010-62135397-2032

前　言

在旅游业快速发展的背景下，在各级政府的支持和引导下，乡村旅游得到了快速发展。在快速发展的同时，乡村旅游存在的各种问题也不断凸显，需要及时解决，以实现可持续发展。

陕西省乡村旅游从 20 世纪 90 年代初起步到现在，经历了 20 多年的发展，已成为陕西省旅游业的重要组成部分。陕西省地域辽阔，下辖的十市一区乡村旅游发展状况各不相同，负面效应各具特点，面对这种情况，亟须寻找一种新的管理方法来综合应对。在综合社会、经济、文化、生态环境的要求，以达到人类社会发展的需要与社会、经济、文化及生态环境可持续发展要求的和谐统一，同时涉及如何进行社会、经济、文化及自然资源和环境的保护、社会利益平衡与经济可持续发展的协调统一，适应性管理理论无疑能为其提供有力的指导。基于此，本书以陕西省十市一区乡村旅游发展目的地为对象，在总结国内外相关研究现状和梳理相关研究理论的基础上，采用文献收集与多途径数据采集相结合、定量分析与定性分析相结合、理论与实践相结合的研究方法，以旅游地生命周期理论、乡村旅游发展理论、适应性管理理论、旅游地理学相关理论、可持续发展理论为指导，以陕西省各市、区及不同人文自然条件区域为空间分布单元，实地调研，分析、总结、评价、研究，针对陕西省乡村旅游快速发展态势，架构了各市及不同人文自然条件区域的政府管理、自身管理、产品供给与需求管理、基础设施供给与需求管理、空间布局规划管理、人才管理、市场营销管理等适应性管理框架。

本书由六章组成。

第一章绪论部分主要阐述了研究背景、立论依据、研究目的及意义、内容与技术路线，并对国内外旅游地生命周期理论、乡村旅游理论、适应性管理理论相关研究文献进行综述、评价。

第二章基本概念与理论部分主要探讨了旅游地生命周期理论、乡村旅游发展理论、适应性管理理论、旅游地理学等相关理论。

第三章是本书的重点部分，阐述了陕西省乡村旅游的发展历程、管理模式、发展模式、空间布局、产品开发、经营现状等，对总体需求、供给、效应，以及人文、自然、社会生态环境等方面存在的问题进行了系统分析，为陕西省十市一区乡村旅游发展问题的“诊断”打下基础。

第四章对陕西省十市一区乡村旅游游客行为特征、社区居民影响感知和态度、供给系统、环境承载力、政府管理等方面进行调查分析、综合评价，认为西安市、宝鸡市、汉中市、安康市、商洛市、杨凌农业高新技术产业示范区处于旅游地生命周期发展阶段，咸阳市、渭南市、铜川市处于旅游地生命周期起步阶段，延安市、榆林市处于旅游地生命周期探索阶段。

第五章对处于不同旅游地生命周期阶段的陕西省十市一区乡村旅游目的地存在的问题进行诊断，针对诊断问题从需求与供给、效应、环境及其他因素方面提出适应性管理方案，反馈、实施方案，对方案应用进行监控和评估，根据结果提出调控对策，结合方案与调控对策进一步调整方案，最后架构陕西省不同生命周期阶段城市、不同地域的乡村旅游需求与供给、效应、环境，以及其他方面的适应性管理框架。

第六章为本书的总结部分，阐述了基本结论、创新之处、研究不足与今后研究的方向。

本书通过“理论研究+一线调研+实践应用”的模式，架构了陕西省乡村旅游适应性管理框架，有效降低了陕西省乡村旅游发展的负面效应，有利于延长陕西省乡村旅游目的地的生命周期，探索了适应性管理理论在乡村旅游研究中的实践应用价值。丰富、深化了乡村旅游相关理论研究，并提供了一个新的研究思路。本书构建的乡村旅游适应性管理框架，也可为我国西北地区乃至全国乡村旅游管理提供借鉴和参考。

本书所列图表资料主要源于作者主持的陕西省社会科学基金项目《旅游资源开发中的历史街区保护与动态规划研究》（项目编号 12Q010，2012 年 9 月至 2014 年 9 月），陕西省社会科学基金后期资助项目《陕西省乡村旅游可持续发展研究》（项目编号 2014HQ03，2014 年 12 月至 2016 年 10 月），陕西省教育厅哲学社会科学重点研究基地科研计划项目《后世园时期西安旅游市场变动趋势及旅游企业发展战略研究》（项目编号 12JZ009，2012 年 5 月至 2014 年 12 月），陕西省教育厅科学研究项目《陕西省乡村旅游适应性管理研究》（项目编号 14JK1258，2014 年 7 月至 2015 年 12 月），以及西安财经学院商学院旅游系 2010～2016 年连续 7 年的学生暑期社会实践活动考察调研。

由于著者水平有限，书中疏漏之处在所难免，敬请广大读者批评指正。

目　录

第一章 绪 论

第一节 研 究 背 景

一、中国乡村旅游的快速发展

2004 年 7 月，胡锦涛到上海崇明岛对“农家乐”经营家庭进行考察并做出了“农家乐”前途无量的评价。2006 年 8 月 26 日，原国家旅游局局长邵琪伟在成都举行的全国乡村旅游现场会上的讲话对乡村旅游给出了建设性的意见[1]。2006 年、2007 年中国旅游主题为乡村旅游，彰显了国家对乡村旅游的重视。2007 年中共中央一号文件提出要特别重视乡村旅游发展的要求。2007 年，中国启动乡村旅游“百千万工程”，在全国推出 100 个特色县、1000 个特色乡、10 000 个特色村。这些措施的实施，使我国乡村旅游快速发展。2007 年“五一”黄金周期间，全国约有 60%的城市居民选择乡村旅游。2009 年 11 月 25 日，国务院通过了《国务院关于加快发展旅游业的意见》(国发〔2009〕41 号)，指出：“坚持以国内旅游为重点，积极发展入境旅游，有序发展出境旅游。”从此，国内旅游走上了快速发展之路。近几年，城市近郊乡村旅游、短途旅游、“一日游”、生态旅游等深受游客欢迎。

据相关统计数据，2010 年，全国农家乐已超 150 万家，规模以上休闲农业园区①超过 1.8 万家，全国休闲农业年接待游客超过 4 亿人次[2]。2011 年，规模以上休闲农业园区超过 2 万家，年接待游客超 6 亿人次，休闲农业与乡村旅游年经营收入达到 1500 亿元，带动 1500 万农民受益[3]。2012 年，全国有 9 万个村开展休闲农业与乡村旅游活动，休闲农业与乡村旅游经营单位达 180 万家，其中农家乐 150 万家，规模以上休闲农业园区超过 3.3 万家，年接待游客 8 亿人次，年营业收入 2400 亿元，从业人数 2800 万，占农村劳动力的 6.9%[4]。2013 年全国农家乐数量达到 170 多万家，乡村旅游的重点村有 10.6 万个，全年接待游客将近 10 亿人次，旅游收入达到 2800 多亿元，直接受惠的农民有 3000 多万[5]。2014 年，乡村旅游游客数量达 12 亿人次，占国内旅游接待总量的 30%，乡村

---

① 规模以上园区标准：经营管理规范，休闲服务功能完善，基础设施健全，从业人员素质较高，发展成长性好，农业总收入不低于 300 万元或者占园区总收入 50%以上，年接待游客 3 万人次以上，吸纳当地农村劳动力占职工总数的 60%以上。

旅游收入 3200 亿元，带动了 3300 万农民致富，全国有 200 万家农家乐，10 万多个特色村镇[6]。2015 年全国休闲农业和乡村旅游接待游客超过 22 亿人次，营业收入超过 4400 亿元[7]。2016 年全国休闲农业和乡村旅游接待游客近 21 亿人次，营业收入超过 5700 亿元，从业人员 845 万，带动 672 万户农民受益[8]。2018 年 1 月 8 日，原国家旅游局局长李金早在全国旅游工作会议上的报告中指出，2017 年全国乡村旅游 25 亿人次，旅游消费规模超过 1.4 万亿元[9]。

随着乡村旅游的快速发展，国家不断出台新的政策，对乡村旅游进行支持。《国务院关于加快发展旅游业的意见》指出，要“开展各具特色的农业观光和体验性旅游活动”，“规范发展‘农家乐’、休闲农庄等旅游产品”。《中共中央　国务院关于加大统筹城乡发展力度　进一步夯实农业农村发展基础的若干意见》（2010 年中共中央一号文件）明确指出，“积极发展休闲农业，拓展农村非农就业空间”。2010 年，原农业部与原国家旅游局签署了合作框架协议，共同把发展休闲农业作为破解“三农”问题和建设新农村及小康社会的有效途径，并且把发展休闲农业上升到国家战略高度，在“十二五”乃至更长时期予以重点扶持。2013 年，原农业部在总结“十一五”全国休闲农业发展经验的基础上，明确提出了休闲农业发展的思路、方向和目标，制定了相应工作措施。原国家旅游局、原农业部高度重视乡村旅游发展，坚持把发展乡村旅游作为满足国内旅游需求的主战场，作为国内旅游的基础工程加以建设，大力实施“多元化推动、产业化发展、特色化建设、规范化管理”的发展战略。《中共中央　国务院关于深入推进农业供给侧结构性改革加快培育农业农村发展新动能的若干意见》（2017 年中共中央一号文件）提出大力发展乡村休闲旅游产业，充分体现了党中央、国务院对推进乡村旅游和旅游扶贫工作的高度重视，提出利用“旅游＋”“生态＋”等模式，推进农业、林业与旅游、教育、文化、康养等产业深度融合，在乡村旅游业接待人数和旅游收入不断创新高的情况下，从多个方面对乡村旅游可持续发展、转型升级做出部署。2017 年 1 月 12 日，原国家旅游局局长李金早在 2017 年全国旅游工作报告《积极实施“三步走”战略奋力迈向我国旅游发展新目标》中多次提到乡村旅游，对乡村旅游发展的多个方面、多个环节进行了部署。近年来，原农业部和原国家旅游局共同成立了中国旅游协会休闲农业与乡村旅游分会，许多地方政府也出台了促进休闲农业与乡村旅游发展的政策措施。2017 年 4 月 27 日，由原农业部和浙江省人民政府主办，原农业部农村社会事业发展中心、中国农业电影电视中心（CCTV-7 农业节目）、浙江省农业厅和浙江省安吉县人民政府协办的以践行“两山”理论、发展休闲农业为主题，以“休闲农业乡村游、望山看水忆乡愁”和“醉美休闲农业、相约美丽乡村”为内容的全国休闲农业和乡村旅游大会——《中国美丽乡村休闲旅游行》在浙江省安吉县隆重召开，以“厉害了，我的村”为主题，贯穿前后。此次大会规格高、参加人员多、影响大。大会为获评

“2016 全国休闲农业和乡村旅游示范县（市、区）”的 75 个地方授牌，对乡村旅游快速发展有很大的示范、带头、推进作用。

二、中国乡村旅游的负面影响不断扩大

旅游作为一个系统，是旅游者通过旅游媒介到达旅游目的地的活动系统。其构成要素有：旅游主体——旅游者，旅游客体——旅游产品，旅游媒介——旅游业和贯穿在其中的旅游活动（指以一定的经济、社会、环境存在和发展为依托，由旅游者、旅游客体和旅游媒介互为条件、相互作用所产生的现象和关系总和）。旅游开发会对旅游目的地区域的政治、经济、社会、文化、环境等各方面产生影响。只有全面、科学地对各种影响进行分析，才能真正认识旅游开发的作用[9]。

乡村旅游生态环境是一个自然—文化—经济复合系统，它由乡村旅游的宏观生态环境、微观生态环境和经济环境 3 个部分构成，包括乡村自然生态环境、乡村人文生态环境和乡村经济环境 3 个子系统。乡村自然生态环境是由大气、水文、地貌、土壤、生物等组成的自然综合体；乡村人文生态环境是由旅游乡村的建筑、聚落、服饰、语言、精神风貌、社会治安、卫生健康状况、当地居民对旅游者的态度、旅游服务等组成的人文综合体；乡村经济环境包括乡村旅游所带来的个人经济收益、家庭经济收益、集体经济收益、基础设施环境改善等。乡村旅游生态环境结构交叉，能流关系复杂。旅游发展与乡村生态环境保护具有互动的辩证关系，自然、人文和经济 3 个子系统是乡村旅游赖以发展的基础，乡村旅游的发展可以促进 3 个子系统相关因子的进步和优化，但也可能对 3 个子系统及其因子造成破坏。在现今阶段，乡村旅游持续高速发展，由此对 3 个子系统带来的负面影响越来越受到相关学者的关注。

（一）乡村旅游的自然生态环境负面影响

生态环境良性循环是发展乡村旅游的重要物质基础，然而随着游客的不断增多，部分乡村旅游目的地出现了新问题，如乡村旅游规划不合理，旅游设施盲目增加，大量占用农地、林地、水体等；生活垃圾和固体废弃物随意丢放；大量游客涌入乡村居民私人生活空间，当地居民私人生活空间日益狭小，乡村失去以往特有的宁静和闲适。乡村旅游区内的生态环境恶化问题日益凸显，乡村旅游发展与生态环境的保护之间的矛盾也日趋尖锐。

乡村旅游带来的环境污染问题包括：①大气污染。乡村旅游的主要交通工具——汽车排出的氮氧化物、碳氧化物及其他有毒、有害气体，不仅污染空气，而且对人体极为有害，对森林和建筑物的危害也比较大。另外，旅游者中有大量的烟民，吸烟行为也会对空气的清新度造成一定程度的破坏。②水体污染。乡村旅游中的水上项目造成水体污染。③土壤污染。有些游人随地乱扔各种塑料袋、一次性餐

具、空瓶子等，这些极难降解的“白色垃圾”对土壤造成长期的污染，影响土壤生产力。④乡村田野活动污染。乡村旅游采摘等活动造成土壤板结等问题。⑤噪声污染。噪声主要来自来往机动车、船的行驶声、鸣笛声等，导游手持扩音器召集游客的声音，不文明游客的高声喧哗，以及乡村旅游景区内摊贩招揽顾客的叫喊声等。⑥旅游垃圾污染。例如，为游客提供饮食服务而产生的大量餐饮垃圾，以及游客丢弃的生活垃圾。若当地垃圾处理能力有限，这些垃圾就会以惊人的速度累积下来，严重破坏乡村地区的环境。

在乡村旅游快速发展的背景下，乡村旅游目的地应根据乡村旅游环境承载力，结合适应性管理理论与方法，不断调整管理、发展模式，保护好乡村自然生态环境，走可持续发展之路。

（二）乡村旅游的文化负面影响

乡村文化是乡村居民与乡村自然相互作用过程中所创造的所有事物和现象的总和，涵盖田园景观、农耕生产、建筑饮食、节庆民俗、村规民约、手工艺品等传统乡村生活的方方面面。旅游人类学认为，旅游过程是游客与东道主进行文化接触、碰撞的过程，不管人们愿意与否，只要发生文化接触，其社会文化就会发生变化。传承是文化的本质属性，强调文化在代际之间的发展变化与再创造的过程。乡村旅游客流主要表现为“城市客源—乡村资源”的单向度流动特征。所有旅游者都有自己的文化特性，乡村旅游者也不例外，他们带着城市文化到乡村的环境中旅游，这种旅游活动具有明显的文化特性，必然会对乡村文化产生影响，给乡间传统文化带来巨大的冲击。

乡村旅游对乡村文化的负面影响涵盖以下几个方面：①改变了乡村文化的真实内涵。乡村旅游中乡村文化商品化改变了传统乡村文化的内涵。②干扰了乡村文化正常传承机制。乡村年轻人受城市游客带来的文化影响，使乡村文化传承机制出现断层或缺失。③改变了乡村建筑文化。由于改造力度大，一些具有浓郁乡村、乡土气息的民房建筑遭到破坏，甚至消失。④乡村原有的宗教信仰受到一定的冲击。随着乡村旅游的发展，人们长时间处于繁忙的接待当中，打理庙宇、做宗教仪式的时间和精力会减少，冲淡了人们传统的乡村信仰。⑤传统思维模式、待人接物原则受到冲击。乡村旅游的发展促进了当地经济的发展，但是一些事物和思维也会随着商业利益和人口的流动进入乡村地区。例如，当地人商品意识觉醒的同时，少部分人滋生了一些不健康的经营意识，对乡村淳朴的民俗和道德伦理造成冲击。又如，粗野拉客、哄抬物价、恶意宰客等现象时有发生，淳朴善良、以诚待人的民风及传统的伦理观、道德观、羞耻观都发生了变化。

在乡村旅游的发展过程中，如何降低其对乡村文化的负面影响，是本书探讨的主要内容之一。

（三）乡村旅游的经济负面影响

旅游业的脆弱性特点说明旅游业容易受到各方面因素的影响，有些乡村过分依赖旅游业，过分夸大了乡村旅游的作用，这势必会提高乡村经济的风险性。另外，发展乡村旅游导致村民居住地消费品和服务价格上涨，提高了当地居民的生活成本。由于经营者与非经营者的收入差异，以及经营者中经营基础、经营效果的差异，乡村贫富差距开始拉大。乡村旅游发展也改变了当地人们的就业结构，有些村民开始从事旅游或清洁工作，或者成为个体户。就业结构的变化也带来了社会结构的变化。

在乡村旅游发展过程中，旅游业的发展给当地女性带来了更多的就业机会，妇女的经济地位与社会地位的改变，在一定程度上改变了乡村地区的传统工作结构和观念，使家庭结构产生变化，给家庭生活带来影响。

乡村社会结构变化及家庭结构的变化，带来了许多负面影响，打破了乡村和谐的社会环境，这不但会带来严重的社会问题，使乡村地区矛盾和冲突不断，而且会影响乡村旅游地生命周期（tourism area life cycle），影响乡村旅游的可持续发展。这就需要在乡村旅游发展过程中，不断调整利益分配原则，兼顾乡村旅游涉及的多元化利益相关者的利益诉求，以求尽可能实现乡村旅游利益相关者的共赢和乡村旅游地的全面可持续发展。

三、陕西省乡村旅游发展现状

陕西省乡村旅游从 20 世纪 90 年代末起步，经过近 20 年的发展，近几年走上了快速发展的道路。自 2010 年原农业部、原国家旅游局开展全国休闲农业和乡村旅游示范县（市、区）创建工作以来，截至 2017 年，陕西省已有 13 个县（市、区）被认定为全国休闲农业和乡村旅游示范县（市、区）。2017 年，陕西省 31 个文化旅游名镇建设完成投资 41.23 亿元，乡村旅游接待游客 2.02 亿人次，旅游收入 275.6 亿元，同比分别增长 17.95%和 31.1%[10]。西安市、咸阳市、宝鸡市、汉中市、安康市、商洛市、渭南市、铜川市、延安市、榆林市和杨凌区①等大中城市周边地区不同程度地开发了以“农家乐”等为主要模式的乡村旅游项目，其中以西安市的长安区、灞桥区、未央区（经济技术开发区）、鄠邑区、蓝田县、周至县等区县，咸阳市的礼泉县、淳化县等县，宝鸡市的岐山县、凤县等县，汉中市的汉台区、西乡县、城固县等区县，安康市的汉滨区、平利县、汉阴县等区县，商洛市的商州区、柞水县等区县，渭南市的临渭区、华阴市、韩城市、白水县、合阳县等市区县，铜川市的王益区、耀州区等区，延安市的宝塔区、洛川县等区

① 本书中“杨凌农业高新技术产业示范区”简称为“杨凌区”。

县，榆林市的榆阳区、神木县、横山县等区县，杨凌区的崔西沟村等地最为发达，最为有名。

陕西省大多数开展乡村旅游的地区尚处于发展初期，乡村旅游产品仍以“农家乐”等乡村旅游初级产品为主，产品同一化严重。基于旅游地生命周期理论各个阶段所呈现的特征判定，西安市、宝鸡市、汉中市、安康市、商洛市、杨凌区等市区乡村旅游起步较早，功能结构完整，产品类型丰富，业态完善，管理规划规范，正处于快速增长阶段，已经步入发展阶段；咸阳、渭南、铜川三市虽然现阶段发展较快，但是在功能结构、产品类型、业态及规划管理等方面尚有不足，仍处于起步阶段；延安、榆林两市起步较晚，功能结构比较单一，产品少，业态不完善，规划管理布局等存在的问题比较多，尚处于探索阶段。乡村旅游的持续快速发展对于陕西省发展乡村旅游地区现代农业产业结构的重大调整，推进农村生产经营专业化、标准化、规模化、集约化，延长农业产业链，发展循环经济，促进充分就业，快速增加农民收入，积极稳妥推进城镇化，加快新农村建设，建设农民幸福生活美好家园，以及提高市民假期生活质量、扩大内需有着十分显著的作用。

（一）陕西省乡村旅游发达地区的发展现状

1. 西安市乡村旅游发展历程与现状

西安市旅游发展委员会非常重视乡村旅游的发展，在西安市旅游发展委员会网站发布的“西安市民幸福生活天天游”项目中，大多数项目以乡村旅游为主。网站发布的乡村旅游的旅游线路、产品组合、接待联系电话等，为市民前往乡村旅游提供了及时的资讯，极大地促进了西安市乡村旅游的快速发展。

西安市乡村旅游从兵马俑博物馆附近零星经营的路边农家餐馆发展到现在，已经有 20 余年，初步形成了秦岭北麓、以环山路为主的长安区祥峪沟、上王村及鄠邑区草堂营村等乡村旅游游憩带；以采摘、休闲娱乐、垂钓、烧烤为特色的白鹿塬生态休闲农业园区、杜陵塬观光旅游区；以西安周边翠华山、王顺山等山地旅游景点为依托的“农家乐”乡村旅游区；以温泉为特色的蓝田县汤峪镇塘子村乡村旅游区；以赏花、采摘为特色的临潼万亩石榴园、阎良万亩甜瓜蔬菜园、灞桥万亩樱桃基地等乡村旅游区。西安市已经形成布局合理、种类丰富、特色鲜明、功能配套、服务规范的乡村旅游发展新格局，乡村旅游成为西安市旅游业的重要组成部分和全省乡村旅游的亮点。

以西安市乡村旅游主要形式之一的“农家乐”来说，截至 2017 年 12 月，在西安市范围内经旅游主管部门培训、指导并评审挂牌的“农家乐”经营户近 4600 家，另外还有“农家乐”自发经营者 1000 余户，主要分布在西安市长安区、鄠邑区、灞桥区、未央区、临潼区、蓝田县、周至县和阎良区等区县（图 1-1），且呈区域特色。其中已经颇具规模和吸引力的“农家乐”旅游活动有未央区的桃花节、采桃节，灞桥区的樱桃采摘节，鄠邑区的农民画观赏节等。

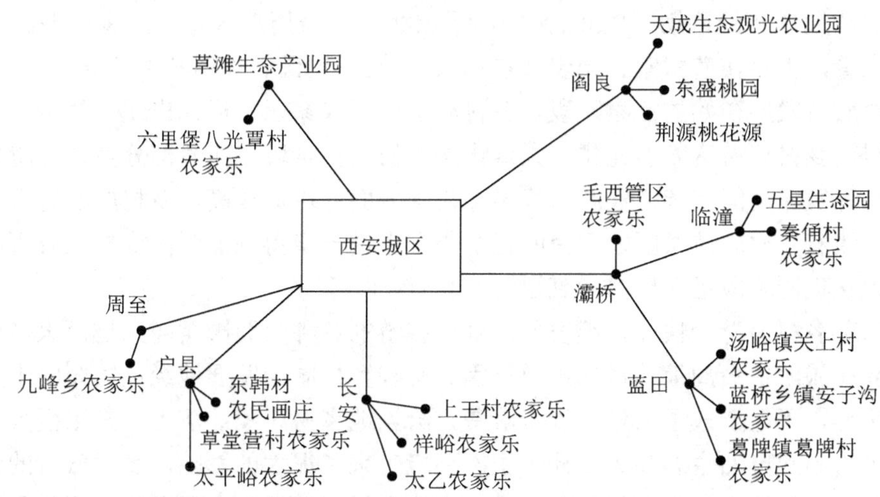

图 1-1 西安市“农家乐”乡村旅游目的地分布示意图

资料来源：实地调研

2. 宝鸡市乡村旅游发展现状

宝鸡市乡村旅游起步较早，分别以岐山县、扶风县、眉县的周原遗址、周公庙、法门寺、太白山为中心分布着 1700 余家“农家乐”经营户，以及“关中民俗园”“黄土文化园”等具有关中西府文化特色的乡村旅游景区、景点，乡村旅游产品丰富多彩。截至 2017 年年底，宝鸡市成功创建全国工农业旅游示范点 5 个，省级旅游特色名镇 19 个，省级乡村旅游示范村 15 个，现有 60 多个村、1800 多经营户、13000 余人从事乡村旅游工作[11]。2017 年，宝鸡乡村旅游接待人数 1623 万人次，直接经济收入 21.5 亿元[12]。

西安市、宝鸡市乡村旅游的快速持续发展，虽然为当地带来了可观的经济收入，但是也给当地的人文、自然生态环境带了巨大的冲击。有些乡村旅游发展地在没有任何征兆的前提下，突然进入了衰落期，针对这一现象需要进行认真调查研究，找出原因，提出对策，以延长乡村旅游的生命周期。

（二）陕西省乡村旅游快速增长地区发展现状

咸阳市、汉中市、安康市、商洛市、杨凌区、渭南市、铜川市、延安市、榆林市的乡村旅游起步比较晚，但是近几年发展速度特别快。据统计，这些地区年接待人次与收入增长率达到 18%左右，随着接待人次快速增长，政府管理、自身管理、产品生产、基础设施供给、市场营销等都不能满足需求，需要加大发展力度。

四、适应性管理理论应用范畴的拓展

加拿大学者巴特勒（Bulter）提出了旅游地生命周期模型，从乡村旅游发展历程来看，也存在着探索、起步（参与）、发展、巩固、停滞和衰落 6 个阶段。在乡村旅游发展初始的探索阶段，乡村旅游以“农家乐”形式出现。随着乡村旅游发展，乡村旅游进入多元化、大众化参与的起步阶段。随着部分乡村旅游景区在产品开发、功能完善、业态形式多样化等方面的迅速提高，乡村旅游进入发展阶段。随着乡村旅游景区之间空间竞争与合作进一步得到加强，乡村旅游可能也相应地从巩固阶段进入停滞和衰退阶段。

随着乡村旅游的快速持续发展，乡村旅游的各种负面影响越来越巨大，已经成为乡村旅游生命周期缩短的主要原因。有些乡村旅游发展地经过短短的十余年就已废弃，不但造成了大量的投资浪费，给当地乡村居民经济上带来了巨大的损失，也给当地自然生态和人文社会生态环境带来了很大的影响。乡村旅游的动态发展与适应性管理的动态管理相结合，根据乡村旅游地生命周期的不同阶段采取相应的管理措施，延长其生命周期，促使其可持续发展，不但理论上可行，而且实践上容易操作。

（一）旅游发展的适应性管理

改革开放以来，中国旅游业从无到有，已从最初以入境旅游市场为主发展为入境旅游、国内旅游、出境旅游“三分天下”的态势[13]。国内旅游中，乡村游、近郊游、短线游、“一日游”、自驾游、休闲度假游等成为主要旅游方式，旅游业一直处于快速发展变化当中。对于乡村旅游可持续发展而言，不存在静态的管理模式，而需要动态适应性管理模式。这就要求在旅游管理过程中，以动态、发展的思维范式来思考旅游管理模式产生、演化与变迁过程，从动态博弈演化的角度探讨旅游适应性管理模式，从而使旅游管理具有动态性、前瞻性与预测性，以利于旅游业的可持续发展。

（二）乡村旅游发展的适应性管理

中国乡村旅游业和中国旅游业一样，也是从无到有，一步一步发展起来的，其发展也是一个不断变化的动态过程。应以动态、发展的思维范式来思考乡村旅游的管理，并在此基础上构建一套以乡村旅游地结构、功能和演化过程的可持续性，以及社会、经济、文化、环境的可持续性为目标的，具有动态性、前瞻性、预测性的适应性管理模式体系[14]。

乡村旅游地作为旅游地的一部分，同样适合旅游地生命周期理论的发展模式，乡村旅游与适应性管理模式的结合如图 1-2 所示。

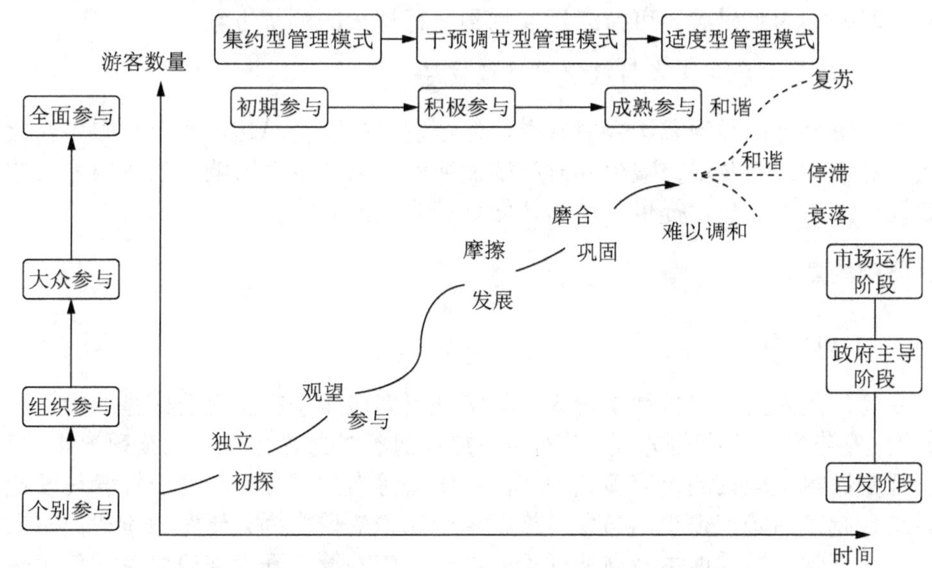

图 1-2 基于旅游地生命周期理论的乡村旅游适应性管理

资料来源：杨春宇．旅游地适应性管理模式：一个演化博弈的视角[J]．经济管理，2009，31（8）：136-143．

第二节 研究的目的与意义

一、研究的目的

（一）丰富旅游地理学、乡村旅游及适应性管理理论体系

本书基于旅游地生命周期理论，从乡村旅游的需求因素、供给因素、效应因素和环境因素角度出发，运用可持续发展理论、适应性管理理论、旅游地理学、文化地理学、旅游学、旅游经济学、供给侧改革、全域旅游等相关理论，以陕西省乡村旅游为例，探讨我国乡村旅游的适应性管理理论与方法，构建我国乡村旅游适应性管理理论与方法框架。另外，本书就乡村旅游的生命周期阶段划分的影响因素提出科学的量化指标，改善以往按照定性指标划分的争议性和不确定性，并在以上研究的基础上丰富和完善可持续发展理论、旅游地理学、乡村旅游及适应性管理理论体系。

（二）科学引导陕西省乡村旅游可持续发展

本书在完善我国旅游地理学、乡村旅游、适应性管理理论体系的同时，将研

究的可操作性与实践指导性、实用性放在首位；基于旅游地生命周期理论，结合适应性管理理论，在实践上，以陕西省为案例区，探索解决乡村旅游适应性管理策略与路径，为乡村旅游可持续发展找到一种持久的解决方案。

（三）科学引导我国乡村旅游可持续发展

本书研究旨在探索我国乡村旅游可持续发展的路径策略，实现我国乡村旅游健康、稳步、持续发展；减少乡村旅游发展所带来的负面影响，为我国乡村旅游持续发展注入正能量，提供原动力，做好智力支持。

二、研究的意义

（一）理论意义

目前，国内关于旅游地生命周期的实证研究多集中在主题公园型、山岳型、园林型、喀斯特洞穴型等方面，针对乡村旅游进行的旅游地生命周期研究很缺乏。关于适应性管理理论的研究多集中在江河湖海等自然现象，将适应性管理理论和旅游结合起来的研究很少，与乡村旅游结合起来的研究尚处于空白阶段。本书基于旅游地理学、旅游地生命周期理论，结合适应性管理理论来研究乡村旅游是一种尝试和创新，具有一定的理论意义和学术价值。本书在研究中还尝试建立乡村旅游地生命周期各阶段量化分段模型，以改变旅游地生命周期理论阶段划分的定性描述方式，使其更科学、更便于实际操作。这些研究既有助于充实、丰富和拓展旅游地生命周期、乡村旅游、适应性管理等理论的研究内容，也可对丰富、完善这些理论体系做出贡献。

乡村旅游已成为当前城市市民休闲旅游的重要方式，引起许多专家学者的关注，该领域学者在成功证明“乡村旅游发展与农村发展存在显著正相关”的基础上，开始把目光聚集在乡村旅游发展如何保持本土化和特色化、如何协调保护和利用之间的矛盾、减少负面影响、开发新的模式、实现可持续发展等方面。从理论意义上看，本书基于旅游地生命周期理论将乡村旅游与适应性管理紧密结合起来，有助于从理论层面构建一套解决方案，解决这些问题，对西安市及我国其他大中城市周边乡村旅游的可持续发展也具有积极意义。

本书在研究撰写过程中，通过借鉴国外乡村旅游研究的理念和方法，以我国乡村旅游可持续发展研究为突破口，突破我国在相关问题研究上的局限性，从整体上揭示我国乡村旅游发展所遇到的问题，从中探索我国乡村旅游可持续发展的机制和路径，从而拓宽和深化相关理论与实践研究，弥补当前研究的不足。这有助于完善我国乡村旅游发展理论体系的构建，使之系统化、科学化。

（二）实践意义

从独到的实践意义来看，乡村旅游在国内虽经过了近 30 年的发展，取得了不菲的成绩，但是在快速发展的同时，还存在着许多问题，如历史建筑景观破坏严重，本土文化不断受到外来文化侵蚀，环境污染加剧等。本书根据我国旅游业发展的新情况、新问题、新形势，在全域旅游、旅游供给侧结构性改革等助推下，结合2015年、2016年及2017年中共中央一号文件精神，实现乡村旅游发展的转型升级，促进我国乡村旅游健康、稳步、可持续发展，有利于解决我国乡村旅游发展模式简单，产品单一、同质化严重，经济、文化、环境负面影响进一步扩大等一系列问题。在社会意义方面，本书的研究可使我国原有乡村建筑风貌、历史文化得以有效保护，源远流长，使其成为建设社会主义新农村、建设美丽乡村、接纳农村剩余劳动力、促进城乡交流、缩小城乡差距、丰富人民生活及精准扶贫的一条重要途径。在经济意义方面，本书的研究可为顺利实现我国旅游业"十三五"发展规划目标提供理论支持、智力支持和实践指导。

本书以陕西省为研究区域，提出对策与调控方案，如果实施顺利，将对陕西省、我国西部乃至全国乡村旅游健康持续发展有很好的示范带头作用。

若将本书的研究成果提交文化和旅游部、陕西省旅游发展委员会等政府相关机构和乡村旅游经营者及其他相关者，可用于指导我国（特别是陕西省）乡村旅游产业的转型升级，用于指导乡村旅游健康、稳步、持续发展。

若将本书的研究成果应用于我国乡村旅游发展的当下，则可实现我国乡村旅游良性发展，推进美丽乡村建设、增加农民收入、改善农村环境、接纳农村剩余劳动力、维护社会稳定、促进城乡交流、缩小城乡差距、丰富人民生活；另外也可使我国原有乡村建筑风貌、历史文化等得到有效保护；实现乡村物质文明、精神文明和政治文明大丰收。

乡村旅游产业还具有投资少，见效快、易转型等特点，推广应用前景会很好。

第三节 研究内容与技术路线

一、研究的主要内容

笔者实地调研了陕西省十市一区乡村旅游发展现状与存在的问题，总结、分析、研究其旅游地生命周期阶段，根据适应性管理理论，发现并诊断存在的问题，提出解决方案与调控对策。具体内容主要包括：①综合运用国内外旅游地生命周期理论、乡村旅游发展理论、适应性管理理论等基本理论，在实践基础上对研究对象进行分析、归纳、总结、研究。②陕西省十市一区乡村旅游发展现状与存在问题的调查研究。③陕西省十市一区乡村旅游地生命周期阶段的分析、研究、划定。④根据划定的旅游地生命周期不同阶段的市或区的乡村旅游进行适应性管理研究。⑤陕西省十市一区乡村旅游发展模式与调控对策研究，包括管理、产品开发、规划设计、可持续发展等模式与调控对策。⑥发展模式与调控对策的实施、检验、修正。

二、研究的技术路线

本项目在研究方面重视国内外相关理论及实践研究成果，以陕西省乡村旅游为例进行实地调查、分析、研究，构建其适应性管理框架，提出调控与优化对策，促进陕西省乃至我国乡村旅游健康、稳步、可持续发展。具体研究路线如图 1-3 所示。

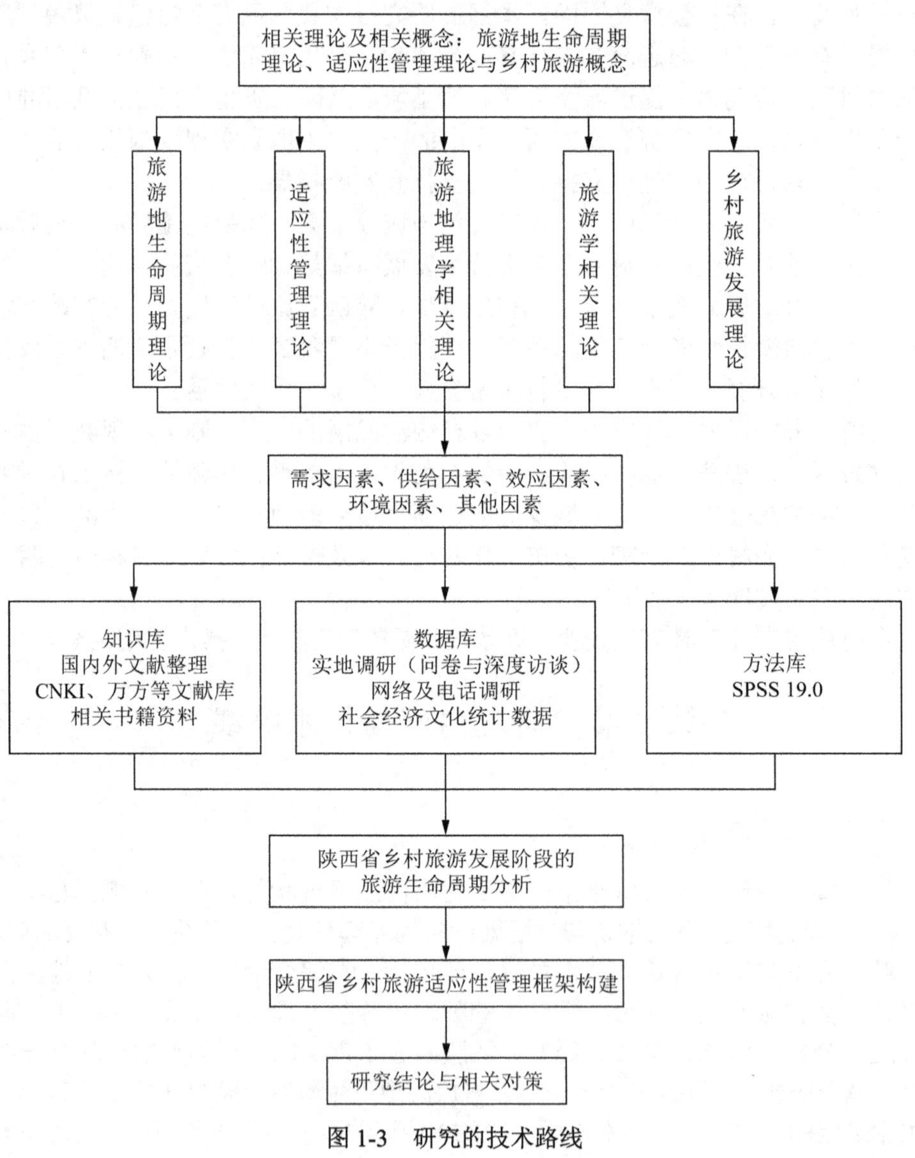

图 1-3　研究的技术路线

第四节 国内外相关研究进展

一、国内外旅游地生命周期理论研究进展

（一）国外旅游地生命周期理论研究进展

1980年，巴特勒提出了旅游地生命周期理论，自此之后，国外学者对该理论应用的有效性进行了一系列讨论，认同旅游地有一个由起步经盛到衰的过程，同时也证实了这一理论是旅游地随时间演化的一个很好的解释模型，是一个实用性很强的描述性工具。为了验证生命周期理论模型的有效性，国外学者还进行了一些实证研究。例如，库珀（Cooper）和杰克逊（Jackson）对英国男人岛的研究[15]，盖茨（Gezt）对美国尼亚加拉瀑布的研究[16]，德伯格（Debbage）对巴哈马天堂岛的研究[17]，迪贝尼德托（Dibenedetto）和博贾尼（Bojani）对美国赛普里斯花园的研究[18]，斯坦斯菲尔德（Stansfield）对美国大西洋城的研究[19]，迈耶-阿伦特（Meyer-Arendt）对美国格兰德岛的研究[20]等，基本上证明了旅游地生命周期理论的基础命题假设，即旅游地有一个由起步经盛到衰的过程，但在理论的有效性、理论阶段划分、影响生命周期的因素这些问题上尚存在争议。

1. 对旅游地生命周期演化理论有效性的质疑

为了验证巴特勒旅游地生命周期模型的有效性，西方学者的研究颇多。多数学者认为旅游地要经历由盛到衰的过程，但具体阶段的划分与巴特勒生命周期模型不完全一致。霍维宁（Hovinen）通过案例研究指出兰开斯特（Lancaster）县的旅游发展经历了五个阶段，认为它优越的区位和多样性的旅游资源使其具有较强的生命力，从长远来看游客量不会有太大减少[21]。德伯格（Debbage）对巴哈马天堂岛的研究[17]，以及福斯特（Foster）和伍尔菲（Wurphy）对加拿大不列颠哥伦比亚帕克斯维尔和阔里坎海滩演化过程的研究，支持了巴特勒的模型[22]。朗德托普（Lundtorp）和万希尔（Wanhill）运用长期时间序列数据，采用定量方法证实并支持了巴特勒的S形曲线。其研究表明，一般产品有不同的生命周期模型，常见有三种，即“成长—衰落—成熟”型、“主循环—再循环”型和“扇贝”型（图1-4）[23]。乔伊（Choy）通过对太平洋夏威夷、关岛等十三个岛屿生命周期的研究发现，不同的岛屿有不同的生命周期曲线，十三个岛屿符合产品周期中的一种，或者兼有两种类型的特点，但没有一种类型占主导地位[24]。

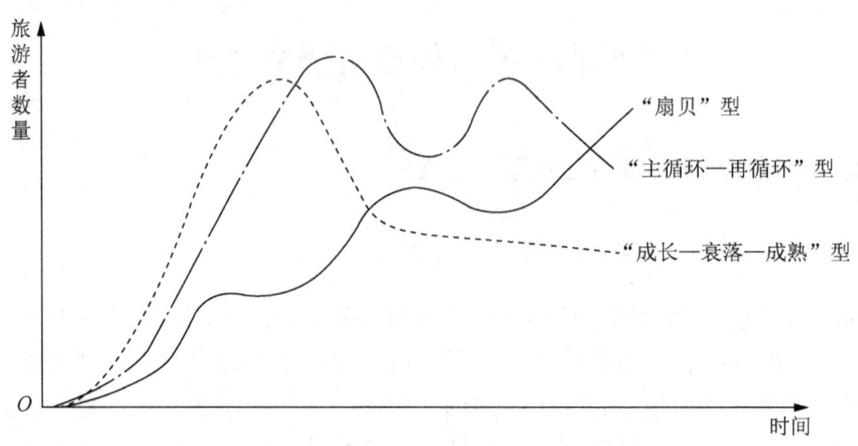

图 1-4　旅游产品生命周期的三种模型

资料来源：LUNDTORP S, WANHILL S. The resort lifecycle theory: generating processes and estimation[J]. Annals of Tourism Research. 2001, 28 (4):947-964.

2. 对于旅游地生命周期阶段划分的质疑

国外学者认为多数旅游地要经历由盛到衰的过程，但各阶段的划分却与巴特勒生命周期理论不完全一致，很少有旅游地的生命周期完全符合巴特勒模型所描述的那种标准的 S 形曲线，而是表现为不同阶段的异常，尤其是在停止、衰落阶段表现不同。

斯特拉普（Strapp）分析了加拿大的索希尔（Sauble）海滩，发现该旅游地在停滞阶段后不是走向复苏或衰落，而是进入了稳定期[25]。Gezt 回顾了尼亚加拉瀑布的旅游发展，指出其发展过程与巴特勒生命周期模型有不同之处[16]。普里斯特利（Priestley）和满德（Mundet）在对生命周期的研究中，提出了一个新的概念，即“后滞长期”[26]。阿加瓦尔（Agarwal）建议在停滞阶段和后滞阶段之间增加重定位阶段[27]。

3. 对于影响旅游地生命周期演化因素的质疑

国外学者结合案例具体分析影响旅游地生命周期演化的因素，大体包括需求因素、效应因素、环境因素等。德伯格（Debbage）认为旅游地衰落往往与旅游接待量超过一定的容量限制或者过度商业化相关[17]；斯坦斯菲尔德（Stansfield）通过对大西洋城盛衰变迁的研究指出，它的客源市场部分由精英向大众旅游者的转换伴随着它的衰落，同时也与美国城市的整体衰退有关[19]；迈耶-阿伦特（Meyer-Arendt）在对格兰德岛的研究中，则把旅游地的周期演进与自然环境作用（侵蚀与风暴的破坏）、休憩开发的密度联系了起来[20]；库珀（Cooper）和杰克逊

（Jackson）在对英国男人岛的研究中指出，它的明显衰落归因于英国海滨胜地总体受欢迎程度的下降，以及它自身不能保持竞争力[15]；德伯格（Debbage）在对天堂岛的实例研究中，分析了旅游业自身的竞争性结构对旅游地周期的影响[21]；Gezt通过对尼亚加拉瀑布的研究，指出了有意识的规划和管理决策对旅游地演进的重要性，即它们将促进旅游地不断走向复兴[16]；迪贝尼德托（Dibenedetto）和博贾尼（Bojani）设计了一个阶梯对数函数对赛普里斯花园的演进过程进行了模拟[18]。

总之，现有的国外文献表明，旅游地生命周期理论可以作为一个解释工具，但对某一旅游地的实证分析还存在缺陷。

（二）国内旅游地生命周期理论研究文献综述

在我国，张文最早讨论了旅游区生命周期问题，但没有提及巴特勒的旅游地生命周期理论[28]。保继刚等则在《旅游地理学》一书中首次向国内介绍了巴特勒旅游地生命周期的思想[29]，并将理论用于广东丹霞山的开发[30]。谢彦君就如何从需求、效应和环境三个因素入手对旅游地生命周期加以控制和调整进行了论述（图1-5）[31]。覃江华认为有必要将生产者行为单独提出来，并作为影响旅游地生命周期的一大因素，这样影响旅游地生命周期的因素就变成了四大因素：需求因素、供给因素、效应因素和环境因素。生命周期理论在得到广泛认同和普遍应用的过程中，在一些问题上存在较大的争议，具体表现在：①周期理论称谓。很多学者针对到底是“旅游地生命周期”还是“旅游产品生命周期”进行了讨论[32]。许春晓通过对旅游地、旅游资源、旅游产品三者概念的界定，认为具有生命周期的是旅游产品而不是旅游地[33]。阎友兵通过对国外提及的相关学术名词进行分析，反驳了许春晓的观点，认为“旅游地生命周期理论”这种称谓才正宗[34]。张惠等认为不同学科研究的出发点，以及旅游地、旅游产品之间相互关系的认识不清是造成旅游地生命周期还是旅游产品生命周期争论的主要原因[35]。②周期理论有效性和预测功能的质疑。有学者认为旅游地生命周期理论存在致命的逻辑漏洞，理论上不能自圆其说，在实践面前也显得苍白无力，用它来指导实践会产生不良的后果。保继刚认为希望一种理论既能解释复杂的旅游地演化规律，又能对旅游地的游客量做出准确的预测是不现实的[36]。邹统钎和郭丽华认为不同的旅游目的地的生命周期存在明显的区别，不能作为一个完美的预测工具。其原因包括：难以确认转换点；生命周期各阶段时间跨度差别很大；地理范围不同，生命周期差别很大[37]。③国内研究对周期理论的补充和完善。值得关注的是，近年来国内学者将旅游地生命周期理论和其他理论结合应用，以增强周期理论对实践的指导作用，如李蕾蕾构建了旅游地形象的生命周期模式[38]；张惠等从旅游系统的角度出发，构建旅游地演化模型[35]；徐红罡建立了旅游产品生命周期的一般性的系统动力学模型[39]；戴光全和吴必虎在应用旅游地生命周期理论时，结合了市场营销学的核心产品—有形产品—扩展产品（TPC）理论[40]；李建军和吴文智采用保护与开发（P-E）状况分析方法，阐述了旅游地生命周期体系[41]；吴江和黄震方运用 Logistic 曲线对旅游地生命周期的发展阶段进行模拟[42]；付洪利和汪明林用反馈闭环系统理论对资源型旅游地旅游发展进程中的反馈过程及相互关系进行探讨[43]。

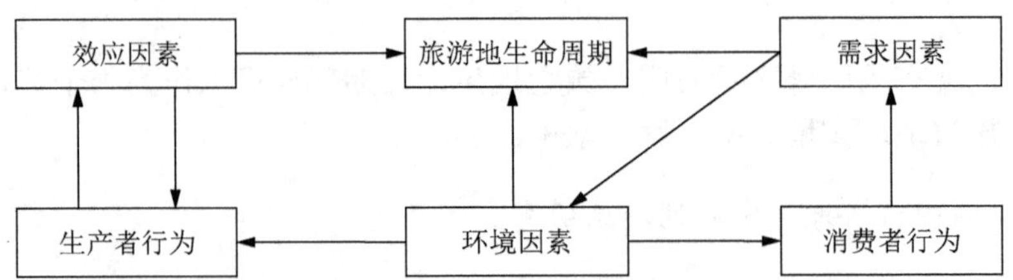

图 1-5　旅游地生命周期与各种相关因素的作用关系

资料来源：谢彦君．旅游地生命周期的控制与调解[J]．旅游学刊，1995，10（2）：41-44.

就在有些学者提出对旅游产品生命周期理论的质疑时，李舟等对旅游地生命周期理论进行了综论，并指出理论中的旅游地由起步走向兴盛再走向衰落的基础命题是正确的[44]。余书炜还认为各个旅游地经历的阶段并不一定与巴特勒的六阶段 S 形的模型相一致，并提出了一个双周期曲线（图 1-6）[45]。

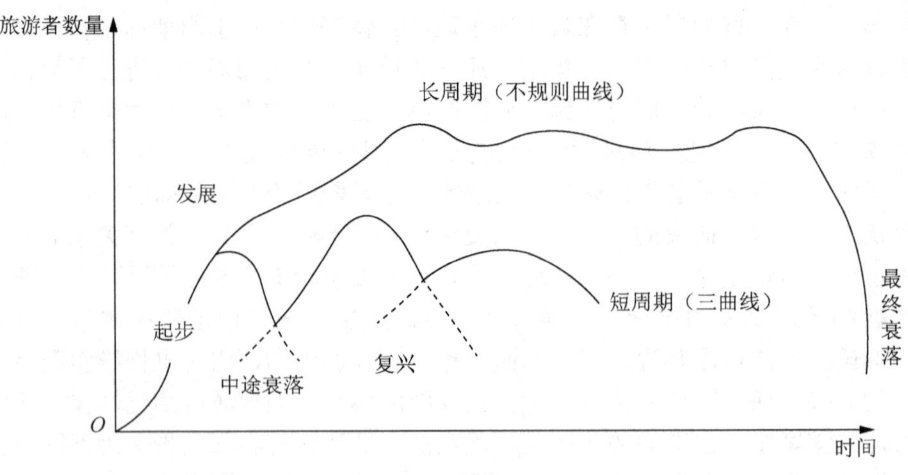

图 1-6　旅游产品生命双周期曲线

资料来源：余书炜．“旅游地生命周期的理论”综论：兼与杨森林商榷[J]．旅游学刊，1997，（1）：32-37.

旅游产品生命周期理论是有其科学性与其存在的现实意义的，对旅游经营行为具有指导价值，是值得我们努力探索和研究的。国内对于生命周期理论的研究起步较晚，在对具体旅游地的研究中运用较少。

（三）陕西省旅游地生命周期理论研究文献综述

陕西省旅游地生命周期理论相关理论研究很少，但是实际应用研究比较多，多集中在陕西省人文历史文化旅游目的地的研究当中。一些学者提出秦始皇陵兵马俑、大雁塔等历史文化遗产不受旅游地生命周期的限制，不能用旅游地生命周期的理论来研究，反而，陕西省一些人造景区的旅游地生命周期与之十分吻合，值得研究探讨。

（四）研究评价与趋势展望

1. 文献总结与评价

（1）研究的时间

自 1963 年克里斯塔勒（Christaller）在研究欧洲旅游时提出旅游地生命周期概念开始[46]，旅游地生命周期进入了国外学者的研究视野，其中系统研究始于 1980 年巴特勒提出旅游地生命周期理论，研究时间长达 45 年。国内学者在 20 世纪 90 年代初从介绍巴特勒旅游地生命周期理论开始研究，研究时间比国外晚了将近 30 年。

（2）研究的内容

首先，国外研究的内容侧重案例分析，在此基础上进行理论总结。依据 *Annals of Tourism Research* 1980～2002 年发表的关于旅游地生命周期的论文，实证研究达 90%以上，纯理论探讨不足 10%。而国内学者注重旅游地生命周期理论辨析，具体案例研究重视不够。其次，国外旅游地大多已进入生命周期后半阶段，重新定位成为国外现阶段研究的重点，国内大多数的旅游地仍处于生命周期的前半阶段（探索阶段、起步阶段和发展阶段），旅游再开发成为我国现阶段研究的重点。最后，国内外学者均注重旅游地生命周期的阶段划分和阶段特征的研究，但影响周期演变因素的系统探讨还比较有限。

（3）实证研究的对象

国外生命周期实证研究的对象中，海滨型旅游地占主体。国内研究涉及范围较广，但海滨型旅游地生命周期研究尚属少见。

2. 研究趋势展望

自 20 世纪 90 年代以来，相关学者在做好旅游地生命周期理论研究的同时，一线的管理者在旅游管理中也在积极的应用此理论，两者都取得很大进步。但是近几年，随着中国旅游业持续快速发展，出现了很多意想不到的问题（如一些旅游突发事件频繁发生），给旅游地生命周期带来了很多的不确定性。随着高速公路节假日免费通行、黄金周假日制度的不断完善、《国民旅游休闲纲要（2013—2020 年）》的出台等，一些景区常常发生人满为患、极度拥挤，甚至不能进入的情况。例如，2012 年 10 月 2 日，在陕西省华山旅游景区，数万名游客购票而不能进山，退票过程中发生游客受伤事件。这种事件一方面表明景区人满为患，给旅游目的地带来极大的环境压力；另一方面直接导致游客的游览权受到严重侵犯，给景区信誉带来了极大的负面影响。几个方面叠加将会直接导致旅游地生命周期的变化。中国旅游业如果在当前飞速发展阶段缺乏良好的科学规划和管理，不能找出旅游地发展的各种影响因子，不能通过相关方面的主动调整而提出相应的对策，延后衰退期，延长旅游地生命周期，将会对中国旅游业带来极大的影响。这个问题将成为相关学者及一线管理者、参与者的重要研究课题。

旅游地生命周期研究的深入性和宽泛性、多种性有待进一步拓展。随着中国旅游业的发展，旅游业的领域、地域、区域等范围也在不断拓展。原来研究多集中于旅游景区的情况需要大力改观，如果旅游业的不同形式，旅游产品的不同形态，旅游地域的不同范围，都能科学地纳入研究范畴，该研究将会有一个比较大的突破。在观测研究中，旅游地生命周期影响因素很多，但影响因素的重点界定及重点因子的影响程度的大小、不同旅游地不同指标等问题有待科学化，以便加强其可操作性与实践的指导性，这些也是今后进一步研究的焦点。

二、国内外乡村旅游研究文献综述

（一）国外乡村旅游研究文献综述

国外乡村旅游研究主要集中于 20 世纪 80 年代以后，自 1990 年以来日益成熟，研究成果丰富。其内容主要集中在 6 个方面：①乡村旅游供给。②乡村旅游需求。③乡村旅游利益相关者。④乡村旅游规划。⑤乡村旅游的社会影响。⑥乡村旅游的管理。研究方法主要以社会调查和实证分析为主。

经济合作与发展组织、世界贸易组织及欧洲联盟的乡村旅游概念都强调乡村旅游是在乡村地区开展的旅游活动[47]。政府机构主要强调乡村旅游在促进乡村经济多元化、扩大就业率、推动地方经济、拯救乡村中起到的积极作用。有英国学者认为乡村旅游是指农民或乡村居民出于经济目的，为吸引旅游者前来旅游而提供的广泛的活动、服务和令人愉快事物的统称[48]。安妮-梅特 • 哈加勒（Anne-Mette Hjalager）认为乡村旅游因其规模小有助于旅游产品的更新，其绿色观点和特殊设施不同于其他旅游产品，科学规划、完善管理、规模发展就成为乡村旅游保护利用开发的关键。迪根（Deegan）和迪宁（Dineen）也有类似的提法。弗莱舍（Fleischer）和费尔森施泰因（Felsenstein）对以色列地区乡村旅游小企业进行调研，认为政府及公众支持对乡村旅游的发展会产生比其他形式的旅游企业更好的收益，且有利于乡村旅游的可持续发展[49]。要实现乡村旅游的可持续发展，社区参与、地方控制是必需的[50-53]。而乡村旅游起步阶段的财政资助、得当的管理、区域合作也是实现可持续旅游的关键要素[50,52,54]。麦克唐纳（MacDonald）等在《文化型乡村旅游：以加拿大为证》一文中通过对加拿大东部阿卡迪亚乡村地区文化旅游分析，指出了文化资源和社区参与在乡村旅游中的重要作用[55]。里德（Reid）、梅尔（Mair）、乔治（George）研究发现建立社区自我评估有利于社区旅游的可持续发展，并能帮助居民、当地企业和政府更好地了解自己所有的资源，鼓励居民更好的加入旅游规划中[56]。碧娜（Pina）指出乡村景观是构成乡村旅游吸引物的主体。谢弗（Shafer）、乔伊斯（Choi）调查了美国宾夕法尼亚州农村观光旅游活动后获得了相关的政策建议，乡村旅游发展涉及社区及其居民的切身利益，解决乡村旅游在发展中遇到的经济、社会、政治和环境问题，必须坚持可持续原则。应（Ying）和周（Zhou）研究指出，对乡村旅游发展中利益相关者的发展权利进行明确立法是利益相关者之间关系合理的前提，乡村旅游地居民的态度对于乡村旅游的发展具有重要影响，因为作为乡村旅游的核心利益相关者之一，乡村旅游发展的最终结果将由居民承担[57]。米切尔（Mitchell）对加拿大圣雅各布斯村的研究表明，过去 10 年该村景观的创造性破坏仍在继续。帕克（Park）和斯托科夫斯基（Stokowski）以美国科罗拉多州乡村地区为例进行研究，认为快速发展的乡村地区犯罪率也高[58]。罗约-维拉（Royo-Vela）认为亲朋意见成为其主要的旅游信息来源，主要动机是希望暂时远离日常生活，放松肌体和心情，并到新地方旅游。德韦萨（Devesa）、拉古纳（Laguna）和帕拉奇斯（Palacios）研究发现动机决定乡村旅游者对目的地的评价，进而影响满意度，根据满意程度的不同，可以把影响乡村旅游者的因素分为一般因素和具体因素[59]。

国外乡村旅游理论研究成熟、体系完整、成果丰富、实践应用性强，且两者紧密结合，有利于乡村旅游可持续发展。

（二）国内乡村旅游研究文献综述

国内一些大中城市（如北京、上海、西安、成都、重庆）的郊区，经过近 30 年的发展，乡村旅游规模不断拓展，发展速度也非常快，与之相应的乡村旅游研究也非常多。我国乡村旅游研究始于 20 世纪 90 年代，虽起步较晚，但近年来发展很快，2005 年至今的旅游类、地理类、管理类、农业类等相关刊物中相关核心论文有 800 余篇。随着乡村旅游业的不断发展，相应问题也逐渐暴露出来，因此乡村旅游可持续发展、转型升级等成为研究热点。国内乡村旅游的研究经历了由定性研究逐步到定性与定量相结合的方法，由宏观笼统的分析逐步发展到实证研究、案例分析，由单学科到多学科相结合的道路。国内学者针对乡村旅游人文生态环境保护、产品、产业、开发、规划、管理、人才、精准扶贫等进行了较多的研究。

潘秋玲较早阐述了乡村旅游产品开发及其供需方面存在的一些问题[60]。保继刚、苏晓波提出在发展乡村旅游中政府预见性的干预是在旅游大规模开发前制定发展与保护措施，以最小的代价获取最大的旅游收益[61]。邹统钎在研究中国乡村旅游发展模式时，将成都“农家乐”与北京民俗村进行了对比与对策分析，在规划、管理等方面提出了一些非常科学有用的观点[62]。刘聪、张陆、罗凤提出了自己对现有产品开发理念的批判与思考[63]。杨载田、刘沛林论述了乡村旅游产品的一般特点和开发所应遵循的一般原则[64]。王云才提出了新时期乡村旅游产品的 7 种新形态和新模式，同时，关于乡村旅游产品开发与客源市场的需求关系的研究也有论述[65]。至此，学术界在乡村旅游产品与开发的一般性研究上已经达成共识。张文祥基于阳朔大量乡村旅游地研究文献分析，论述了游客与乡村旅游地的互动关系，以及游客需求对乡村旅游地新产品开发的“孵化器”特性[66]。王兵、罗振鹏基于游客调查问卷数据，分析了市民对北京郊区乡村旅游地服务质量的评价，并总结了服务质量评价的核心要素（即环境、住宿、旅游商品、特殊兴趣活动、设施和服务）[67]。王昆欣、周国忠、郎富平以浙江为例，经过调查研究，从规划开发、管理等方面提出乡村旅游与社区可持续发展对策[68]。邵秀英、田彬提出，各级政府及相关行业主管部门加强引导是我国乡村旅游“农家乐”可持续发展的外部动力之一[69]。在政府层面，国务院参事室曾发布《加快发展我国休闲农业和乡村旅游的若干建议》；2010 年 5 月，原国家旅游局邀请中共中央农村工作领导小组办公室、国务院参事室、原农业部有关领导和专家召开座谈会，研究促进休闲农业和乡村旅游发展与建设社会主义新农村相结合情况。周建明、蔡晓霞、宋涛提出我国乡村旅游标准体系构架的总体目标，构建包括基础标准、综合标准和技术标准等内容的我国乡村旅游标准体系架构[70]。李萍、王倩、克里斯（Chris）以安徽省黄山市休宁县齐云山为例进行了细致的调查研究，从居民与游客角度分析了旅游开发给齐云山居民带来的经济、社会文化、环境的若干影响，以及居民对旅游业所持的态度；着重于探讨居民对于因旅游开发所带来的村落影响的感知，以及他们对当前旅游影响的评测和对未来旅游发展的期待[71]。

自从 2015 年 3 月李克强提出“互联网+”行动计划后，“互联网+旅游”受到了政府、业界和学界的热切关注。毛峰提出应当将“互联网+”与乡村旅游相结合，充分利用网络终端、手机终端、大屏幕等多种渠道加强乡村旅游宣传营销。“互联网+”将使乡村旅游开启新的模式，除了产品创新、品质提升，它还将以服务、营销、管理智慧化带动乡村旅游转型升级和可持续发展[72]。根据 2016 年上半年陕西省旅游经济运行分析，全省上半年接待国内旅游者 22 671.37 万人次，同比增长 15.93%；国内旅游收入 1795.03 亿元，同比增长 20.95%。2016 年上半年全省乡村旅游接待游客 7860 万人次，旅游总收入 96.3 亿元，同比分别增长 19.1%、21.45%，增幅均高于全省旅游经济的增长。同时乡村旅游的迅猛发展，成为陕西省扶贫开发的重要途径[73]。范智军认为低碳乡村旅游是我国农业发展、旅游产业发展在低碳经济时代的重要组成部分。随着城市居民生活水平及工作压力的同步提升，越来越多的人参与到乡村旅游的队伍中，这一变化尽管给乡村经济的发展带来了有利条件，但同时也大大提升了乡村温室气体的排放量。在全球气候变暖的大背景下，由于乡村旅游开发中还存在诸多问题，要求乡村旅游必须在低碳经济理念的指导下，面向低碳经济，建设低碳乡村，进而促进乡村旅游业的发展[74]。卢小丽、赵越、王立伟采用决策试验和评价实验（decision marking trial and evaluation laboratory，DEMATEL）方法，对其原因因素、结果因素进行了研究。通过多次迭代，他们识别出 21 个关键影响因素。结果表明：两地距离是最终的原因因素，居民满意度和居民乡村游接受度是最容易受到其他因素影响并得到改变的结果因素[75]。

张进伟提出应将传统农业与乡村旅游发展模式融合起来。乡村旅游是指具有乡村空间环境，包含生态风光、民俗风情、农业生产、田园风光及乡村文化等特征，传统农业与自然景观、民族文化等耦合而成的独特的人文景观，这正是乡村旅游发展中最为重要的旅游资源[76]。蒙丽琴认为应充分发挥民俗文化对于乡村旅游深度发展的推动作用，建立乡村旅游与民俗文化之间的良性互动机制，使二者处于一种相互促进的有益循环圈中，从而既能增加乡村旅游自身的文化内涵，又能让民俗文化通过乡村旅游的形式更好地保存与发扬光大[77]。石金莲、崔越、黄先开提出将美国乡村旅游发展的经验运用到北京的乡村旅游发展之中，美国的乡村旅游非常重视乡村特色的保持，乡村旅游产品主要依托于乡村遗产旅游资源、乡村的自然景观元素及农业旅游资源所开发出的产品。北京的乡村旅游开发应充分保持并挖掘这些乡村元素，为游客还原真正的乡村风貌，这是保持其持续吸引力的有效手段；同时应完善乡间公路标识体系、提升旅游服务质量。这对其他地区的乡村旅游发展具有一定的参考意义[78]。李孟娣、李洁认为，当前乡村生态旅游已进入高速发展阶段，保持其可持续发展必须要有法律保障措施来保驾护航。乡村旅游在给农民带来收入的同时，旅游地出现了一些私搭乱建、管理混乱、垃圾得不到有效处理等问题，污染和破坏了正常的农民生产生活。要实现乡村生态旅游可持续发展，不仅需要法律制度的不断发展和完善，也需要在保护乡村生态旅游资源的同时，保障乡村生态旅游经营管理者和旅游者的权利[79]。

2016 年 8 月 18 日，第二届全国乡村旅游与旅游扶贫工作推进大会在河北省张家口市张北县隆重召开，陕西省南宫山国家森林公园等 16 个单位和个人受到表彰。在此次受表彰的单位中，南宫山国家森林公园围绕创建 5A 级景区，通过发展农家乐、开发旅游商品等方式，带动周边 3 个贫困村 137 户贫困人口实现增收[80]。2017 年 4 月 27 日，陕西省旅游局在大荔县召开全省乡村旅游与旅游扶贫工作推进大会，加快乡村旅游转型升级和旅游精准扶贫。会上，西安市周至县厚畛子镇、宝鸡大水川景区、韩城西庄镇等 12 个单位结合自身特点，围绕乡村旅游和旅游扶贫分别做了经验交流。陕西省旅游局副局长郝占延在讲话中提出，要不断总结创造全省旅游扶贫的新途径新模式，为确保到 2020 年贫困人口全部脱贫作出新的贡献[81]。刘焕庆、吴健通过对吉林省延边州乡村旅游发展特征的回顾，提出在全域旅游理念指导下制定乡村旅游产业与地区相关产业融合发展的激励方案及评价标准，以提升乡村旅游服务品质，促进乡村旅游的良性化发展[82]。杨华从日本乡村旅游概念、兴起的政策背景、兴起的原因、发展类型及宝贵经验等方面进行分析，提出乡村旅游应坚持乡村旅游产业集群化道路，集群化道路可以消除个别农户自主经营成分单一的现象，可以充分利用农户群体之间较低成本的合作，进行资源互补，以取得更好的经济收益[83]。赵爱民、陈晨、黄倩倩等通过对日本北海道地区中札内村的案例分析，深入探析日本乡村旅游品牌发展的实际策略，提出中国应借鉴日本乡村旅游的品牌发展路径，在“乡村”这一大背景下，因地制宜地开发乡村旅游特色项目，如日本大分县的“一村一品”一样，让每个村都制定一个属于自己的品牌，与其他村保持区别，但又形成关联[84]。

肖静认为乡村旅游的发展使乡村农户更加注重对自然生态环境的保护、村容村貌的建设，更加重视环境绿化、美化、卫生等。因此，乡村旅游的发展在一定程度上促进了农村自然生态环境和居住条件的改善，同时提供了良好的城乡交流和沟通渠道，使村民更加了解城市的相关信息，提高了村民的自主创业意识等，有利于资金、信息等生产要素流向农村、农业，推动农村社会经济的发展，无形中缩小了城乡差距[85]。杨荣彬、车振宇和李汝恒通过对环洱海地区居民参与乡村旅游发展的模式进行分析，得出了自下而上的社区居民模式（即居民主导、政府扶持、居民参与、旅游企业支持）才是真正实现乡村旅游可持续发展的结论[86]。贾衍菊、王德刚认为，社区旅游的发展相当于博弈，需要做到将自然和文化权利等资源在不同利益相关者之间进行分配。他们还认为，适时调整利益分配方案，是社区旅游发展的基础[87]。邓辉根据对彭家寨的实地调研，总结了特色民寨可持续发展的新模式：以生态为本、以文化为魂、产业支撑、社区参与、整体发展[88]。而杨丽君则认为，中国乡村旅游与英国有以下差距：为城市化而“去农”；政府主导，自主性不高；品牌匮乏；机构不成熟。因此，中国乡村旅游应借鉴英国的发展经验，保持农业主体地位不变，因地制宜地实现可持续发展[89]。牛阮霞、佟立洲认为乡村旅游可持续发展战略，要从乡村发展的整体出发，不盲目追求短期经济利益，不损害当地自然生态环境，以乡镇政府和私营企业来主导，拓宽融资渠道，整合优势资源，获得发展活力[90]。

（三）陕西省乡村旅游研究文献综述

由于陕西省人文旅游资源非常丰富，陕西省旅游业发展主要依靠人文旅游资源发展，乡村旅游休闲资源开发、发展较晚，所以有关陕西省乡村旅游研究情况比较少。近几年虽然陕西省、西安市、各区县旅游发展委员会对农村休闲旅游发展越来越重视，但是还是只限于政策的制定方面。近几年西北大学、陕西师范大学等院校对陕西省和西安市的乡村旅游、农业旅游布局及开发进行了研究，取得了丰硕的成果。马瑛的硕士学位论文《西安观光农业旅游的开发研究》[91]、刘笑明的硕士学位论文《西安市观光农业发展与布局研究》[92]等都对西安市农业旅游作了细致的调查和研究，并提出了一些创新性的建议，可操作性强，对促进西安市农村旅游有一定的借鉴作用。杨永波、李同升基于游客心理感知评价的西安乡村旅游地开发进行研究，从游客心理感知评价角度入手，分析游客对乡村旅游吸引物和乡村旅游地服务质量的评价，得出乡村旅游地开发的优选方案[93]。杨骏、庞桂珍、胡粉宁等从人类学的角度来分析乡村旅游的本质特征、社会文化意义，并结合西安市周边乡村旅游资源的类型，以人类学的观点为指引，为西安市周边合理开发乡村旅游提供人类学理论依据[94]。谭梦昕、宋保平以西安市汤峪镇官上村农家乐为例，运用 ASEB 栅格分析法，分析了官上村农家乐旅游开发的不足，从体验主题、体验氛围、体验活动等方面提出了相应的开发思路和方案[95]。高林安以西安市乡村旅游发展地为核心，通过实地调查研究，认为西安市周边的乡村旅游经过十余年的发展仍存在如政府、行业管理不科学，管理制度不健全，产品品位低、附加值低，经营利润低，无序竞争、恶性竞争加剧，环境污染严重等问题，并从旅游品牌建设、行业协会管理、科学规划、可持续发展方面提出了建议[96]。张春晖、白凯借助国际上品牌个性特征测度的经典量表，选取“农家乐”旅游休闲活动为研究对象进行实证研究，认为“农家乐”旅游休闲品牌的个性维度和以往研究的“大五”维度有所不同，其品牌个性特征表现为实惠、喜悦、闲适、交互、健康和逃逸六大特征；研究结果较好地解释了“农家乐”旅游休闲活动产品的品牌特性和“农家乐”旅游休闲活动的参与特点和呈现方式[97]。张洁、李同升对西安市乡村旅游资源做了调查评价，提出了西安市乡村旅游开发思路，并就其开发与区域效益进行了分析研究[98]。刘晓霞、王兴中、翟洲燕等基于城市日常体系理念的农家乐旅游空间功能结构提升研究中，以蓝田县为例进行了详尽的调查研究，从城市日常体系原理出发，提出城乡结合部“城市—乡村旅游空间”的建构成为乡村旅游结构的核心；并以乡村旅游的主要形式——“农家乐”旅游为对象，提出了基于“城市日常体系”理念的“农家乐”旅游空间功能结构及相应的六种农家乐旅游业态模式[99]。张云鹏、邹志荣、王慧等以西安市白鹿塬现代农业示范区规划设计为例，通过分析挖掘白鹿塬特有的历史、民俗文化，以及其在白鹿塬现代农业示范区规划设计中的应用，探讨了在乡村旅游规划中以“乡土文化，绿色之魂”为主线，才能创造具有自身特色，持久魅力的经典规划[100]。张传时对西安市城郊乡村旅游空间组织与优化进行了研究，并提出了优化方案[101]。

陕西省政府、西安市政府对乡村旅游发展非常关注，陕西省旅游发展委员会、西安市旅游发展委员会组织召开了多次乡村旅游研讨会，探讨乡村旅游规划开发管理的理论与实践，取得了一定的成果，促进了陕西省、西安市乡村旅游的快速发展。

（四）乡村旅游研究评价与趋势展望

1. 文献总结与评价

通过对以上国内外数十年文献的归纳总结，从乡村旅游相关文章发表的数量来看，国内外学者对乡村旅游、休闲农业、农家乐等进行了理论、实践、应用等多层面、多角度的研究，引领了国内外乡村旅游的健康发展，特别是对中国近几年乡村旅游持续快速发展起到了巨大的促进作用。国外研究能够做到理论与实践的紧密结合，国内研究在这方面尚显欠缺，国内研究的可操作性、实践应用性有待进一步加强。国内乡村旅游研究主要表现在乡村旅游可持续发展、资源分类、开发类型与模式划分、项目规划设计及介绍国内外乡村旅游理论与实践等方面；主要集中在解决当前乡村旅游发展中面临和出现的各类问题，以及解决问题的对策方面；主要从政府政策干预、管理、规划、建立有效机制等方面进行了研究和探讨，取得了优秀成绩。但是，这些研究对于可持续发展的实际情况调查研究、归纳总结、综合分析不够深入，理论基础研究尚显薄弱，得出的结论及提出的乡村旅游转型升级的策略趋同，应用性、可操作性尚需加强，且尚未形成系统化的理论，这些都弱化了研究的科学性、系统性。

2. 研究趋势展望

在对当前国内的文献综合、整理、归纳、研究的基础上，专家学者根据自己研究目的、现状、认知等的不同给出了不同的乡村旅游概念（虽说大同小异，但是互不认同）。在乡村旅游、农村旅游、农业旅游、“农家乐”、观光农业、休闲农业等概念的辨析中，学者看法各异，有些学者认为以上概念通常可以相互指代，并无严格区分。在下一步研究中，乡村旅游概念的界定应尽快解决。另外，随着中国近几年乡村旅游的持续快速发展，乡村旅游实践已经在某种程度上超前于乡村旅游理论研究，这也是一个奇怪的现象，本来理论研究应是超前的，以便用于实践指导，但事实并非如此。这就需要相关专家学者深思，尽快改变这种状况。随着乡村旅游的快速发展，需要开发大量的乡村旅游目的地、乡村旅游产品以满足供给，所以文献中乡村旅游规划与开发类文章较多。但是，这些文章大都比较宽泛，深度不够，指导实践能力不足。其他方面的文章相对来说比较少，如在如何延长其生命周期、避免负面影响、可持续发展等方面需要加强研究，需要借鉴其他学科，引入其他方法，综合应对，提出行之有效的办法，解决实际问题。这些研究不能只停留在对开发地旅游条件的宏观评价、优势分析、开发意义、存在问题的思考与对策、发展模式、开发策略、宏观规划等表层，还应在乡村旅游的本质、乡村旅游产品、服务质量、乡村旅游中的人（经营者、旅游者）、经营土地流转、乡村旅游的市场营销、乡村旅游减少负面影响等微观方面深入研究探讨，研究方法上也要从以定性研究占主导地位过渡到定性定量相结合，将研究的科学性、实用性、可操作性等放在首位，以促进中国乡村旅游健康持续快速发展。

三、国内外适应性管理研究文献综述

（一）国外适应性管理研究文献综述

适应性管理最初在澳大利亚和北美洲国家被应用于渔业管理，随后被国际应用系统分析研究所（International Institute for Applied Systems Analysis，IIASA）采用，并在20世纪90年代和21世纪初得到更广泛应用。2002年，联合国粮食及农业组织开展了一项浩大的全球重要农业文化遗产（globally important agricultural heritage systems，GIAHS）工程，目的是促进农业生态系统及相关景观、生物多样性、知识体系、文化的保护与适应性管理，中国浙江青田作为这一项目的5个试验地之一，开展了传统农业稻-鱼共生生态系统适应性管理实践，取得了良好效果[102-112]。

随着适应性管理研究的不断深入，该领域也有不少经典著作：*Adaptive environmental assessment and management*（Holling，1978），*Adaptive management of renewable resources*（Walters，1986），*Compass and gyroscope: integrating science and politics for the environment*（Lee，1999），*Barriers and bridges to renewal of ecosystems and institutions*（Gunderson，et al.，1995）。面对森林在全球生态环境中的地位和作用的认识，以及对森林的不合理利用给人类生存环境带来的严重威胁，合理利用资源已成为各国在资源与环境领域达到的普遍共识，森林可持续发展理论也应运而生。

（二）国内适应性管理研究文献综述

在我国，目前适应性管理的理论研究还处于起步阶段。在林业资源领域，郑景明、罗春菊、曾德慧提出森林生态系统管理中应采用适应性管理模式方法[113]；孙健从三个视角论证了适应性管理与传统管理理念的差异[114]。在水资源领域，王文杰、潘英姿、王明翠等提出了适应性区域生态系统管理的基本概念，并构建了其理论框架。他们还提出了适应性区域生态系统管理的基本概念，并构建了其理论框架[115]。谭梦昕、宋保平等提出了河流生态修复适应性管理方法的主要内容、关键环节[94]。朱立言、孙健在研究中发现，适应性管理是一个动态过程，管理者的核心职责不在于控制，而在于注重协调各种关系。适应性管理既是一种管理世界观，也是一种管理方法论，是管理世界观和管理方法论的辩证统一[116]。杨春宇较早将旅游和适应性管理结合起来，创建了旅游地适应性管理模式[14]。荣玫介绍了国外在应急领域适应性管理研究的动向，提出运用适应性管理理论和方法，建立和完善我国应急管理体系的建议[117]。许士国、赵倩对人工湿地的适应性规划设计原则进行了研究[118]。杨春宇认为旅游地无法套用某种固定的管理模式以实现可持续发展目标，而应采用一种动态管理模式去适应旅游地内外环境的差异与动态变化，针对不同的具体条件寻求最适宜的管理模式、方案或方法[119]。刘小峰、盛昭瀚、金帅以太湖流域为例，就适应性管理的水污染控制体系构建做了研究，基于适应性管理提出了太湖水环境污染物排放控制体系的构建框架，突出适应性管理平台、科学研究及公众与基层单位参与在污染物控制中的重要作用[120]。马赟杰、黄薇、霍军军借鉴南非赛比河环境流量适应性管理实例，构建了我国环境流量适应性管理的框架，研究认为：环境流量适应性管理更符合我国环境流量的管理需求，对维持河流的完整性和水生生物多样性具有重要意义[121]。陈娅玲、杨新军提出了基于旅游活动的社会-生态系统的概念及研究框架，探讨受外界及自身干扰下的旅游社会-生态系统的特征及动态运行机制，提出并重点讨论了旅游社会-生态系统中恢复力的概念、内涵及评价指标体系，分析了未来旅游社会-生态系统的恢复力测度的方法及趋向。他们提出，应建立有效的适应性管理机制，增强旅游活动中各利益相关者建立学习能力、相互配合能力及应对干扰的适应力，进而促进系统的资源管理、灾害预防乃至可持续发展[122]。

在旅游管理领域，特别是在乡村旅游管理方面，国内研究尚未系统性地将适应性管理理论应用于旅游管理、乡村旅游管理领域。

（三）陕西省适应性管理研究文献综述

陕西省乡村旅游适应性管理主要集中在森林保护、水资源保护方面，就旅游业发展的适应性管理方面，西北大学陈娅玲做了相关论述，引起了学者的注意。陈娅玲在《陕西秦岭地区旅游社会-生态系统脆弱性评价及适应性管理对策研究》的博士学位论文中，进行了大量的实证调研，并从环境管理、旅游发展和空间协调 3 个方面，提出秦岭地区旅游社会-生态系统的适应性管理对策[123]。喻忠磊在《基于农户调查的旅游乡村社会-生态系统适应性研究——大秦岭旅游地金丝峡节点的实证分析》的硕士学位论文中，提出了增强旅游乡村社会-生态系统适应性，降低脆弱性的适应性管理建议[124]。以上研究对于适应性管理在陕西省旅游业管理的应用上起到了很好的示范作用。

（四）适应性管理研究评价与趋势展望

1. 文献总结与评价

从20世纪20年代适应性管理的提出到现在，理论体系渐趋完备，在实践应用上也取得了良好效益。在国外主要应用于自然资源的管理上，许多专家和学者从各种尺度和界面开展了自然资源适应性管理研究，对自然资源保护起到了重要作用。适应性管理理论被引入国内后，首先应用于中国自然资源的管理，在水资源管理、森林资源管理、动植物资源管理、草地资源管理、应急管理等方面卓有成效，并得到相关专家学者及一线管理者、经营者的认同。联合国粮食及农业组织的 GIASH 工程在中国开展的相关项目——“稻鱼共生系统”动态保护与适应性管理成功实施，为中国在农业文化遗产保护方面起到了示范带头作用，并取得了丰硕成果。农业文化遗产的保护为乡村旅游可持续发展奠定了基础，也为乡村旅游发展的适应性管理理论与实践研究奠定了基础。但是纵观研究情况，中国在此方面引进理论比较多，结合中国实践的理论研究比较少，相对来说结合国外理论的实践应用研究多，这种状况亟须改善。

2. 研究趋势展望

适应性管理是一个动态的管理过程，是一种通过从管理过程和结果中学习知识，从而确定和优化管理战略的系统方法。其适用范围广，乐于接受的管理者多，但在实际应用中也存在着很多问题。特别是在引入国内以后，由于社会制度、传统观念及自然生态等问题，水土不适情况严重，导致管理常常出现偏差。在按照适应性管理的基本方法——适应性管理循环圈进行管理实践时，有些环节是难以操作的，如问题界定、方案设计、执行、监测、评估等，以及人员意见的收集、参与人员的界定等都不能科学把握，这些也给适应性管理的科学性、实践应用性、可操作性带来了诸多的问题。其中问题诊断、界定是适应性管理的前提，哪些人参加，以哪种形式组织讨论，管理目标、假设、管理方案、检验指标、预期结果模拟、不确定问题识别等内容都需要研究者尽快形成统一认知。对策模型设计也是适应性管理成败的关键，以什么样的方式做得更科学一些也是研究的重点。现在的研究需要逐步解决以下问题：一要加强适应性管理的内涵研究；二要分析国内外适应性管理实践应用成功与失败案例；三要结合中国政治经济文化等方方面面，着力推进适应性管理在中国许多领域发挥功能。

四、总体研究评价与趋势展望

（一）文献总结与评价

国外学者从不同角度和尺度对乡村旅游进行了较为系统的研究，研究成果非常丰富，理论体系建设与研究方法相对成熟。其研究的内容主要集中在6个方面：乡村旅游供给、乡村旅游需求、乡村旅游利益相关者、乡村旅游规划、乡村旅游社会影响和乡村旅游管理。现阶段，其理论研究和实践应用主要集中在乡村旅游规划开发中如何做好遗产保护、环境保护、可持续发展、延长产业链等方面。

我国乡村旅游研究虽然起步较晚但近年来发展很快，研究经历了由定性研究逐步发展到定性与定量相结合的研究方法，由仅从文化、经济、环境的角度研究逐步发展到心理学、社会学、人类学、管理学、市场营销学等多学科相结合的研究道路。随着国内乡村旅游业的发展，其负面影响也不断凸显，反思学术论文越来越多。

由于中国旅游业快速发展，国内一些大中城市（如北京、上海、西安、成都、重庆等）的郊区，乡村旅游规模大，发展速度快。但是，国内现阶段的理论研究稍滞后于实践发展。旅游地生命周期理论是旅游地理学重要理论之一，适应性管理亦是比较科学的管理方法，这三者的结合有利于拓展和深化乡村旅游理论方面的研究。在乡村旅游的实践研究方面，我国对于乡村旅游发展中如何做好本土化和特色化，以及如何延长产业链、优化空间布局、发展规模经济、转型升级等研究也相对较少。

适应性管理理论在很多领域（如重要农业文化遗产、水资源管理、流域系统管理、应急管理等方面）进行了应用探讨，在旅游管理中研究和应用比较少，在乡村旅游开发管理方面的研究和应用还是空白。

乡村旅游发展涉及诸多要素，科学构建乡村旅游的适应性管理理论和方法，是乡村旅游获得可持续发展的保证。

（二）研究趋势展望

适应性管理是一种动态的、可持续的、系统的对社会经济文化、自然资源和环境资源进行管理的方法，也涉及如何进行社会经济文化以及自然资源和环境的保护、社会利益平衡与经济可持续发展的协调统一。

本章小结

本章主要阐述了乡村旅游可持续发展的研究背景、立论依据、研究目的意义、内容与技术路线，阐明了乡村旅游在中国、在陕西省呈快速发展势头，在政治、经济、文化方面显示明显正面效益的同时，负面效应也不断扩大。与之相对应的，在理论研究方面，从对国内外及陕西省相关文献进行分类讨论、梳理的结果可以清楚地看到，乡村旅游研究与乡村旅游发展相对应而逐步深入。国内乡村旅游的研究与国外的研究差异较大，这与我国乡村特色与乡村旅游发展独特实际和实践经验有关。为尽快完善我国乡村旅游研究理论体系，提升理论深度，我国不但需要借鉴国外的研究成果及其研究方法，而且需要借鉴新的管理方式和方法。中国乡村旅游、陕西省乡村旅游发展从无到有再到快速发展经历了不到二十年时间。近五年，乡村旅游快速发展，日新月异，其动态化尤为明显，其将来的发展也将是一个长期的动态的发展过程。乡村旅游发展相关理论与相关管理也是处于不断完善之中，就其管理来说，结合适应性管理在理论，以及其在实践中的应用情况，两者是比较契合的。乡村旅游的适应性管理是以适应性管理理论为基础，是两者不断发展和不断结合的过程，两者如果科学结合、合理应用，有利于延长乡村旅游目的地生命周期，有利于乡村旅游健康、稳步、持续发展。

第二章　基本概念与相关理论

第一节　旅游地生命周期理论

一、旅游地生命周期理论的产生

旅游地生命周期理论是描述旅游地演进过程的重要理论，是地理学对旅游研究的主要贡献之一。生命周期最早是生物学领域中的术语，用来描述某种生物从出现到灭亡的演化过程。后来，该词被许多学科用来描述相类似的变化过程，如在市场营销学中以技术差距存在为基础的产品生命周期，即一种产品从投入市场到被淘汰退出市场的过程。关于旅游地生命周期理论的起源，一般认为是 1963 年由德国学者克里斯塔勒（Christaller）在研究欧洲的旅游发展时提出的[46]。1973 年，美国学者斯坦利·帕洛格也提出了另一种获得普遍认可的生命周期模式。1978 年，斯坦斯菲尔德（Stansfield）通过对美国大西洋城盛衰变迁的研究，也提出了类似的模式，他认为大西洋城的客源市场部分由精英向大众旅游者的转换伴随着它的衰落[19]。

二、旅游地生命周期的概念及主要理论框架

到目前为止，在旅游地生命周期理论中，被国内外学者一致公认并广泛应用的是巴特勒于 1980 年提出的 S 形曲线和六阶段模型（图 2-1）。巴特勒在《旅游地生命周期概述》一文中，借用产品生命周期模式来描述旅游地的演进过程，提出旅游地生命周期理论，具体描述了旅游地从开始、发展、成熟到衰退阶段的生物界普遍规律[125]。他提出的旅游地演化的探察、参与、发展、巩固、停滞、衰落或复苏六阶段模型图，是分析旅游地演进过程的最重要的模型。通过运用该理论，可以了解旅游地的发展阶段，明确其发展的限制因素，了解旅游地发展 6 个阶段及每一阶段所具有的指示性特征和事件，并通过人为调整延长旅游地的生命周期。

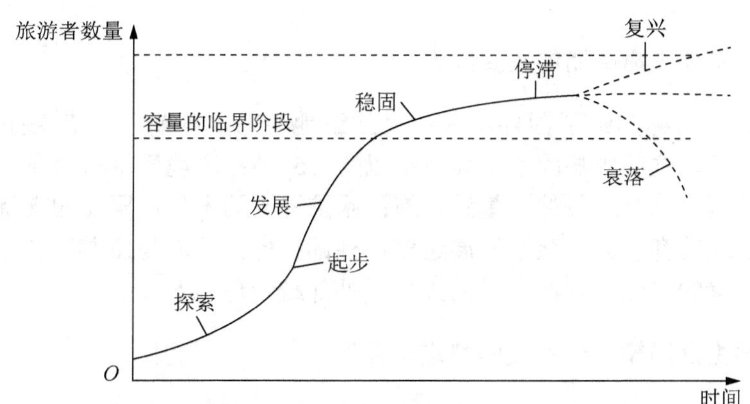

图 2-1 巴特勒的旅游地生命周期模型

资料来源：BUTLER R W. The concept of a tourist area cycle of evolution：implications for management of resources[J]. Canadian Geographer, 2010, 24 (1): 5-12.

三、旅游地生命周期理论各个阶段状况描述

旅游地生命周期阶段特征的研究加强了周期理论对旅游地演进现象的描述力，并且也是将周期理论运用于实践的基础。因为在实践中运用周期理论，首先需要能够判断旅游地所处的周期阶段，而要做到这一点，就必须先明确各周期阶段的特征（表 2-1）。

表 2-1 旅游地生命周期各阶段的特征

阶段	特征
探索	少量的“多中心型”游客或“探险者”；少有或没有旅游基础设施，只有自然的或文化的吸引物
起步	当地投资旅游业，明显的旅游季节性；旅游地进行广告宣传活动；客源市场地形成；公共部门投资于旅游基础设施
发展	旅游接待量迅速增长；游客数超过当地居民数；明确的客源市场；大量的广告宣传，外来投资，并逐渐占据控制地位；人造景观出现，并取代自然的或文化的吸引物；“中间型游客”取代“探险者”或“多中心型”游客
稳固	增长速度减缓；广泛的广告宣传以克服季节性和开发新市场；吸引了“自我中心型”游客；居民充分了解旅游业的重要性
停滞	游客人数达到顶点；达到容量限制；旅游地形象与环境相脱离；旅游地不再时兴；严重依赖于“回头客”，低客房出租率；所有权经常更换；向外围地区发展
衰落	客源市场在空间和数量上减少；对旅游业的投资开始撤出，当地投资可能取代撤走的外来投资；旅游基础设施破旧，并可能被代以其他用途
复兴	全新的吸引物取代了原有的吸引物，或者开发了新的自然资源

资料来源：GETZ D. Tourism planning and destination life cycle [J]. Annals of Tourism Research, 1992, 19(4):752-770.

四、影响旅游地生命周期的主要因素

徐致云和陆林归纳了国外学者在对旅游地生命周期研究中有关生命周期的主导影响因素，这些影响因素主要包括以下 15 种：环境质量与容量；过度商业化；良好的区位；交通条件；基础设施；旅游资源的丰度；居民的支持度；旅游形象；旅游地的竞争力；旅游发展速度；外部投资；政府与旅游经营者的作用；外部竞争环境的变化；客源市场的改变；外部政治环境[126]。

五、旅游地生命周期各个阶段的判定与评估

判断旅游目的地处于生命周期的哪个阶段，应综合相关研究，对下列因素进行调查和综合评估：①旅游目的地开发时长。②旅游目的地旅游结构、功能。③旅游目的地旅游产品类型。④旅游目的地旅游业态。⑤旅游目的地接待的游客人数状况。⑥旅游目的地游客人数的年增长率。⑦外来投资者投资规模的变化。⑧旅游地社区居民就业状况的变化。⑨社区居民对投资者和游客态度的变化。⑩旅游地社区环境受损状况。⑪旅游接待设施供求关系的变化。

通过对以上因素的系统调查和分析，再对照旅游地生命周期曲线图和每个阶段所呈现的特征的描述，进行判断，发现问题，解决问题。

第二节　乡村旅游发展理论

一、乡村旅游的概念

乡村旅游是指在乡村地区以具有乡村性的自然和人文客体为旅游吸引物的旅游活动。乡村旅游的概念包含了两个方面：一是发生在乡村地区，二是以乡村性作为旅游吸引物，二者缺一不可。

二、乡村旅游的内涵与外延

乡村性是乡村旅游的关键，它由以下几个特征构成：①地域辽阔，人口密度较小，居民点的人口规模较小。②土地利用类型以耕地、园地、林地等为主，建筑物占地面积较小，即具有乡村型的自然景观，经济活动简单，以农业和林业为主，并具有较强的季节性。③具有传统的社会文化特征，社会生活中，社会接触多为直接的、面对面的关系，人与人之间关系密切。④社会生活以家庭为中心，家庭观念、血缘观念比城市重。⑤社会行为标准受风俗、道德的习惯势力影响较大。⑥由于社会变化和生活节奏相对较慢，因而人们具有保守心理等。

乡村旅游主要包括以下几种类型：①乡村自然风光旅游。②农庄旅游或农场旅游。③乡村民俗旅游和民族风情旅游。以上几种乡村旅游类型并不是截然分离的，它们有时是相互涵盖的。

三、乡村旅游发展的驱动机制

乡村旅游动力系统的运行机制指出城市居民的乡村旅游需求是推动乡村旅游系统运行的基本动力，而乡村旅游供给是这个系统中的诱发动力[127]。乡村旅游需求推动了乡村旅游产品的生产和供给，乡村旅游供给的特色和创新对需求有引导作用，并能诱发新的乡村旅游市场需求。回归原始梦幻家园的愿望、工作压力和环境污染等是驱动城市居民产生乡村旅游需求的重要因素，而驱动农民供给乡村旅游产品的因素是获取经济利益。乡村旅游支持系统为需求和供给的实现提供了硬环境和软环境方面的支撑，而媒介系统则是需求与供给之间的桥梁和纽带，使需求与供给之间能够得到间接见面的机会，并促成了需求与供给的实现。

四、乡村旅游社区的社会变迁机制

乡村旅游业的兴起是引发已经旅游化的传统乡村社区综合性社会变迁的重要变量，在乡村旅游社区的变迁过程中，社区的社会结构、社区参与、社会分层与社会流动及社区秩序都打上了变迁的烙印[128]。

五、一体化乡村旅游利益协调机制

一体化乡村旅游利益相关者包括乡村旅游企业、旅游者、社区居民、机构、资源控制者和守门人，这些乡村旅游利益相关者之间构成了一个相互影响、彼此联系的动态网络[129]。这个动态网络具有二元特征，即嵌入性与非嵌入性、内生性与外生性、参与性与非参与性。乡村旅游企业通过资源与产品互补等路径形成企业网络组织，在乡村旅游一体化发展中起着举足轻重的作用，机构网络在乡村旅游一体化过程中的作用在于通过政策和计划、商业支持、质量控制、推销和市场营销，从而支持或者阻止旅游业的发展。

第三节　适应性管理理论

一、适应性管理理论的概念

适应性管理（adaptive management，AM）也称适应性资源管理（adaptive resource management，ARM），是一个面对不确定性因素的结构的、反复的最优决策过程，目的是随着时间的推移通过系统监测来减少不确定性。这样，无论是被动的或主动的决策过程都将最大化一个或多个资源目标，同时增加、提升未来管理所需的信息。

适应性管理概念的由来可以追溯到20世纪初，由美国管理学家弗雷德里克•泰勒所倡导的科学管理思想发展而来。生态学家霍林（Holling）和沃尔特斯（Walters）进一步发展了适应性管理的概念，他们区分了被动管理和适应性管理[130,131]。20世纪70年代末至80年代初，美国普林斯顿大学著名物理学家李（Lee）在加州大学伯克利分校进行博士后研究时，扩展了适应性管理的概念[132]。在霍林（Holling）成为奥地利维也纳国际应用系统分析研究所主管后，适应性管理得到进一步发展[133]。

二、适应性管理理论的假设及内涵

适应性管理理论以人类对自然知识有限，以及自然-人类互动关系的不确定性作为理论假设，强调人类应在管理实践中学习并调整对自然环境的管理方式，从而更新以往根据经验制定一成不变管理模式的观念。

适应性管理的基本假设为：①不确定性（uncertainty）是自然和社会的本质，管理决策者应承认和尊重不确定性。②知识永远是有限的和不足够的，管理者需要持续的学习。③仅靠分析解决管理问题，往往使问题简单化。④很多管理问题只能通过经验和实验才能找到答案。⑤知识不会自动累积，而是被不断抛弃。⑥我们所知的很多是错误的。这几个看似简单的理论假设，在人们面对人与自然的复杂关系系统时，却有着认识论上的重要指导意义，也成为适应性管理的理论前提[118]。

概括地讲，适应性管理是一种通过从管理过程和结果中学习知识，从而确定和优化管理战略的系统方法。适应性管理倡导一种实验的方法，认为管理过程就是管理实验的过程，学习是降低不确定性的一种有效方法，管理战略或者政策只是进行管理实验的假设，可以在实施的过程中通过实时的监控和评估，对实验的假设、战略及政策进行修订和改进，从而达到自然和社会可持续发展的目标。

三、适应性管理理论的基本方法——循环圈

随着越来越多的研究人员和环境管理人员在实践中采用适应性管理，适应性管理已逐渐形成一种独特而系统的管理方法，这一方法被称为“适应性管理循环圈”（the adaptive management cycle），如图2-2所示。

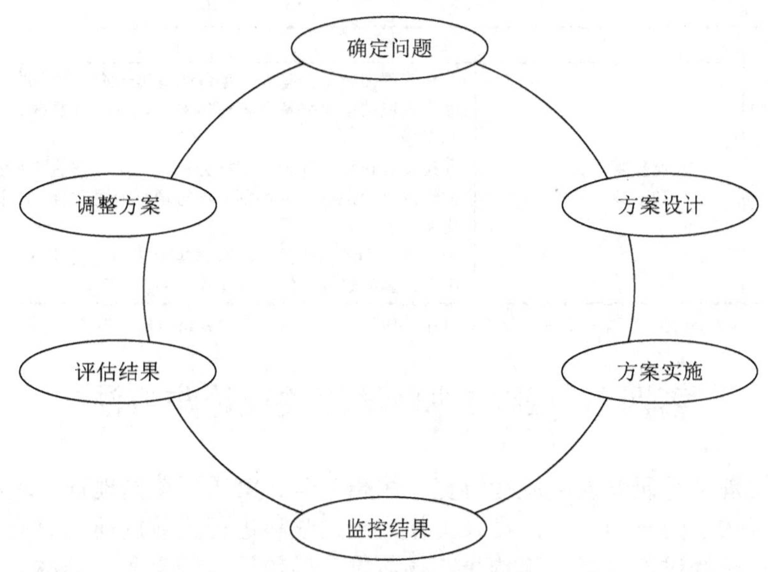

图 2-2　适应性管理循环圈

资料来源：荣玫．适应性管理在我国应急管理中的应用[J]．发展研究，2009（8）：78-81．

四、适应性管理理论的阶段划分

适应性管理循环圈是一个以反馈和调整为核心内容的管理学习过程，它包含 6 个阶段，如表 2-2 所示。

表 2-2　适应性管理阶段表

阶段	任务	内容
确定问题	评估和确定问题	目标：管理者目标和利益相关者目标； 行动：确定为实现目标可供选择的管理行动； 指标：确定可以用来监控和判断管理行动效果的指标； 不确定性：列出手段选择和效果的不确定性； 假设：对不确定性解决方案的假设
方案设计	设计实验性管理方案	方案必须具有详细的管理措施、实施计划、监控和反馈，以判断效果
方案实施	实施设计好的 实验性管理方案	设计多种可供选择的措施方案，在不同方案的实验效果中对比选择
监控结果	执行监控 效果监控	完整地实施原有的管理方案，以降低不确定性和累积新的管理知识
评估结果	分析、对比和评估	监控管理者和利益相关者的行为，是否按照原有的设计被实施

续表

阶段	任务	内容
调整方案	调整管理目标和政策、措施	监控管理措施是否有效，是否达到第一阶段确定的管理目标； 建立系统的信息采集和管理体系，以保障重要指标信息的记录和反馈； 通过实验设定的知识性指标分析、对比，评估在实验初期预测的情况是否准确，获得哪一种管理行为更适合实现管理目标的实施； 根据监控和评估的结果，对比实验初期的假设和判断，重新调整确定新的管理目标、管理政策和管理手段

资料来源：荣玫．适应性管理在我国应急管理中的应用[J]．发展研究，2009（8）：78-81.

第四节　旅游地理学相关理论与方法

旅游地理学是研究人类旅行游览、休憩疗养、康乐消遣同地理环境和社会经济发展相互关系的一门科学，在我国作为一门学科进行系统的研究只有 30 多年的历史，但是经过郭来喜、陈传康、杨冠雄、吴传钧、楚义芳、陆林、保继刚、吴必虎、王兴中等众多旅游地理学者的共同努力，取得了长足发展。1992 年，中国地理学会正式设立旅游地理专业委员会，标志着旅游地理学在学术组织中已取得机构保障。我国在旅游地理学的许多方面已取得一些重大的成绩和研究成果，并在我国旅游实践中发挥着重要作用。旅游地理学主要研究旅游主体、客体、旅游媒介及它们之间的关系。其具体内容包括旅游资源研究，旅游地研究（旅游地生命周期和旅游地空间竞争研究），旅游者研究（旅游者行为、旅游流、旅游预测研究），区域旅游开发与规划研究（旅游区域影响和旅游规划研究），旅游区划，城市旅游和主题公园，旅游环境容量研究，旅游交通等。在旅游者研究中，旅游流成为一个重要的方向，是核心内容之一[134]。

狭义的旅游流指旅游客流，它构成了旅游流研究的核心。无论是国外还是国内，有关旅游流的研究主要是针对旅游客流进行的。旅游流主要包括以下三种模式：①国际旅游流和国内旅游流；②伦德格伦（Lundgren）旅游流模式（对流模式、辐射社区模式、辐射周边农村模式、辐射边远旅游地模式）；③皮尔斯（Pearce）城市旅游流模式。从广义角度上，唐顺铁、郭来喜指出“旅游流是以旅游客流为主体，涵盖旅游信息流、旅游物资流和旅游能流的一个复杂的巨系统”[135]。在旅游流上，陆林对旅游客流做了系统而深入的研究；张佑印、马耀峰、赵现红认为“旅游流是指旅游客源地与目的地之间，或旅游目的地与目的地之间的单向、双向旅游客流、信息流、资金流、物资流、能量流和文化流的集合，旅游流具有方向性”。在旅游流体系中，各种旅游流之间相互联系、相互作用。旅游影响归根结底是由旅游流带来的，旅游流作用机制理论为旅游影响空间分异规律的解释提供了新的视角[136]。李东和、张捷认为，对于旅游影响空间分异的研究需要从旅游流在目的地区域的作用机制入手，在旅游目的地区域的不同地区，旅游流对其作用的过程和机制是不同的，基于旅游流的作用机制不同，可以将旅游目的地区域划分为3种不同的类型：旅游流滞留区、旅游流通过区域、旅游流既不滞留也不通过区域，如表2-3所示。旅游流形成理论基础涉及心理学的推拉理论、经济学的需求理论、地理学的空间相互作用理论等[137]。吴晋峰、潘旭莉在《入境旅游流网络与航空网络的关系研究》一书中就航空网络构建提出了相关建议[138]。杨兴柱、顾朝林、王群针对目前国内旅游流驱动力系统研究的薄弱环节，从旅游流空间分布简单描述转向多学科视角的机制探讨，深入剖析旅游流驱动机制，构建旅游流的驱动机制概念模型[139]。高林安、梅林、刘继生等就中国乡村旅游流进行了简要分析，认为乡村旅游流向明显，增幅较大，在乡村旅游管理、产品开发、规划等方面需要认真对待[140]。李振亭、马耀峰、李创新等以1990～2009年中国入境旅游流的相关数据为基础，分析了中国入境旅游流流量的变化特征，结果表明：中国入境旅游流流量及占世界市场份额稳步增长，年均增速达5.3%；中国入境旅游流流质总体偏低，但逐年稳步增长，发展势头良好，其增长速度超过流量的环比增速。中国入境旅游流流量及流质在个别年份受特殊事件影响呈负增长，但很快便反弹，不会改变其持续增长的总体态势[141]。

表2-3　基于旅游流作用机制的目的地区域划分

旅游流作用机制	旅游影响区域类型	旅游流影响方式	目的地区域类型举例
旅游流滞留区	斑块区	直接影响为主	游客集散中心、旅游中心城市、旅游景区点、交通中转中心等
旅游流通过区域	廊道区	直接影响和间接影响相结合	中心城市与景区点之间、景区点与景区点之间的交通道路等
旅游流既不滞留也不通过区域	基质区	间接影响为主	上述区域以外的目的地区域其他地区，如腹地乡村等

资料来源：李东和，张捷．基于旅游流作用机制区域旅游影响差异研究[J]．中国地理学年会2007年学术年会，2007-11-01．

近几年在国内旅游客流中，短线游、“一日游”、近郊游、乡村游、自驾游、休闲度假游等成为主要方式，“当地人游当地”比重大[142]，以“原汁原味”“古色古香”为特色的古村落旅游成为时尚的旅游活动形式[143]。新假日制度下，人们旅游消费意愿普遍增强，短途休闲度假旅游需求快速增长，需要加强都市近郊休闲度假地建设[144]。基于国家政策助力及市场需求，乡村成为国内旅游流主要方向。随着乡村旅游流流量的不断增大，乡村旅游目的地亦面临着各种各样的问题[96]，对乡村旅游发展提出了一系列挑战，要求乡村旅游管理、规划和保护、营销等应与之相适应，与时俱进。在研究中，需要在乡村旅游时空演变下的动态发展基础上，结合适应性管理方法，探讨乡村旅游发展过程中存在的问题并提出对策。

本 章 小 结

本章是第一章内容的补充。陕西省乡村旅游研究需要建立在一定理论基础之上。在对国内外研究文献综述、评价与展望的基础上，本章首先对旅游地生命周期理论、乡村旅游发展理论进行了阐述，其次对适应性管理理论进行了详细的说明，最后把旅游地理学旅游流等理论引入研究中，阐明了本书研究的理论基础。

本章认为，乡村旅游目的地作为旅游目的地的一种，适用于旅游地生命周期理论的研究范畴；乡村旅游可持续发展理论是延长乡村旅游目的地生命周期的指导思想，它为乡村旅游发展指出了发展的方向和目标；适应性管理理论为乡村旅游快速发展态势下新型管理模式的研究提供了思路；旅游地理学等相关理论则为分析陕西省乡村旅游目的地生命周期阶段的定性与定量化提供了理论依据；乡村旅游发展的驱动机制理论、乡村旅游社区的社会变迁机制理论、一体化乡村旅游利益协调机制理论的引入可以为乡村旅游发展负面效应的分析提供方法论的帮助，在陕西省乡村旅游适应性管理方案的制定、决策过程中，在适应性管理理论框架的构建过程中起到理论支撑作用和指导作用。本章还提出了有利于实现陕西省乡村旅游可持续发展的适应性管理框架。通过对 6 种相关理论的阐述，为后文的研究奠定了理论基础，并提供了具体的研究思路。

第三章　陕西省乡村旅游发展现状与存在的问题

第一节　陕西省乡村旅游发展现状

一、陕西省乡村旅游的起源

陕西省乡村旅游始发形式为：靠近一些旅游景区路边的农家餐厅［包括前往西安秦始皇陵兵马俑博物馆、华清池沿线的秦陵餐厅（1993 年开始经营）、石榴园餐馆（1994 年开始经营）等十余家餐厅］，以及乾陵附近的三宝农家饭（锅盔、豆腐脑、挂面被称为乾县三宝）等，这些餐厅开始只是为游客提供农家菜，随着客人增多，有些客人在吃饭后买一些当地的土特产或者到农家地里采摘一些水果（如石榴、火晶柿子等）。这就是西安市乡村旅游农家乐旅游项目的发端，当时只是游客在游览兵马俑、华清池、乾陵等景区时无意而为的一种行为，并未纳入旅游的范畴，尚没有固定的客源，也没有相应的管理措施等，应属于陕西省乡村旅游早期发展的雏形。1996 年和 1997 年，西安市长安区东大镇附近、蓝田县汤峪镇附近利用温泉进行旅游开发，开发项目包括洗浴、住宿、水产养殖、垂钓、爬山等，吸引了很多游客。当地一些农户利用家庭临街门面房开始经营餐厅、住宿等接待游客业务，但仅限于吃饭住宿。随着游客大量涌入，旅游从业人员、接待设施逐渐增多，政府也开始介入管理，乡村旅游从此进入了发展时期。

二、陕西省乡村旅游发展模式

陕西省乡村旅游发展早期模式为景区边缘型的自发性、内生式的经营模式，散见于一家一户，主要以旅游景区为依托。在政府管理方面，刚开始没有什么管理措施，经过 5 年左右的发展，到 1998 年省政府开始重视，制定了相关办法和细则，开办了从业人员培训班等，引导乡村旅游走向规范化的发展。各市乡村旅游发展至今已初具规模，产品多样，呈现不同的发展模式，经营方式也实现了多样化。陕西省十市一区乡村旅游主要产品、类型、模式如表 3-1 所示。

表 3-1　陕西省十市一区乡村旅游主要产品、类型、模式一览表

城市	主要产品	发展类型	经营模式
西安市	观光体验，特色养殖、种植，餐饮，园艺，休闲度假	城市依托型，特色村镇型，景区周边型，特色庄园型，产业依托型	农户+企业+专业合作组织，农户+专业合作组织，大组群式农户分散经营，内生式，社区参与式
咸阳市	观光体验，餐饮，休闲度假	特色村镇型，景区周边型，特色庄园型，民俗依托型	农户+专业合作组织，大组群式农户分散经营，内生式或社区参与式
宝鸡市	餐饮，休闲度假	特色村镇型，景区周边型，特色庄园型，民俗依托型	农户+专业合作组织，大组群式农户分散经营，内生式
汉中市	观光体验，餐饮，园艺，休闲度假	特色村镇型，景区周边型，特色庄园型，创意主导型	农户+企业+专业合作组织，农户+专业合作组织，大组群式农户分散经营，内生式或社区参与式，政府主导式
安康市	特色养殖，餐饮，休闲度假	城市依托型，特色村镇型，景区周边型，特色庄园型	农户+专业合作组织，大组群式农户分散经营，内生式，政府主导式：政府+村支两委（协会）+农户（旅游经营户）
商洛市	特色养殖，餐饮，休闲度假	特色村镇型，景区周边型，特色庄园型，创意主导型	农户+企业+专业合作组织，农户+专业合作组织，大组群式农户分散经营，内生式
渭南市	观光体验，特色养殖，餐饮，园艺，休闲度假	特色村镇型，景区周边型，特色庄园型，民俗依托型	农户+企业+专业合作组织，农户+专业合作组织，大组群式农户分散经营，内生式
铜川市	观光体验，特色养殖，餐饮，园艺，休闲度假	城市依托型，特色村镇型，景区周边型，特色庄园型，创意主导型	农户+企业+专业合作组织，农户+专业合作组织，大组群式农户分散经营，内生式
延安市	观光体验，餐饮，休闲度假	城市依托型，特色村镇型，景区周边型，民俗主导型	农户+专业合作组织，大组群式农户分散经营，内生式
榆林市	餐饮，园艺，休闲度假	城市依托型，特色村镇型，景区周边型，民俗主导型，历史文化依托型	农户+专业合作组织，大组群式农户分散经营，内生式
杨凌区	观光体验，特色养殖，餐饮，园艺	特色村镇型，特色庄园型（高新农业、生态农业），产业依托型，创意主导型	农户+公司，公司+科技人员+农户，公司+基地（协会）+农户，专家+基地（协会）+农户，乾兴模式（技术入股，专家大院，民办、民管、民受益），内涵：政府组织，科技支撑，企业带动，农户实施

注：根据笔者实地调研整理。

三、陕西省乡村旅游资源空间分布格局

陕西省基础条件优越，地域南北狭长，纵跨北亚热带、暖温带、温带三大气候带和黄河、长江两大水系，南北地理地貌差异大，生态类型多样，生物资源种类繁多，特色农业物产丰富，农耕文化积淀深厚，乡村旅游资源非常丰富。目前全省受国家地理标志保护的 38 个产品中，有涉农产品 35 个。据陕西省“十二五”乡村旅游发展规划项目数据，陕西省乡村旅游资源单体中，等次较高的乡村自然

景观类资源 282 个，农耕文化遗迹类资源 61 个，乡村民俗类资源 707 个，农业产业科技类资源 129 个。按照乡村旅游资源特点和属性，划分为乡村自然景观类、乡村历史遗址与遗迹类、乡村特色聚落与建筑类、乡村农业产业科技类、乡村农家乐类、乡村休闲度假类、乡村民俗类、乡村红色旅游类 8 个主类，38 个亚类[145]。陕西省十市一区乡村旅游主要资源空间分布如表 3-2 所示。

表 3-2　陕西省十市一区乡村旅游资源空间分布

城市	自然资源	历史人文资源	特产	风味小吃
西安市	乡村休闲娱乐(休闲度假庄园，城郊餐饮苑)，乡村地文、水文和森林景观，乡村农业景观(传统的农业景观，高科技农业园)，温泉	乡村民风民俗（传统节日，特色饮食，乡村民俗)，乡村历史遗址和遗迹(古村古镇，传统古老生产工艺)	石榴，火晶柿子，秦腔脸谱，稠酒，皮影，农民画，木版年画，瓷板画，麦秆画，关中剪纸，陶哨，德懋恭水晶饼，蓝田玉雕，唐三彩，草编，秦绣，丝绸，秦椒干	醪糟，八宝蜜枣镜糕，荞麦饸饹，五仁油茶粉，腊汁肉夹馍，酿皮，裤袋面，𰻞𰻞面，浆水面，臊子面，山野菜
咸阳市	中国地热城，传统医学（“神刀”“神脉”“神针”“神袋”“神罐”等)，养生保健(水疗、药膳、药浴、足疗、按摩)，渭河盆地，渭北旱原，森林，果树栽培，狩猎，关中印象体验地	遗址遗迹，历史文化，文物资源，红色资源，“中国第一帝都”，“中国金字塔之都”，民间故事，神话歌谣，鼓乐，舞蹈，社火，皮影戏，秦腔，唢呐，剪纸，刺绣	三原书画、蓼花糖、肚兜，永寿景泰蓝工艺画、苹果，彬县梨枣木工艺品、彬州梨、旋木，景林五谷画，长武淳化刺绣，大晋枣，秦都文物复仿制品，唐墓壁画复制品，苏绘手织布，礼泉牛皮影、乾州葫芦画、培吉雕刻	乾县锅盔、豆腐脑、挂面，咸阳汇通面，三原蓼花糖、千层油饼、泡油糕、石子馍，彬县御面，长武水豆腐，乾州四宝，兴平醪糟，礼泉烙面，武功旗花面，旬邑花子馍，长武锅盔，淳化饸饹
宝鸡市	地质地貌，温泉（眉县汤峪)，森林（太白山)，峡谷河流（长江、黄河两大水系)，动植物 2600 种，明月	炎帝故里，周、秦发祥地，周原遗址，隅的赤沙“快活”	凤翔彩绘泥塑、木版年画，马勺脸谱，皮影雕刻，布艺，刺绣，枕头猪，布老虎，古钱币，青铜器仿制品，食醋，岐山臊子，花馍，挂面	岐山臊子面，面皮，凉皮，锅盔，宝鸡茶酥，凤翔豆花泡、腊驴肉，陇县马蹄酥，扶风鹿羔馍
汉中市	油菜花，梨花，桃花，樱桃花，山水田园风貌，自然风光，氧吧，汉水，汉桂，汉山，汉调，汉风，明月，萤火虫	古村镇，民间艺术，锣鼓，焰火，汉调二簧，汉调桄桄，乡土习俗（枪花灯，合食蛋，拜树王，乞巧)，唱孝歌，放河灯	茶叶，中药材，腊肉，橡子凉粉，蜂蜜，菜籽油，挑花绣，纳纱绣，扎染，竹编，棕编，藤编，草编，洋县黑米、黑米酒，西乡牛肉干	热面皮，（蕨）粉皮，核桃馍，石门麻辣豆瓣鱼，菜豆腐节节，浆水菜，腊肉，梆梆面，柿饼，麻辣鸡，红豆腐，菜豆腐，罐罐茶
安康市	秦巴山水，汉水神韵，百里水乡，湖泊，水库，森林，氧吧，竹林，梯田，喀斯特地貌（燕翔洞等)，秦头楚尾，北国江南，太极城，峡谷漂流，明月，萤火虫	女娲故里，古村镇，水旱码头，油菜花，紫阳民歌，赛龙舟，舞狮子，玩船，移民文化，红色文化，汉调二簧，小场子，八岔戏，安康道情，安康八大怪	茶叶，中药材，天麻，绞股蓝，芝麻，富硒产品(鸡蛋、核桃、桑枝菇、彩色花生)，土蜂蜜，腊肉，豆腐乳，石雕，竹雕，泥塑，面塑，编织工艺品，古窑陶制品，木瓜酒，竹筒酒	“八大件”，土豆饼，洋芋粑粑，蒸面，“鼓气馍”，打气馍，蒸拃肉，富硒食品，食蚕蛹，马岭香瓜，嫩嫩香椿芽，山苕和黄姜，油糍儿，血豆腐干，和渣，木瓜酒，紫阳蒸盆子

续表

城市	自然资源	历史人文资源	特产	风味小吃
商洛市	自然保护区，森林公园，地质公园，水利风景区，山丘型旅游地，峡谷，岩石洞，喀斯特地貌（溶洞），清新空气，萤火虫，高速隧道	古村镇，古寺庙，古道观，移民文化，秦楚骡马古道（义谷道），《渔鼓》，《花鼓》，传统中药文化	大红栗，核桃，核桃油，豆腐干，柿子，孝义柿饼，毛栗，中药材，冬青木烙花筷子，水晶，食用菌，商南泉茗，丹凤葡萄酒，山阳龙须草，山茱萸，干果	镇安腊肉、包谷酒，山阳九眼莲，寺坡橡子凉粉，洛南豆腐干，洋芋糍粑，搅团，水煎包子，商州柿饹炒面，龙驹寨香苜蓿，丹凤香苜蓿粉蒸肉，商山落水宴，山野菜
渭南市	森林，河流，水库，果树，药材种植，冲积平原，黄土台塬，丘陵沟壑，秦岭山地，沙梁沙丘，温泉	三贤故里，塔陵公园，华阴老腔、迷胡、皮影，合阳提线木偶、同州梆子、富平阿官腔，澄城尧头陶艺剪纸，魏长城遗址，西汉京师粮仓，横阵遗址，西关村遗址	皮影，剪纸，樱桃保健酒，果醋，琼锅糖，面花，麦秆画，韩城大红袍花椒，蒲城土布，火烙花，富平黑陶，杜康酒	石头饼，华县饼子夹锅巴，白水豆腐包子，华县肉夹馍、井家羊肉泡、油馍，荠菜春卷，蒲城椽头蒸馍
铜川市	休闲避暑，山地森林，养生，滑雪等冰雪运动，狩猎，医药保健，新区牡丹文化节、王益区桃花节	耀州火亭子、社火，陈炉祭窑神，佛教文化，红色照金，陶瓷文化，宜君西村长鼓，石堡走马，打连钱，香山庙会，药王养生文化节暨二月二庙会，香山佛教文化节	青瓷器，宜君农民画、剪纸、牛黄、党参、根雕、核桃，面塑（捏面人），“棋智”乳品，苹果，“维美”樱桃、“孟姜红”甜桃	小疙瘩，手工面（窝窝面、咸汤面、驴蹄面、刀犁面、铺盖面），椒叶锅盔，玉米面漏鱼，油茶泡馍，菜疙瘩，发财金钱糕，一品兰花酥，宜君豆腐宴、荞面饸饹、泡椒折花锅盔、雪花糖
延安市	黄土高原塬、川地貌，最大窑洞群，次生林场，苹果、红枣、酥梨、小杂粮等生产种植园	古遗址遗迹（石窟、寺庙、古城址、桥、墓），红色革命文化（延安精神），黄土风情文化（陕北梆子、剪纸、汉石画像），农耕和游牧的双重特性，陕北民歌	酥梨，苹果，花生，烤烟，花椒，红葱，棉花，剪纸，石版画，红枣，安塞农民画，延川布堆画，洛川毛麻绣，吴起糜粘画	年糕，陕北大烩菜，抿节，碗砣，洋芋擦擦，洋芋沫沫（黑愣愣），苦菜酿洋芋，蜜制南瓜，火烧，钱钱饭，摊黄，油糕，羊杂碎，炖羊肉，凉粉，煎饼，荞面饸饹，卤煮驴板肠，麻汤饭，烙饼，烧馍，卷杆，韭合，煎饼，手工面，麻食（猫耳朵），拌汤，糊汤剁荞面，荞面饦，摊馍馍，枣糕，卷子，油馍馍，黄米馍馍，角角，黄米捞饭，小米干饭，玉米团子，软糜子糕，杂面，米酒
榆林市	黄土高坡，窑洞，防沙治沙和治理水土流失、再造秀美山川的成果（沙漠植物园），原始的农业、手工业生产方式，长城脚下，黄河岸边，大漠风光、塞外风光，沙漠湖泊（红碱淖）	四大节、八小节、二十四个渣渣节，民间歌舞（陕北民歌、秧歌），民间曲艺（陕北说书），民间吹打乐（陕北唢呐）	剪纸，石雕，泥塑（庙宇塑像），刺绣（虎枕、针扎、肚兜、鞋垫、荷包），沙棘，榆林地毯	以熬食为主，包括炒米、南瓜粥、奶茶、酪丹子、酥油、黄米饭猪肉熬酸菜、燕麦、炒面、荞剁面羊羔肉、黄鼠肉、豇豆钱钱饭，揪面片，果馅，绿豆凉粉，白菜炖豆腐，野菜土豆泥，洋芋擦擦，年糕，奶茶，酥油，燕麦炒面

续表

城市	自然资源	历史人文资源	特产	风味小吃
杨凌区	农科城，高新农业，生态农业，农业技术，科普，艺术农业，昆虫博物馆，人工模拟降雨大厅，动物克隆基地，秦川节水灌溉	农耕文化的发祥地，后稷教民稼穑之地，一直被人们视为农业圣地，农史馆	有机农产品，蔬菜，桑葚，圣女果，苗木花卉，辣椒，乳品，红灯樱桃，冬枣，猕猴桃，蜂蜜，有机肉类	手擀面，旗花面，蘸水面，搅团，漏鱼和绿色山野菜，有机蔬菜

注：根据笔者实地调研整理。

西安市是陕西省省会，著名古都，现辖 11 区 2 县并代管西咸新区，总面积 10 752 平方公里，2017 年末常住人口 905.68 万人。西安市是陕西省乡村旅游发展最早的地区，经济基础优越，生态优美、环境宜人，自然休闲条件舒适，历史悠久，人文历史遗址、遗迹类景区多，乡村旅游资源丰富，多集中于农业产业化与产业庄园类、乡村民俗类、乡村休闲娱乐类、乡村历史遗址和遗迹类、乡村红色旅游类等，乡村旅游在空间布局上靠近著名旅游景区，空间布局结构尚不合理，未形成规模经营。经过十余年发展，由于政府重视及客源扩大，西安乡村旅游目的地形成距西安市中心 30 余公里、长达 150 余公里的半环状的布局形式，东郊以灞桥区白鹿塬、临潼区秦俑村、蓝田县汤峪镇塘子村为主，南郊以长安区依托森林旅游的祥峪沟村、上王村为主，西郊以鄠邑区关中农民画为特色的东韩村为主，北郊以未央区六村堡、草滩农业生态园为主。

咸阳位于关中平原中部，距省会西安 25 公里。全市辖 2 区 2 市 9 县，总面积 10 189.4 平方公里，2017 年末全市常住总人口 437.6 万人，中华文明的发祥地之一，被誉为“第一帝都”“秦汉古都，文物宝库”。咸阳市人文历史遗存众多，交通便利，自然条件优越，不仅有大量周、秦、汉、唐的历史文化遗存，还有关中平原沃土所滋养的丰富民俗风情和田园特色风光。咸阳市乡村旅游空间布局以点状为主，分布在咸阳市关中平原地带及渭北塬上，以唐乾陵（唐高宗李治与武则天合葬陵）附近的黄土民俗村、唐太宗李世民昭陵附近的袁家村为主，主要有礼泉县袁家村关中印象体验地，渭城区司魏村，淳化县仲山民乐园，旬邑县车村新农村建设示范区，乾县陵前村农家乐，泾阳县安吴村农家乐，秦都区北槐村农家乐等乡村旅游目的地。

宝鸡地处关中平原西部，是关中—天水经济区副中心城市，也是陕西省第二大城市，陕甘川宁毗邻地区区域性中心城市，辖 3 区 9 县，面积 18 100 平方公里，2017 年末全市常住人口 378.5 万人，区位优势和交通优势明显。宝鸡是周、秦王朝的发祥地、佛骨圣地、青铜器之乡、民间工艺美术之乡，其境内秦岭主峰太白山被誉为“中华南北界、神州分水岭”，悠久的历史，孕育了璀璨的民俗文化，包括岐山臊子面、木板年画、刺绣剪纸、脸谱泥塑、民间社火等民俗瑰宝，为宝鸡市发展乡村旅游提供了条件。宝鸡市乡村旅游空间布局以点、线相结合为主，分散在宝鸡至西安的南线（沿秦岭一线）、中线（眉县一部分、扶风县一部分、岐山县一部分、宝鸡市东郊、西郊）、北线（扶风县一部分、岐山县一部分、凤翔县、陇县）等交通线上，以吸引宝鸡市与西安市的游客，主要有宝鸡关中风情园、岐山县周公庙附近的以西府民俗文化为特色的岐山县北郭村、扶风县法门寺附近的西府民俗村、美阳村等乡村旅游目的地。

汉中位于陕西省西南部，北依秦岭，南屏巴山，与甘肃、四川毗邻，中部为盆地，辖 2 区 9 县及 3 个开发区，面积 27 200 平方公里，2017 年末全市常住人口 381.85 万人，气候温和、湿润，生物资源、水能资源丰富，景色秀丽，旅游资源众多，是汉文化发祥地，全国历史文化名城，自古称为“天府之国”“鱼米之乡”，有“汉家发祥地，中华聚宝盆”之美誉。汉中市乡村旅游空间布局以周边山地、河流、峡谷、湖泊、农业特产种植园为主，成不规则点状分布在四周区县，主要有发展樱桃产业的西乡县城关镇莲花村樱桃沟、城固县刘家营村橘园、华阳古镇农家乐、南郑汉山农家乐，以及川陕甘三省交界的宁陕县青木川古镇农家乐等乡村旅游目的地。

安康地处祖国内陆腹地，陕西省东南部，居川、陕、鄂、渝 4 省交界处，南依巴山北坡，北靠秦岭主脊，地形为“三山夹两川”地势，辖 1 区 9 县，面积 23 391 平方公里，2017 年末全市常住人口 266.1 万人，气候湿润温和，四季分明，雨量充沛，无霜期长，森林覆盖率 56.5%。为安置巴山一带流民，取“万年丰乐，安宁康泰”之意，得名“安康”，为史上移民之地。巴蜀、荆楚、秦韵相互叠加，民俗风情复杂多元，文化内涵十分丰富，形成著名的“安康八大怪”，既有秦巴文化的风采，又有江南水乡的神韵。安康市乡村旅游空间布局以周边山地、河流、湖泊、古民居、古村落为主，成散点状分布在周边区县，主要有汉滨区的瀛湖、县河村、毛坝田园，紫阳的茶园，平利县长安镇，汉阴月河川道等主要乡村旅游目的地。

商洛，因境内有商山、洛水而得名，位于陕西省东南部，秦岭南麓，与鄂豫两省交界，距省会西安 110 公里，辖 1 区 6 县，面积 19 851 平方公里，2017 年末全市常住总人口 238.13 万人。历史上其是西北通往东南的交通要道，兼容秦雄楚秀，历史文化积淀深厚，属半湿润山地气候，生态旅游资源丰富，为发展乡村旅游提供了良好的区位、资源条件。商洛市乡村旅游空间布局呈散点状分布在商洛市峡谷山涧中，以柞水溶洞、牛背梁、金丝大峡谷等景区周边为主，主要有商南县任家沟，柞水县凤凰古镇，柞水溶洞景区周边的东甘沟村等乡村旅游目的地。

渭南地处关中平原东部最宽阔地带，是陕西省的“东大门”，辖 2 区 2 市 7 县，面积 13 134 平方公里，2017 年末全市常住人口 538.29 万人，是陕西省第二大人口大市，素有“华夏之根”“文化之源”之称。该市文化灿烂，区位优越，交通便捷，物华天宝，资源丰富，属暖温带半湿润半干旱季风气候，黄河、渭河、洛河三河交汇，光照充足，雨量适宜，土地肥沃，历来是西北最优越的农业生态区，被命名为中国苹果、酥梨、花椒、枣、柿之乡，素有陕西“粮仓”“棉库”之称。农业、果业发达，民俗民风独特，乡村旅游资源禀赋好，各市县都有独特的旅游资源与文化特色，已形成集农家乐、观光农园、自由采摘、休闲农场、生态园林、民俗文化村落、古村镇及古建筑为一体的具有地域特色乡土文化和综合多样的乡村旅游格局。渭南市乡村旅游主要以扇状分布，形成以华阴市、韩城市、富平县、合阳县、白水县等为主的呈扇状辐射的既包含渭南市又涵盖辐射西安市的空间布局形式，主要有白水富卓苹果人家、合阳县莘里村、韩城的党家村等主要乡村旅游目的地。富卓村村民利用当地盛产苹果的优势，以仓颉庙为依托经营了 50 家苹果人家农家乐，为游客提供关中东府特色风味的面食杂粮，还有野菜、野兔、土鸡（蛋）等。合阳县莘里村地处黄河岸边，村旁处女泉芦苇荡、百亩荷塘等风景区闻名全国，各地众多游客来此旅游度假，使莘里村成为接待游客的"农家乐旅馆村"，以潘家大院最负盛名。党家村是我国典型的由传统老宅四合院民居组成的村寨，已有约 670 年历史。该村现存四合院 120 多座，人们仍在这些古老的四合院中生活劳作、繁衍生息。目前已发展有 20 多个农家乐接待户，为游客提供餐饮、住宿、娱乐等服务。

延安位于陕西省北部，地处黄河中游，辖 2 区 11 县，面积 37 037 平方公里，截至 2017 年年末，全市常住人口 226.31 万人，是国务院首批公布的历史文化名城，全国优秀旅游城市和爱国主义、革命传统、延安精神三大教育基地。延安矿产资源丰富，是世界上极佳的苹果优生区，苹果、红枣等农林产品品质优良；人文旅游资源独具特色，以中华民族圣地黄帝陵、中国革命圣地延安、黄河壶口瀑布、黄土风情文化为主体的旅游资源驰名中外，陕北民歌、陕北大秧歌、安塞腰鼓、农民画、剪纸等民间艺术久负盛名。挖掘、整理、开发的民间艺术主要为"一艺一品"，即每县必须有一种具有地方特色的民间艺术表演形式、必须有一种民间工艺美术品种。"一艺"分别是安塞腰鼓、宜川胸鼓、洛川蹩鼓、黄龙猎鼓、志丹扇鼓、延川大秧歌、子长唢呐、黄陵抬鼓、富县飞锣、吴旗铁鞭舞、甘泉莲花灯、延长梆子和宝塔区的木兰（鼓）舞等 13 种；"一品"有剪纸、农民画、毛麻绣、薰画、布堆画、根雕、石刻画、面花、刺绣、泥塑和豆粘画等近 20 种，成为乡村旅游主要特色民俗资源，是西部地区独具魅力的旅游胜地，发展乡村旅游业有广阔前景。延安市乡村旅游空间布局以红色旅游景区、黄河壶口瀑布景区、黄帝陵景区周边为主，结合陕北民俗风情，呈放射状分布在延安市周边，主要有宝塔区田野生态休闲山庄、宝塔区龙祥山庄、黄陵县龙乡逸情园、宜川壶口窑洞山庄、延川县程家大院等主要乡村旅游目的地。

榆林位于陕西省最北部，东临黄河，与山西相望，西连宁夏、甘肃，北邻内蒙古，南接延安，历史上曾是游牧民族和汉民族不断融合的地方。该市辖 2 区 1 市 9 县，面积 43 578 平方公里，2017 年末全市常住人口 340.33 万人。榆林北部为毛乌素沙漠南缘风沙草滩区，经过治理的沙滩地郁郁葱葱，海子（湖泊）星罗棋布；南部为黄土丘陵沟壑区，沟壑纵横，丘陵峁梁交错，近些年水土流失得到初步控制，生态环境有了较大改善。榆林市周边景区多，民俗资源丰富，乡村旅游呈环状分布，主要有米脂县高西沟、杨家沟，佳县王家砭打火店村，绥德县满堂川乡三十里铺村、郭家沟村、四十里铺乡麻地沟村，靖边县红墩界乡尔德井村、金鸡沙村，神木县中鸡镇创业村，榆阳区金鸡滩镇海流滩村等乡村旅游目的地。

杨凌区地处关中平原腹地，东、西各距西安、宝鸡 90 余公里，是我国第一个国家级农业高新区，实行省部共建领导管理体制，下辖 1 个县级区（杨陵区）、2 镇（五泉镇、揉谷镇）3 个街道（杨陵街道、李台街道、大寨街道），面积 135 平方公里，截至 2017 年年末，全区常住人口 24 万人。尧舜时代，此地是古农师后稷“教民稼穑”的封地，属暖温带季风半湿润气候区，境内塬、坡、滩地交错，土壤肥沃，适宜多种农作物生长。政府围绕“现代农业看杨凌”目标，实施现代农业示范园区建设规划，初步建成“国际知名、国内一流”的现代农业示范园区。农业科研教学单位集中，科技力量雄厚，区内西北农林科技大学和杨凌职业技术学院两所大学云集着 70 多个学科、5000 多名农业科技精英，被誉为中国“农科城”。良种业发达，无公害精细蔬菜、猕猴桃、草莓、樱桃、酿酒葡萄等俏销全国各地，恒兴果汁、妙味乳品、当代蜂业产品等出口欧美等地。人文自然景观也很丰富，有泰陵（即杨坚陵）、古农师后稷封地（有邰国遗址）、唐太宗李世民出生地（庆善宫遗址）等文物古迹。后稷教稼园、周尧昆虫博物馆、水保所人工降雨大厅、中国克隆动物基地、新天地设施农业园等蜚声海外。杨陵“蘸水面”、绿色无公害蔬菜等深受游人喜爱，形成了丰富多彩的乡村旅游资源。杨凌区以高新农业为依托，在城市周边近距离分布了一些高新农业示范园及农家乐经营村庄，主要有崔西沟民俗村、现代农业示范园区、农林博览园、新天地农业科技示范园、秦岭山现代农业生态旅游园、教稼园等。

四、陕西省乡村旅游目的地建设现状

陕西省各市区根据自己辖区内的乡村旅游资源分布状况，在相关部门的配合下，建设了一批知名的乡村旅游目的地。其中各市区分布状况如表 3-3 所示，陕西省国家级主要乡村旅游目的地空间分布状况如附图 1 所示，西安市乡村旅游主要目的地空间分布状况如附图 2 所示，咸阳市乡村旅游主要目的地空间分布状况如附图 3 所示，宝鸡市乡村旅游主要目的地空间分布状况如附图 4 所示，汉中市乡村旅游主要目的地空间分布状况如附图 5 所示，安康市乡村旅游主要目的地空间分布状况如附图 6 所示，商洛市乡村旅游主要目的地空间分布状况如附图 7 所示，渭南市乡村旅游主要目的地空间分布状况如附图 8 所示，铜川市乡村旅游主要目的地空间分布状况如附图 9 所示，延安市乡村旅游主要目的地空间分布状况如附图 10 所示，榆林市乡村旅游主要目的地空间分布状况如附图 11 所示。①

① 相对其他十市，杨凌区的地理面积过小，故本书未做杨凌区乡村旅游主要目的地空间分布图。

表 3-3　陕西省十市一区乡村旅游主要目的地

城市	全国休闲农业与乡村旅游示范县	全国休闲农业与乡村旅游示范点	全国特色景观旅游名镇	全国农业旅游示范点	省级旅游示范县	省级旅游强县	省级旅游特色名镇	省级乡村旅游示范村95个（由省旅游发展委员会评定）	陕西省一村一品农家乐明星村
西安市	长安区	西安市曲江农业博览园，西安市阳光雨露现代农业旅游观光示范园	蓝田县汤峪镇	草滩生态产业园，鄠邑区东韩村，闻天生态园，西安汉风台，陕西嘉艺现代高科技生态农业有限公司旅游区，临潼区秦始皇兵马俑博物馆旅游区，绿叶庄园，临潼区五星绿色生态园	临潼区、长安区	临潼区、长安区、鄠邑区	长安区五台镇，蓝田县汤峪镇、葛牌镇，周至县楼观镇、厚珍子镇，鄠邑区祖庵镇，高陵县通远镇	长安区滦镇街办上王村、东大街办祥峪沟村，鄠邑区甘亭镇东韩村，临潼区秦俑村，灞桥区席王街办西张坡村，蓝田县汤峪镇塘子街村	鄠邑区甘亭镇东韩村，长安区滦镇街道办上王村
咸阳市		三原县金源山庄	礼泉县烟霞镇	淳化农家乐，北槐村农家乐，大汉平陵生态苑	礼泉县	乾县、淳化县、旬邑县、礼泉县	礼泉县烟霞镇，永寿县永平镇、监军镇，彬县香庙镇，化县车坞镇，彬县龙高镇，淳化县石桥镇	礼泉县烟霞镇袁家村、东坪村，淳化县车坞乡贤仓村，秦都区沣东街办北槐村，彬县香庙镇程家川村，永寿县监军镇等驾坡村	礼泉县袁家村
宝鸡市	凤县	宝鸡市休闲农业示范区，眉县西部兰花生态园		美林农业生态园，关中风情园，岐山县生态民俗园	凤县、扶风县	眉县	麟游县九成宫镇，凤翔县城关镇，陇县八渡镇、天成镇，陈仓区新街镇，太白县黄柏塬镇、鹦鸽镇，渭滨区神龙镇，金台区峡石镇，陈仓区香泉镇，扶风县法门镇，眉县营头镇，凤县双石铺镇	岐山县西岐民俗村，千阳县文家坡乡曹家塬村，扶风县法门镇美阳村，金台区中山西路街办胜利村、硖石乡六川店村，陇县八渡镇高楼村、温水镇团结村，凤翔县城关镇六营村，太白县鹦鸽镇柴胡村	岐山县凤鸣镇北郭村

续表

城市	全国休闲农业与乡村旅游示范县	全国休闲农业与乡村旅游示范点	全国特色景观旅游名镇	全国农业旅游示范点	省级旅游示范县	省级旅游强县	省级旅游特色名镇	省级乡村旅游示范村95个（由省旅游发展委员会评定）	陕西省一村一品农家乐明星村
汉中市		汉中市城固县橘园镇刘家营村	宁强县青木川镇	秦巴民俗村，牡丹园，略阳羌盛庄园，兴汉荷园，城固县橘园农业生态观光园、栗子园钓鱼台公园、王门堰龙腾山庄，西乡县樱桃沟农业旅游区，勉县太阳山庄、天荡山休闲山庄，宁强县国有苗圃，南郑县圣水镇林场生态旅游点	留坝县、洋县	汉台区、南郑县、勉县、留坝县、城固县、洋县	汉台区河东店镇，洋县华阳镇、龙亭镇，佛坪县长角坝镇，勉县武侯镇，城固县橘园镇，南郑县黎坪镇，留坝县武关驿镇	勉县勉阳镇黄家沟村，勉县定军山镇诸葛村，西乡县城关镇莲花村，洋县洋州镇巩家槽村，城固县橘园镇刘家营村	西乡县城关镇莲花村
安康市	平利县			汉阴农业观光区，平利农业观光，汉滨区县河村毛坝田园，岚皋县溢河乡宏大村、四季乡头桥村，宁陕县广贸街镇蒿沟村清泉山庄，平利县西河乡朝阳度假村	岚皋县、石泉县	汉滨区、岚皋县、宁陕县	宁陕县皇冠镇，石泉县后柳镇、熨斗镇，岚皋县花里镇，汉滨区县河镇，平利县长安镇	平利县城关镇龙头村、城关镇纸坊沟村，岚皋县溢河乡宏大村、花里镇龙安村、四季乡头桥村，石泉县后柳镇永红村、城关镇上坝村、城关镇红岩村，汉滨区县河乡县河村，汉阴县城关镇龙岭村	
商洛市				商州区牧护关秦茂村，商南县茶叶联营公司农业旅游	商南县、柞水县	柞水县、商南县	商南县金丝峡镇，丹凤县棣花镇，山阳县漫川关镇，柞水县凤凰镇，柞水县营盘镇、石翁镇	商州区黑龙口镇梁坪村，商南县城关镇任家沟村，丹凤县棣花镇万家湾村，柞水县下梁镇明星村、凤凰镇凤镇街村、石瓮镇东甘沟村、营盘镇朱家湾村，丹凤县龙驹寨镇冠山村，山阳县法官镇道关村	柞水县石瓮镇东甘沟村

续表

城市	全国休闲农业与乡村旅游示范县	全国休闲农业与乡村旅游示范点	全国特色景观旅游名镇	全国农业旅游示范点	省级旅游示范县	省级旅游强县	省级旅游特色名镇	省级乡村旅游示范村95个（由省旅游发展委员会评定）	陕西省一村一品农家乐明星村
渭南市		渭南市临渭区渭北葡萄产业园，华阴市农垦英考现代农业观光园，富平县陶艺村		黄河魂生态区、白水富卓村苹果人家	华阴市、韩城市		华县高塘镇，富平县城关镇，蒲城县城关镇，临渭区下邽镇，合阳县洽川镇	韩城市党家村，白水县北井头乡南井头村，蒲城县桥陵镇赵山村，合阳县洽川镇莘里村	白水县北井头乡富卓村
铜川市		铜川丰润农业综合开发有限公司阳光绿都休闲山庄	耀州区照金镇	王益区赵家塬村，印台区玉华村	耀州区	耀州区	印台区陈炉镇，耀州区照金镇，耀州区孙塬镇，宜君县五里镇	耀州区孙塬镇孙塬村、照金镇田峪村，印台区红土镇[illegible]先村、周陵农业科技园区，王益区王益乡塬畔村、黄堡镇孟家塬村，宜君县彭镇武家塬村，新区陈坪村	王益区王益乡塬畔村
延安市				洛川县谷咀村，宜川县高柏羊庄生态旅游点、秋林显头村生态旅游点、寿峰乡生态旅游区，安塞县生态农业旅游区，宝塔区河庄镇井家湾村、枣园镇枣园村、万花乡花塬屯村	宜川县			宝塔区河庄坪镇井家湾村，宜川县高柏乡羊家庄村，洛川县凤栖镇谷咀村，黄陵县双龙镇香房村、桥山镇刘家川村、桥山镇韩塬村	
榆林市		榆林市神木县陕北民俗文化大观园		高西沟村，靖边绿源公司，定边县石光银治沙集团有限公司农业旅游区	佳县			米脂县高渠乡高西沟村，清涧县老舍窠乡王宿里村	
杨凌区		杨凌秦岭山现代农业股份有限公司示范园		杨凌农业高新技术产业示范区，陕西省苗木繁育中心				杨陵街道办、元树村（含崔西沟村）、崔东沟村	

资料来源：根据近年陕西省旅游发展委员会网站上的资料整理。

五、陕西省乡村旅游管理现状

陕西省政府相关部门特别重视乡村旅游的发展，自 1999 年开始，已出台相关政策法规、扶持措施近 20 条。陕西省政府颁布的全省“十二五”发展规划纲要明确提出要大力发展休闲农业，增加农民收入。陕西省政府部门在省发展和改革委员会、农业厅、财政厅、旅游局、建设厅的共同努力下，先后下发了《陕西省旅游局、陕西省农业厅关于大力推进乡村旅游发展的通知》(陕旅字〔2007〕94 号)、《陕西省乡村旅游发展工作指导意见》(2007 年)、《陕西省创建旅游强县工作指导意见》(2007 年)、《陕西省工农业旅游示范点培育与管理工作指导意见》，陕西省旅游局相继推出《关于加快乡村旅游发展的意见》(陕旅政字〔2011〕76 号)，按照环境生态化、居住文明化、餐饮地方化、服务标准化、管理规范化等“五化”的要求制定了《陕西省农家乐旅游管理工作指导意见》(2007 年)，《陕西省乡村旅游示范村评定标准》《陕西省乡村旅游示范村评分细则》《陕西省乡村旅游示范村服务指南》《陕西省农家乐旅游星级评定管理办法（暂行)》《陕西省农家乐旅游星级划分与评定标准》《陕西省农家乐旅游星级评分细则》《陕西省旅游特色名镇评定标准》《陕西省旅游特色名镇评分细则》等以及扶持措施，加强旅游村镇的创建，申报和评定了一批乡村旅游精品。

陕西省开展了全国工农业旅游示范点、陕西省旅游强县、陕西省旅游特色名镇、陕西省乡村旅游示范村、陕西省星级农家乐的评定工作。对重点乡村旅游项目进行资金扶持，有力促进了全省乡村旅游工作的发展。2007 年成立了由省农业厅、省旅游局组成的陕西省乡村旅游工作领导小组，2007～2011 年先后在安康市、宝鸡市召开了三次全省乡村旅游发展工作会议和现场会。2010 年通过了《陕西省“十二五”乡村旅游发展规划》，在“十二五”期间，陕西省成功创建了 17 个省级旅游示范县，6 个国家级休闲农业和乡村旅游示范县、20 个示范点，79 个省级旅游特色名镇，120 个乡村旅游示范村，全省共接待乡村旅游人数 47 166.5 万人，年均增长 30.3%，收入 500.8 亿元，年均增长 30.8%[146]。在 2016 年通过的《陕西省旅游业“十三五”发展规划》提出，“十三五”期间突出乡村旅游的富民（扶贫）功能，以创建国家全域旅游示范区、省级旅游示范县、旅游特色名镇和乡村旅游示范村为抓手，完善乡村基础设施建设和公共服务设施。构建关中乡村型旅游带、秦岭美丽田园乡村旅游带、陕北特色乡村旅游带，使乡村旅游成为陕西省扶贫的中坚力量，也成为旅游产品的重要组成部分。《陕西省旅游局关于加快乡村旅游转型升级的意见》指出，到“十三五”末，形成十大聚集程度高的乡村旅游带，十大相对成熟的精品乡村旅游线路，实现 6 个翻番，即年接待游客人数、旅游收入、旅游示范县个数、旅游特色名镇、乡村旅游示范村、乡村旅游 4A 级景区相比于“十二五”末翻一番。乡村旅游年接待人数达到 2.8 亿人次，年收入 300 亿元，30 个以上旅游示范县，150 个旅游特色名镇，300 个乡村旅游示范村，15 个左右 4A 级乡村旅游景区，吸纳 50 万农民就业，形成产品特色显著、空间结构优化、布局科学合理、产业体系完善的乡村旅游发展格局，发展水平名列全国前茅[147]。2014 年，陕西省旅游局制定颁发《2014 年陕西省县域旅游经济和乡村旅游发展工作要点》，要求各市、区旅游局进一步做好县域旅游经济和乡村旅游工作。2016 年 3 月，陕西省旅游局推出了《汉唐帝陵周边乡村旅游发展规划（2016—2025）》，将文物保护、乡村旅游开发与农村经济发展、农民增收致富紧密结合，以汉唐帝陵周边 36 个乡村为重点，对帝陵周边乡村旅游的空间布局、产品打造、项目建设、文化展示、品牌营销等进行详细设计。由此确定了汉唐帝陵周边乡村“三心两带六组团多极点”的总体布局，即以西安市、咸阳市、渭南市为中心依托城市，形成北山乡村旅游和渭河北岸乡村旅游两个景观带，打造都市休闲娱乐、盛世汉风汉韵、丝路溯源——儒家文化、唐石刻——梨园、休闲农业——田园乡村、大唐她（他）时代 6 个组团，培育汉唐帝陵周边 36 个行政村作为增长极。2017 年 3 月，陕西省旅游局发布了《关于加快乡村旅游转型升级的意见》，指出更好地发挥乡村旅游在扩内需、稳增长、惠民生、减贫困等方面的积极作用，进一步提升旅游经济的综合实力，促进乡村旅游在发展模式上“创新”，在观光、休闲、度假的复合功能上“转型”，在产品和服务品质上“升级”，促进乡村旅游持续健康发展。

陕西省各级政府举办了陕西省乡村旅游展、陕西省旅游商品博览会、陕南油菜花节、中国杨凌农业高新科技成果展览会（简称农高会）、陕南民歌节、陕北民歌节、渭南市苹果节、安康龙舟节、西安市灞桥樱桃旅游节、临潼石榴节、礼泉县乡村旅游节等一系列节庆和宣传促销活动，充分挖掘了农村优秀乡土风俗，与现代传媒手段相结合，取得了良好的宣传效果，乡村旅游人次显著增加。近十年，每年在杨凌农高会划出专门展台做乡村旅游专柜进行宣传，每年在全省旅游博览会期间免费设置乡村旅游展览专柜。在政策制定、管理、宣传、规划、人力资源培训、示范区建设等方面给予了大力支持，使陕西省乡村旅游呈现快速、健康、持续发展的好势头。2016 年 3 月 1 日～4 月 30 日，陕西省旅游局在柞水县对 5000 余名乡村旅游经营户开展了“互联网+乡村旅游”公益培训，提高乡村旅游从业人员互联网营销能力，促进乡村旅游线上线下同步发展，将乡村旅游再推上新台阶，全面提升陕西省乡村旅游发展规模和发展水平。2017 年 6 月 22～29 日，陕西省旅游发展委员会组织全省 10 市 49 个县（区）80 个旅游扶贫重点村的村干部，参加了国家旅游局在秦皇岛举办的“乡村旅游扶贫重点村村官培训班”，围绕《乡村旅游发展理念与策略》《乡村旅游发展与创新》《产业融合打造休闲农业与乡村旅游》等课程，邀请全国知名旅游专家及部分省市旅游发展委员会、旅游局的领导，系统讲述乡村旅游的发展趋势、乡村旅游产品开发、项目建设、乡村旅游管理和服务规范，进一步加深了对依托现代休闲农业发展乡村旅游的认识，使学员们看到了乡村旅游的未来，增强了发展乡村旅游实现脱贫的信心。近些年来，陕西省及其各地市旅游行政部门做了很多类似的工作，从财力、物力、智力、政策等方面有力支持了乡村旅游的发展。

2016 年 10 月 28 日，中国社会科学院舆情实验室首次发布了《2016 年中国乡村旅游发展指数报告》，从省份比较来看，浙江、陕西、四川的乡村旅游发展水平领先于全国，位列前三甲。陕西省乡村旅游产品丰富、游客规模大、发展成熟度高，在全国重点省份排名第二，咸阳市乡村旅游发展水平在重点旅游城市排名第二，袁家村影响力指数位居全国十大特色乡村之首，蓝田汤峪镇在全国著名特色小镇影响力指数排名进入前十行列[147]。

在陕西省相关部门的领导和支持下，陕西省十市一区相继推出了一系列措施（表 3-4）推进乡村旅游的发展，近些年取得了显著效果。

表 3-4　陕西省十市一区乡村旅游管理、规划情况

城市	管理政策	自身管理	政府支持措施	规划原则
西安市	2007 年，出台《西安市农家乐服务质量评定标准》；2013 年，制定西安市乡村旅游星级评定条例；同年下发关于加强农家乐安全管理的通知。另有转发国家及省旅游局相关办法、意见 10 部	市农委、旅游、公安、工商、卫生等相关部门组成农家乐休闲旅游发展工作领导小组，市、县、乡、村成立乡村旅游协会、果品销售协会、餐饮协会等	出台 13 项支持措施；2006 年，通过《西安市以旅促农，建设社会主义新农村工作意见》；2007 年讨论通过《西安乡村旅游发展规划 2006—2015》；2013 年 7 月通过《西安市旅游发展总体规划（修编）（2013—2020）》；西安市旅游局发布“幸福生活天天游”乡村旅游活动项目；在陕西省旅游博览会、中国杨凌农高会免费为西安市乡村旅游做宣传，在资金方面给予支持；免费提供人才培养、管理、经营方面培训；每年召开西安市乡村旅游暨观光农业工作会议，研究发展措施；长安区每年投入 1000 万元支持。2016 年 4 月，西安市旅游局下发《关于支持乡村旅游发展实施意见》，通过 3 年时间(2016～2018 年)，力争培育和扶持 30 个特色旅游名镇(名村、示范点)，10 个乡村旅游休闲、度假、体验综合体，10 条以上乡村旅游精品线路，新建和改造 60 个乡村旅游公厕。乡村旅游接待人数和收入每年保持在 20%左右的增幅。三年共计安排 4500 万元扶持基金进行扶持	空间上五大特色地域，表现为“两带一三区”，山岳民俗度假带、关中风情体验带、沿渭河田园观光区、近郊精品旅游区、古镇文化旅游区；产品分为生活体验系列、游览观光系列、休闲度假系列、民俗风情系列、特色农业系列和专题旅游系列；2013 年，乡村旅游遵照“旅农融合的休闲化发展”思路，积极实施四大工程：休闲农业产业示范基地建设工程；休闲农家提升工程；休闲度假农庄建设工程；乡村旅游品质提升工程

续表

城市	管理政策	自身管理	政府支持措施	规划原则
咸阳市	出台《咸阳市农家乐星级划分与评定》《咸阳市农家乐星级评定报告书》；制定三个坚持抓发展；三个到位抓规范；三个培育抓提升的乡村旅游发展政策，全面指导全市的乡村旅游发展。出台《关于进一步加快咸阳旅游业发展的意见》《咸阳市促进旅游业发展资金补助暂行办法》《咸阳市旅游业发展考核暂行办法》等文件	成立了咸阳乡村旅游发展有限公司；村成立乡村旅游协会	2012 年咸阳市委六届四次全会上明确指出“优先发展乡村旅游、文物旅游、民俗风情游为主的文化旅游产业”；2013 年咸阳市政府工作报告中明确指出“优先发展乡村旅游，打响关中印象旅游品牌”；2012 年底开通了陕西省首家乡村旅游网站；积极组织申报省级旅游特色名镇和省级乡村旅游示范村；积极宣传和展示咸阳乡村旅游新形象；2013 年 3 月，咸阳市召开了首届乡村民俗文化旅游节；《咸阳市文物旅游业“十二五”发展规划》中提出要不断扩大乡村旅游规模，进一步提升乡村旅游示范村和农家乐接待户的档次和服务质量，发展乡村旅游新业态，形成乡村旅游集群；对从业人员进行乡村旅游项目开发、农家乐经营管理、客房服务、餐饮服务、菜品及面点制作、配菜技巧和文明礼仪等方面的知识技能培训。2105 年 12 月，咸阳市文物旅游局与咸阳市扶贫开发办公室在礼泉县袁家村村委会联合举办咸阳市旅游扶贫培训班，分别就陕西省乡村旅游发展模式研究、乡村旅游开发与管理等进行讲解，实地考察，现场观摩等方式进行讲解培训授课。2017 年 5 月 26 日，市文物旅游局在礼泉县袁家村举办全市乡村特色民宿培训班	科学规划，推出《咸阳市北部地区生态休闲及红色、民俗旅游发展专项规划》《建设大西安国际一流旅游目的地咸阳行动计划》《咸阳市乡村旅游提升规划》等规划。这些规划形成了以历史文化旅游为主体，以养生保健旅游、休闲娱乐旅游为两翼，生态观光旅游、工农业旅游、红色旅游、宗教旅游等协同发展的旅游产业格局，形成“帝都、帝陵、地热”等知名旅游品牌。按照“一乡一景”“一村一品”“一家一艺”的原则，走差异化发展之路，打造关中印象体验地袁家村、现代农业体验地白村、秦风汉韵体验地大石头村等多个独具特色示范村，使地域文化、民俗文化、农耕文化产品化，变文化优势和资源优势为经济优势。推出“关中民俗风情游”“休闲度假采摘游”“现代农业体验游”等精品线路
宝鸡市	2004 年，北郭村制定《岐山县民俗旅游接待户管理办法》《食品卫生标准》《环境卫生标准》。2009 年，《关于加快全市文化旅游产业发展意见》出台。2015 年，出台《宝鸡市乡村旅游服务质量等级与评定》。2107 年，《农家乐（民宿）建筑防火导则（试行）》规定出台	宝鸡市乡村旅游协会；2004 年，北郭村成立了岐山县民俗接待协会	2007 年 11 月，宝鸡市乡村旅游培训中心成立。它由政府主导，科学规划，规范管理，宣传促销，优化环境，免费餐饮技能培训；指导原则：分类指导，抓点带面，整体推进，健康、有序发展。2008 年政府做《依托区域资源优势、做亮做大乡村旅游》报告，支持发展；下发《2016 年全市旅游重点建设项目计划》，实施的旅游精品项目包括乡村旅游项目	打造“西岐民俗园、关中风情园、金台观光园、西部兰花园、天台福鼎园和凤翔六营民艺村”为代表的“五园一村”；乡村旅游布局规划“一县一景、一县一品、一县一特”；宝鸡市休闲农业示范区覆盖 350 平方公里，以渭河为轴，以法门寺、汤峪旅游高速公路为翼，南北连接、东西贯通，覆盖扶风及眉县大部，区内分布有太白山猕猴桃园、法门寺苹果园等 10 个休闲农业园。分批实施六盘山区（陇县、千阳、扶风、麟游）、秦巴山区（太白县）全市 37 个重点贫困村旅游扶贫工程

续表

城市	管理政策	自身管理	政府支持措施	规划原则
汉中市	2012 年出台《汉中市A 级景区暨乡村旅游标准化创建奖励补助办法》《关于印发汉中市农家乐旅游星级评定管理办法的通知》，佛坪县农家乐旅游星级划分与评定标准、农家乐质量承诺制度、农家乐安全巡视制度、农家乐环境卫生制度、农家乐入住登记制度、农家乐消防安全制度、农家乐餐饮服务管理制、农家乐经营服务规范。2007 年出台了《城固县“农家乐”建设规范》	汉中市乡村旅游协会（乡村旅游地区负责人当选理事），村一级农家乐协会	相继举办了“中国最美油菜花海汉中旅游文化节”“樱桃节”“柑桔节”等节庆活动；洋县县级领导和有关部门包扶农家乐（包扶农家乐建设标准）；佛坪县出台星级农家乐补助办法（一星级 0.5 万元，二星级 1 万元，三星级 2 万元，对荣获市级评定的四星级、五星级农家乐，在市上奖励的基础上，县上再分别一次性奖励 1 万元、2 万元；留坝县县委、县政府 2011 年 12 月下发《2012 年旅游开发重点项目建设任务分解表》，以旅游从业成就衡量干部水平并与干部升迁挂钩，支持旅游业发展；出台《汉中市 A 级景区暨乡村旅游标准化创建奖励补助办法》，对发展乡村旅游好的村子奖励 10 万元。2015 年市委、市政府印发《关于启动建设美丽乡村旅游精品村的通知》，市县(区)将整合相关项目给予每个精品村每年不少于 350 万元的资金扶持	规划“四园”乡村休闲旅游项目，包括柑桔产业园、朱鹮梨园生态休闲区、樱桃沟野趣游乐园、茶园高端接待中心；生态观光+专业科考+古镇休闲度假；临江、临路、临景区、临集镇打造观光、度假、休闲、避暑、探险、猎奇，以及春观花、夏避暑、秋登高、冬赏雪等乡村旅游产品。西乡县以“一沟（樱桃沟）一山（午子山）一寺（鹿龄寺）两镇（堰口重点镇、骆家坝旅游特色名镇）四园（四大茗园）”为空间支撑，打造秦巴天府乡村旅游目的地
安康市	2010 年出台《安康市人民政府关于加快旅游村镇建设工作的实施意见》《安康市农家乐管理办法》《安康市星级农家乐评定细则》《安康市农家乐文明服务公约》	成立市旅游村镇建设工作领导小组；安康市乡村旅游协会；县、乡、村级乡村旅游协会；2005 年，安康市宁陕县广货街镇生态旅游农家乐协会正式成立	2010 年 4 月，下发《安康市人民政府关于加快旅游村镇建设工作的实施意见》《2010 年推进旅游村镇建设实施方案》等措施；用地优惠；税收优惠及给予减免；信贷资金支持（贴息奖励）；市政府下发《加快旅游村镇建设实施意见》支持发展，免费培训，考核合格发给《中华人民共和国休闲农业与乡村旅游服务员专业训练合格证》，同时申请相关部门核发相应职业和初中级国家职业资格证书。陕西省旅游局与省扶贫办、安康市政府从 2014 年到 2020 年，每年安排 150 万元乡村旅游扶贫培训专项资金，集中对安康市“十县百村万人”进行培训，培养和造就一支乡村旅游管理人才、经营人才、实用人才队伍	科学规划、合理布局、因地制宜、抓点带面；中心城区周边和重点景区周边、高速公路及国省道沿线、精品旅游线路沿线进行布点建设；实施“两边两线”整体布局规划：①田园风光乡村游旅游带；②巴山生态度假游旅游带；③秦岭山水体验游旅游带；④汉水风情休闲游旅游带；⑤打造南宫山、连通汉江水、建设旅游村、提升中心城、发展度假区
商洛市	2011 年 4 月，通过《商洛市省级旅游服务标准化试点城市建设工作实施方案》和《商洛市旅游服务标准化试点项目评价表》；2011 年 6 月，市政府下发《关于加快商洛市旅游产业发展的实施意见》；2014 年 9 月，市委、市政	市级旅游产业发展领导小组，成立美丽乡村建设领导小组；县、乡、村级乡村旅游（农家乐）协会	《商洛市“十一五”规划纲要》中明确提出了把生态旅游作为商洛市率先突破发展的主导产业之一；2009 年出台《商洛市关于加快旅游产业发展的实施意见》，提出打造秦岭最佳生态旅游基地和西安第二生活区发展目标；商洛职教学院及各县区职教中心，建立市县两级旅游教育培训基地，大力开展旅游职业教育	培育一批旅游小城镇，打造牧护关、龙驹寨、太吉河、富水、漫川、营盘、凤凰、木王、柴坪、云盖寺、巡检等一批具有地方特色的旅游小镇；按照“景区上档升级出亮点、产业园区化发展带三产、服务标准化创建提

续表

城市	管理政策	自身管理	政府支持措施	规划原则
商洛市	府下发《关于加快精品旅游景区建设的实施意见》；2014 年 10 月，市政府印发《商洛市秦岭美丽乡村评定管理办法及评定标准评分细则（试行）的通知》；2015 年 1 月，市委、市政府下发《关于加快美丽乡村建设的决定》；2016 年 12 月，市政府下发《关于加快全域旅游发展的实施意见》；2017 年 8 月，市委、市政府出台《商洛市创建国家全域旅游示范市实施方案》等		市委、市政府、市旅游局积极参加相关活动，推介乡村旅游。从政策层面大力支持乡村旅游发展：2015 年的下发《关于加快美丽乡村建设的决定》，涵盖 21 条内容，从扶持、管理、保障等方面多举措发展乡村旅游；2016 年的《关于加快全域旅游发展的实施意见》决定持续推进乡村旅游；2017 年的《商洛市创建国家全域旅游示范市实施方案》中提出，巩固提升秦岭美丽乡村，到 2019 年建成全国美丽乡村 5 个左右，扶持培育 50 个特色乡村民宿或精品客栈，培育 200 家金牌农家乐等	品质、旅游创新营销塑品牌”的原则做好相关工作；2015 年，商洛市选择了乡村旅游基础较好的柞水县朱家湾村、石瓮子社区，洛南县巡检街社区、山阳县前店子村、商州区江山村、丹凤县竹林关村、镇安县云镇村、商南县后湾村作为乡村旅游重要载体的美丽乡村示范村进行打造，效果显著
渭南市	规划了 2020 年以前休闲农业的发展壮大；2014 年，渭南市政府出台《关于政治村庄人居住环境推进美丽乡村建设的意见》；2017 年 3 月，《渭南市旅游业“十三五”发展规划》提出结合美丽乡村建设，发展大众化、民俗化、宜居化旅游产品，按照“一村一品、一村一韵”，“十三五”期间，全市建成 30 个旅游名村	建立健全乡村旅游服务体系，大力扶持洽川渔村、苹果人家、华山农家和潼关渔家等农村旅游品牌，对重点项目做好考核与问责	从政策、财税、保障措施予以支持，《渭南市旅游业“十三五”发展规划》提出渭南市在 2020 年之前，每个区（县）建成 2 个具有独特风格的乡村旅游聚居区，5 个乡村旅游模范村，30 个乡村旅游特色村，50 家三星级以上农家乐，全市农家乐达到 8000 家以上，实现乡村旅游就业 5 万人，年接待游客超 3500 万人次；华阴市市委、市政府提出加快构建山水绿色华阴，打造中国西部旅游休闲之都的目标，着力打造亮点乡村游	出台《渭南市现代农业发展专项规划（2013—2020）》等。果林观光与瓜果采摘，大棚观光采摘与冬季生态餐饮，花卉园艺观光与销售，禽畜鱼猎获与鲜食餐饮；宠物观赏与领养；家庭农副产品加工参与体验；农业劳作体验，农家、渔家、牧家生活体验，乡村民俗体验；观景游览，宗教文化观光，康体健身，生态养生，山野运动；在产品组合方面，建设以黄河湿地为重点的农业生态旅游项目，建设以秦岭北麓农业生态区为重点的经济林景观、苗木花卉，建设以大荔沙苑生态保护区建设为重点的特色休闲农业旅游，建设以森林旅游为重点的远山原生态自然风光、田园风光和名山古迹有机结合起来的融合餐饮、观赏、度假、游乐和垂钓的休闲农业基地，建设以民俗文化为重点的地域民俗体验、文化演艺和休闲购物等旅游项目

续表

城市	管理政策	自身管理	政府支持措施	规划原则
铜川市	2009 年，出台《中共铜川市委、铜川市人民政府关于进一步加快旅游产业发展的决定》《铜川市“十二五”乡村旅游发展专项规划》，推出引客入铜的奖励办法等；2010 年，市委、市政府下发了《关于加快旅游产业发展的决定》，明确提出要积极发展乡村旅游业；2015 年 5 月，市政府办公室下发《关于做好 2015 年旅游重点项目建设的通知》；铜川市人民政府办公室下发《关于做好 2017 年旅游重点项目建设的通知》	成立了铜川市旅游协会、铜川市乡村旅游评定领导小组	先后举办中国孙思邈中医药文化节、铜川市樱桃旅游节、宜君县金秋核桃节、孟家塬村桃花节、全市首届休闲农家（农庄）厨艺大赛等节庆活动做宣传；2008 年 11 月，成立科级建制的周陵农业科技园区（科技带动型），属区政府派出机构。2009 年印发《关于加快周陵现代农业科技园区开发建设的意见》，2010 年印发了《周陵现代农业科技园区 2010 年开发建设工作实施方案》；在刊物《文物旅游工作动态》发专栏，营销乡村旅游；在高级别会议《铜川市文物旅游工作会暨乡村旅游工作现场推进会》上对评为省级乡村旅游示范村奖励 10 万元；组织经营者外出参观学习，邀请专家学者开讲座；市文物旅游局与乡村旅游村进行包抓，实行税收、融资优惠；2013 年 7 月 17～19 日，全市文物旅游工作会暨乡村旅游工作现场推进会召开，推进乡村旅游发展。2016 年 5 月，下发《关于做好乡村旅游示范村和星级农家乐创建工作的通知》；2016 年，铜川市《关于通过旅游开发进一步推动革命老区扶贫工作的意见》发布，涉及补助资金 800 万元；2017 年 2 月，下发《关于做好 2017 年乡村旅游示范村和星级农家乐创建工作的通知》	按照“421”发展思路，即建设四大景区，形成两大板块，打造一个文化旅游创意产业园，着力推进一村一品产业向一乡一业、一县一业发展。结合铜川市所特有的地形地貌、民俗与历史文化和乡村旅游资源分布为依据，按照“共同发展、突出特色”的原则，以点带面，形成“一心一廊两板块七组团”的乡村旅游空间格局，打造铜川市乡村旅游
延安市	出台《延安市“农家乐”星级划分及评定标准管理办法》；成立“旅游特色名镇（乡）”、“乡村旅游示范村”评定委员会，建立名镇（乡）、示范村特色旅游资源检查工作制度，并实行动态管理；出台《延安市乡村旅游扶贫工程行动方案（2017—2020）》		黄陵县旅游文物局牵头，联合食品药监局进行餐饮知识培训；开展“人人是旅游形象，人人是旅游环境”的培训	

续表

城市	管理政策	自身管理	政府支持措施	规划原则
榆林市	2011 年，市政府办公室下发《关于印发榆林市加快发展乡村旅游的意见的通知》；2017 年 6 月，出台《中共榆林市委、榆林市政府关于进一步加快旅游业发展的意见》	成立旅游合作社	2015 年推荐上报 1 个中国乡村旅游模范户和 10 个中国乡村旅游致富带头人；组织 8 个美丽乡村旅游扶贫村村官参加由原国家旅游局举办的 2015 年乡村旅游扶贫重点村村官培训班；2015 年 11 月，组织参加了杨凌农高会第八届陕西乡村旅游展，获得第八届陕西乡村旅游展优秀组织奖；政府以“五围绕、五建设”打造乡村旅游产品；对乡村旅游发展好的村奖励 20 万元；从业人员定期培训	打造城市近郊型、景区依托型、交通沿线型、民俗文化型、休闲农业体验型等乡村旅游产品，乡村旅游营销创意为“边塞大漠风光，黄土黄河风情”；围绕古堡、名镇、古民居等资源，建设观光度假型旅游名镇名村；围绕山水风光和田园生态，建设回归自然型生态休闲农庄；围绕果蔬采摘、春种、秋收等农事活动，建设农事农趣体验型特色农业观光园；围绕剪纸、木雕、石刻等民间手工艺展示和庙会等非物质文化遗产，建设购物观光及参与互动型民俗风情园；围绕特色餐饮、原生态食品，建设度假休闲型农家乐
杨凌区	编制完成了《杨凌现代农庄经济集群总体规划(2015—2017)》和 30 个《农庄专题规划》	成立村农家乐协会	每年投资亿元打造一流农业旅游城市；原省旅游局提供专项资金支持；编制“十二五”旅游规划和文物规划，现代农业示范园区列入重点建设园区之一；对经营户实行民办公助、以奖代补；举办首届陕西省乡村旅游博览会，把乡村旅游博览会打造成中国四大展会之一；2017 年 5 月举办杨凌示范区特色农庄及乡村民宿建设运营培训会	构建“农业科技游、特色文化游、休闲健身游”三大旅游板块；结合一河两岸开发布局后稷农耕文化主线；重点创建现代农业示范园区国家 5A 级景区；引导经营户按照“一村一品”和“一家一艺”模式发展

注：根据实地调研结果整理。

六、陕西省乡村旅游产品、经营现状

陕西省围绕高、特、优、新、奇，努力打造休闲农业知名品牌，工作卓有成效。乡村旅游产品丰富多彩。2011 年陕西省旅游局以“十二五”规划为蓝本，以自驾游快速发展为契机（乡村旅游交通工具自驾车居多），整合了全省乡村旅游资源、乡村旅游产品，向社会推出了十二条乡村旅游重点自驾游精品线路：①宝鸡民俗体验之旅：线路 A，西安—关中风情园—西岐民俗村—六营民俗村—西部兰花园—西安；线路 B，西安—西部兰花园—金台观、美林观光园、胜利塬民俗村—关中风情园—法门寺—西安。②礼泉关中印象体验之旅：西安—咸阳—北屯—

烟霞镇—袁家村关中印象体验地—西安。③陈炉古镇之旅：西安—照金镇—孙塬镇—铜川耀州窑博物馆—陈炉古镇—西安。④渭南水果之旅：西安—六龙壁、清代考院、杨虎城纪念馆、林则徐纪念馆—白水县南井头村“锦绣人家”—富卓村“富卓苹果人家”—陶艺村—西安。⑤红色民俗之旅：西安—黄陵县（黄帝陵、刘家川农家乐）—延安枣园—杨家岭旧址—井家湾村农家乐—西安。⑥大漠风光游：西安—延安枣园—靖边牛玉琴治沙基地—金鸡沙乡村旅游示范点—定边石光银治沙基地—西安。⑦沿黄公路沿线之旅：西安—华阴市华山—合阳处女泉—壶口瀑布—延川蛇曲—清涧袁家沟毛主席故居—榆林（红石峡、镇北台）—靖边牛玉琴治沙基地—延安（清凉山、枣园）—黄帝陵—陈炉古镇—泾阳大地原点—西安。⑧油菜花海之旅：西安—南郑出口—赏南郑最美油菜花海（阳春桥、柳园村、凤凰村、农丰村、立丰村、但家沟村、合同岩村、高台镇）—城固橘园—西乡樱桃园—石泉后柳水乡—汉阴油菜花—西安。⑨珍稀动植物科考之旅：西安—佛坪大熊猫保护区—大坪峪—秦岭人与自然博物馆—华阳古镇—朱鹮站—城固鸟山—汉中市—南郑罗帐岭茶园—黎坪国家森林公园—西安。⑩陕南古镇民俗之旅：线路A，西安—石泉出口—石泉莲花古渡—熨斗古镇—燕翔洞—后柳水乡—石泉老县城石泉蚕桑基地—汉阴龙寨沟—汉阴两合崖—镇安云镇古街—柞水石瓮镇东甘沟村—柞水溶洞—凤凰古镇—西安；线路B，西安—柞水溶洞—凤凰古镇—石瓮镇东甘沟村—镇安木王国家森林公园—山阳漫川关古镇—西安。⑪巴山人家之旅：西安—安康—香溪洞—瀛湖—岚皋县蔺河乡农家乐—四季乡农家乐—溢河乡农家乐—南宫山—花里镇—平利县八仙镇—镇坪化龙山自然保护区—西安。⑫最美商洛游：西安—牧护关镇勤茂村—商州区杨斜镇—花石浪遗址—孝义镇—丹凤贾平凹旧居、二郎庙—龙驹寨镇船帮会馆—商南金丝峡—过风楼遗址—西安。

西安市长安区、宝鸡市凤县被原农业部和原国家旅游局联合评为全国休闲农业与乡村旅游示范县。城固县橘园镇刘家营村、神木县陕北民俗文化大观园、铜川市阳光绿都休闲山庄、渭南市临渭区渭北葡萄产业园被原农业部和原国家旅游局联合评为全国休闲农业与乡村旅游示范点。礼泉县袁家村、岐山县北郭村被原农业部评为中国最有魅力休闲乡村，推出了一大批知名品牌。

陕西省乡村旅游发展迅速，规模不断扩大。据统计，2010 年，全省乡村旅游接待人数 3800 万人次，综合收入 33 亿元，从业人员达 17.5 万人，“农家乐”经营户达 1.37 万户[148]；2011 年，全省乡村旅游接待人数 5600 万人次，综合收入 48 亿元，同比分别增长 33%和 40%[149]。截至 2012 年，陕西省有全国休闲农业与乡村旅游示范县 3 个，示范点 9 个（由原国家旅游局和原农业部评定）；全国特色景观旅游名镇 4 个（由原国家旅游局和建设部评定）；省级旅游示范县 17 个，省级旅游强县 22 个，省级旅游特色名镇 56 个，省级乡村旅游示范村 95 个（由原省旅游局评定）。“农家乐”经营户 1.7 万户，全省乡村旅游接待人数 6850 万人次，直接带动就业人数达 22 万，全省乡村旅游收入 71 亿元[150]。2013 年全省乡村旅游接待人数达 9247.5 万人次，比上年增长 35%；收入 98.5 亿元，比上年增长 38.7%。“农家乐”经营户达 1.75 万户[151]。2013 年中秋小长假，陕西省大量市民举家到农家乐体验乡村旅游，采摘水果，城市周边、道路两边、景区周边的休闲农庄，“鱼家乐”、“农家乐”、采摘园游客火暴。统计资料显示，“一日游”游客达 587.6 万人次，占旅游总人数的 86%[152]。2014 年，全省接待乡村旅游游客 11 574.5 万人次，比 2013 年同期增长 25.2%；旅游收入 126.4 亿元，比 2013 年同期增长 28.3%[153]。2015 年陕西省休闲农业接待游客超过 8000 万人次，营业收入 61 亿元，其中农副产品销售收入 25.4 亿元。陕西省现有休闲农业经营主体 1.1 万个，从业人员 11.6 万人，其中农村居民 11 万人，带动农户 9.6 万户[154]。2016 年，全省乡村旅游接待旅游者 1.7 亿人次，旅游总收入 210.2 亿元。“农家乐”经营户达到 2 万多户，乡村旅游从业人数达 24 万人，旅游示范县人均年收入增加 1000 元左右[155]。2017 年，陕西省 31 个文化旅游名镇建设完成投资 41.23 亿元，乡村旅游接待游客 2.02 亿人次，旅游收入 275.6 亿元，同比分别增长 17.95%和 31.1%[156]。

第二节 陕西省乡村旅游存在的问题

一、游客需求

乡村旅游市场需求的影响因素，除过旅游需求通常所说的“钱和闲”以外，还包括个人因素、社会文化经济发展因素、产品供给因素等。

随着中国假日制度的不断完善，就短途旅游、“一日游”、近郊游主打产品乡村旅游来说，“闲”是不存在问题的，从陕西省近几年经济发展运行情况来说，对于花费较少的乡村旅游来说，“钱”也不是问题。基于实地调研来看，确实是这样。陕西省城市居民乡村旅游需求很旺盛，重复购买频率较高，但是在旅游目的地停留时间比较短，一般选择中短距离的旅游目的地，人均旅游消费偏低，旅游购物消费能力较差。口碑相传和网络是获取信息的主要渠道，休闲度假成为乡村旅游者最重要的旅游目的，进行旅游购买决策时重点考虑风景与环境、娱乐活动、交通、住宿等因素影响。在游客需求旺盛的同时，陕西省乡村旅游在产品供给、市场营销等方面与市场预期差距大，存在问题比较多，难以满足游客的需求。相对于同质化的产品，差异性强的产品少，不能满足游客的需求，严重影响重游率，潜在游客群的积极主动性尚未激发、调动起来，在满足游客需求方面还有很多事情要做。

笔者作为乡村旅游发展的持续关注者，从 2007 年主持西安财经学院院级课题《西安农村旅游休闲资源深度开发研究》（项目编号 07XCK17）以来，一直进行乡村旅游的实地调研和综合研究工作，在带领学生进行暑期社会实践活动时，以乡村旅游为主题的调研活动安排得最多。近 8 年来，笔者一直关注西安市民对乡村旅游发展态度及需求指数变化，持续对西安市常住居民进行了长期跟踪调查。在西安市钟楼盘道、大雁塔周边及一些社区对近 1000 名常住成年居民进行了调查，调查的主要问题有：①是否参加过乡村旅游（或者农家乐）活动，去过以后是否还想再去。②如果没有参加过乡村旅游（或者农家乐）活动，没有去过的原因是什么（有时间、金钱、其他原因 3 个选项）。③你心目中的乡村旅游（或者农家乐）是什么样子。总结调查结果主要有以下 3 点：①参与调查的近 1000 人中有 260 人曾参加过乡村旅游（或者农家乐），占调查人数的 26%；去过的 260 人中以后想再去的有 96 人，占 36%。②未参加过乡村旅游（或者农家乐）活动的人中，因时间原因未能参加的占 21%，因金钱原因未能参加的占 23%，选择其他原因的人占 66%。未能参加的主要原因有交通不便（未通公交）、不知道怎么去、不知道怎么联系、担心不安全、娱乐项目单调、卫生条件没有保障、出现问题怎么处理等。③多数人认为乡村旅游（或者农家乐）应该是小院干净、整洁、美丽、绿树成荫，主人热情、淳朴、善良、好客，食物新鲜有利于健康，玩的项目多，能放松身心，内容丰富（既有看的又有体验的）等。但是笔者在乡村旅游（或者农家乐）目的地调研时发现，现状和游客预期相差比较远，乡村旅游（或者农家乐）在经营方面存在着宣传、营销不到位，产品单一，卫生条件较差及交通可达性差（没有城市公共交通工具直达）等问题。近三年来，笔者也持续对陕西省其他城市的常住居民就此情况进行调研，与西安市调研结果有差异，调研结果如表 3-5 所示。

表 3-5　陕西省十市一区乡村旅游游客需求状况

城市	是否参加过乡村旅游（或农家乐）？去过后还想再去吗	没有参加过乡村旅游（或者农家乐）活动，原因是什么（有时间、金钱、其他原因 3 个选项）	你心目中的乡村旅游（或者农家乐）是什么样子
西安市	参加过的占 26%，想再去的 36%	时间 21%，金钱 23%，其他原因 66%。主要有：交通不便（未通公交），不知道怎么去，不知道怎么联系，担心不安全，娱乐项目单调，卫生条件没有保障，出现问题怎么处理	干净、整洁、美丽、绿树成荫，食物新鲜有利于健康，玩的东西多能放松身心，内容丰富（既有看的又有体验的）等
咸阳市	参加过的占 21%，想再去的 31%	时间 32%，金钱 36%，其他原因 32%。交通不便，安全问题，娱乐项目单调，卫生条件没有保障	干净、整洁、美丽，主人热情、淳朴、善良、好客，健康快乐，放松身心
宝鸡市	参加过的占 28%，想再去的 39%	时间 25%，金钱 29%，其他原因 46%。交通不够便利，信息查询，食品安全，娱乐项目单调	干净、整洁、美丽、绿树成荫，主人热情好客，利于身心放松，有特色小吃等
汉中市	参加过的占 36%，想再去的 43%	时间 28%，金钱 33%，其他原因 39%。交通问题，食品卫生，娱乐项目单调，投诉渠道	宁静、清新，主人淳朴、好客，食物新鲜，体验生活，特色鲜明，能买到山货

续表

城市	是否参加过乡村旅游（或农家乐）？去过后还想再去吗	没有参加过乡村旅游（或者农家乐）活动，原因是什么（有时间、金钱、其他原因 3 个选项）	你心目中的乡村旅游（或者农家乐）是什么样子
安康市	参加过的占 38%，想再去的 46%	时间 21%，金钱 36%，其他原因 43%。交通不便利，无法获取交通信息，食品卫生问题	宁静、舒心，主人对外来游客很欢迎，食物新鲜有利于健康，项目丰富，能体验民俗文化等
商洛市	参加过的占 31%，想再去的 32%	时间 19%，金钱 39%，其他原因 42%。交通问题，信息查询，安全问题，娱乐项目单调	山清水秀，主人热情好客、淳朴善良，食物新鲜，能买到山货，内容丰富等
渭南市	参加过的占 33%，想再去的 39%	时间 16%，金钱 35%，其他原因 49%。交通不便，娱乐项目较少，卫生问题等	干净、整洁、绿树成荫，主人淳朴、善良、食物鲜美，可以缓解身心压力，得到良好的放松
铜川市	参加过的占 30%，想再去的 41%	时间 17%，金钱 43%，其他原因 40%。安全问题，娱乐项目单调问题等	干净、绿树成荫，主人态度较好，项目多，有特色，地方宽敞等
延安市	参加过的占 16%，想再去的 32%	时间 32%，金钱 11%，其他原因 57%。交通不便（未通公交），安全卫生问题，娱乐项目较少，可去地方少	整洁、绿树成荫，民风淳朴，食物富有特色，能体验陕北风情等
榆林市	参加过的占 18%，想再去的 33%	时间 35%，金钱 8%，其他原因 57%。交通问题，信息查询，联络预订，食品安全，卫生条件等问题，可去地方少	生态环境好，民风淳朴食物营养丰富且富有当地特色，参与项目多，看的多，体验的多，既能娱乐又能健身等
杨凌区	参加过的占 34%，想再去的 41%	时间 26%，金钱 36%，其他原因 38%。交通问题，费用问题等	科技含量高，能看能学能吃，主人热情好客、淳朴善良，品尝有机食品，营养丰富，内容丰富（既有看的又有体验的），有机食品价廉物美等

注：根据笔者实地调研整理所得。

从表 3-5 中能够看出，参加过乡村旅游的人所占比重，陕南、关中、陕北各有不同，关中地区普遍不高，这与人口基数大有关系，陕南汉中、安康两市比例最高，这与两地居民喜欢休闲娱乐有关，也与两地乡村旅游开发规模、产品与气候等有关。从表中发现整体重游率不高，在 40%以下，说明乡村旅游产品同质化强，不能吸引游客重复往返地参与。

二、产品供给

随着城市生活水平的提高，城市居民对旅游的要求越来越高，原来低端的农家乐形式的乡村旅游模式已经不能满足游客的需求，游客重游率低，旅游需求不旺盛就是很好的证明。陕西省乡村旅游虽经过 20 余年的发展，但仍旧停留在低水平的吃、住、玩阶段，经营管理水平、基础设施、设施设备、景区特色、文化含量等整体发展水平不高，竞争力不强。陕西省乡村旅游产品供给情况如表 3-6 所示。

表 3-6　陕西省十市一区乡村旅游产品供给情况

城市	餐饮	住宿	采摘	垂钓	棋牌	舞厅歌厅	康体健身	爬山	露营	民俗体验	租地种植	购物	学习教育	科考科普	乡村氛围	洗温泉	红色文化	动植物花草	旺季	淡季
西安市	√	√	√	√	√	√	√	√	√	√	√	√	√	√	√	√	√	√	3～10 月	11～2 月
咸阳市	√	√	√	×	√	√	√	×	×	√	×	√	√	×	√	√	×	√	4～10 月	11～3 月
宝鸡市	√	√	√	√	√	√	×	√	√	√	×	√	√	×	√	×	×	√	4～10 月	11～3 月
汉中市	√	√	√	√	√	√	√	√	√	√	×	√	√	√	√	×	×	√	3～11 月	12～2 月
安康市	√	√	√	√	√	√	×	√	×	√	×	√	√	√	√	×	×	√	3～11 月	12～2 月
商洛市	√	√	√	√	√	√	×	√	×	√	×	√	√	√	√	×	×	√	4～10 月	11～3 月
渭南市	√	√	√	√	√	√	×	√	×	√	√	√	×	√	√	√	√	×	4～10 月	11～3 月
铜川市	√	√	√	√	√	×	×	√	√	√	×	√	√	√	√	×	√	×	5～10 月	11～4 月
延安	√	√	√	×	√	×	×	√	√	√	×	√	√	×	√	×	√	×	6～10 月	11～5 月
榆林市	√	√	√	√	√	√	×	×	×	√	×	√	×	√	√	×	√	×	6～10 月	11～5 月
杨凌区	√	√	√	√	√	√	√	×	×	√	×	√	√	√	√	×	×	√	2～11 月	12～1 月

注：根据笔者实地调研整理所得。

产品供给方面，陕西省各市差异比较大，但是涵盖了餐饮、住宿、农家（乡村）氛围、棋牌等几项，各地又根据其自身条件、发展时间长短，开发了采摘、垂钓、娱乐、健身、爬山、露营、民俗体验、租地种植、购物、学习教育、科考科普、赏花观草、温泉洗浴等项目。但是就其产品供给来看，表现出简单、单调、同质、重复等现象。

三、效应

通过调研得知，陕西省各市区发展乡村旅游，经济社会文化环境效益显著，但随着乡村旅游的蓬勃发展，发展过程中逐渐暴露的负面效应也越来越明显。在经济效应方面，乡村旅游在促进就业、调整经济结构和增加农民收入等方面发挥了作用，有效地带动了乡村脱贫致富。在社会文化效应方面，乡村旅游使乡村风貌、基础设施、村民文化素养和行为习惯等方面有很大提高。在环境效应方面，乡村旅游在恢复民居、保护资源和美化环境等方面起到了重要作用。社会负面效应方面，一部分村民过分依赖旅游业，增加了乡村经济的风险，导致了乡村旅游目的地消费品和服务价格上涨，提高了当地居民的生活成本，造成农村贫富差距拉大，容易形成农村新的不稳定因素。环境负面效应方面，大量农村用地遭到不合理的开发和利用，农业用地减少，环境污染也越来越严重。在文化负面效应方面，乡村建筑的商业化、城市化破坏了乡村的整体形象；乡村旅游标准化的不断推进，使得环境优美、民风淳朴、田野气息浓郁的乡村俨然“城中村”一样；使乡村本土资源成为稀缺资源，以乡村为依托的乡村旅游地将会越来越少，乡村旅游的特色与优势也将会逐渐衰退；为了迎合旅游者，部分乡村文化被扭曲甚至丧失，乡村文化有被城市文化所同化的趋势，乡村朴实的民风和传统的伦理观、道德观被改变；打破原有的淳朴民风和村民之间和睦相处的和谐关系，对家庭关系也带来了一系列影响。

四、人文、自然、社会生态环境

近三年，笔者就乡村旅游发展目的地的人文、自然、社会生态环境方面存在的问题进行了实地走访和调研，调研结果如表 3-7 所示。

表 3-7　陕西省十市一区乡村旅游开发地人文、自然、社会生态环境存在问题

城市	人文历史	自然环境				社会生态
		垃圾	废水	噪声	土壤	
西安市	建筑城市化（非物质遗存载体消失）	生活垃圾，建筑垃圾处理不及时	部分直接或者间接排放至低洼地带或者河流中	停车场少，在村中停放产生噪声	采摘或者出租导致土壤板结等	家庭、邻里关系受到影响
咸阳市	商业化	建筑垃圾增多，处理不及时	净化率低，部分直接或者间接排放	节假日人多拥挤，嘈杂	采摘导致土壤板结等	贫富分化加剧，妇女地位提高
宝鸡市	商业化，世俗化	生活垃圾、建筑垃圾增多	净化率低，直接或者间接排放	停车场不够，车进村造成噪声	采摘或者出租少，影响较小	邻里关系受到影响，妇女地位提高
汉中市	商业化，古镇、古建筑改建增多	生活垃圾，建筑垃圾处理不及时，有些直接倒入山沟	部分直接或者间接排放至山沟或者河流、水库中	停车位较少，车开进村中，打破乡村宁静	登山产生垃圾造成污染，导致动植物受到影响	社会阶层分化加剧
安康市	商业化，世俗化，古镇、古建筑改建增多	生活垃圾，建筑垃圾增多，处理不及时，有些直接倒入山沟	部分直接或者间接排放至低洼地带或者河流、水库中	游客的车在村中乱停乱放，打破乡村宁静	登山产生垃圾，导致野生动植物受到影响等	新型社会阶层出现
商洛市	商业化，世俗化，古镇、古建筑改建增多	生活垃圾，建筑垃圾增多，且处理不及时，有些直接倒入山沟	部分直接或者间接排放至山沟或者洼地	车开进村里，打破乡村宁静	登山产生垃圾，导致野生动植物受到影响等	邻里关系受到影响，新阶层出现

续表

城市	人文历史	自然环境				社会生态
		垃圾	废水	噪声	土壤	
渭南市	商业化	生活垃圾，建筑垃圾增多，处理不及时	部分直接或者间接排放至低洼地带	停车场少，在村中乱停乱放，造成噪声	采摘导致土壤板结等	家庭、邻里关系受影响，妇女地位提高
铜川市	商业化，世俗化	商业垃圾，建筑垃圾处理不及时	部分直接或者间接排放至低洼地带或者河流中	停车位少，停车无秩序造成噪声	采摘导致土壤板结等	家庭、邻里关系受到影响，妇女地位提高
延安市	商业化，世俗化	生活垃圾增多，噪声增大，环境污染较大	部分直接或者间接排放至低洼地带	停车不方便，在村中乱停乱放	采摘等活动少，影响较小	家庭关系受到影响，妇女地位提高
榆林市	商业化，世俗化	各种垃圾增多，噪声变大，环境污染较大	直接或者间接排放至低洼地带	停车不方便，在村中随意停放，有噪声	采摘等活动少，影响较小	家庭关系受到影响，妇女地位提高
杨凌区	商业化	生活、生产垃圾增多	直接或者间接排放至低洼地带或者河流中	车开至村中乱停乱放，造成噪声	采摘导致土壤板结等	大型园区与当地村民关系受到影响

注：根据笔者实地考察整理。

随着游客的大量涌入，外来文化入侵并逐渐异化或者同化了乡村文化，造成传统乡村文化原生环境破坏。乡村地区脆弱的原生态文化环境，相对处于弱势，不合理的开发利用对一些传统文化造成诸多消极的影响。传统文化被过分商业化，丧失了古朴性和乡土性，外来文化加速了乡村地区传统文化的变异，造成传统文化价值观的改变，也阻碍了一些传统文化的传承。在自然环境方面，乡村旅游带来的影响更加巨大。乡村旅游为乡村带来了大量的人流和物流，人口的聚集，必定会超出环境承载力，另外游客难免会有一些破坏环境的行为，这些给乡村脆弱的生态环境带来影响。在社会生态环境方面，乡村管理关系、邻里关系、亲戚关系、夫妻关系、家庭关系、人们思维想法都会受到一定的影响。乡村旅游的开展也逐渐动摇了旅游目的地乡村的社会组织基础，当地人的经济概念越来越强，商品化程度越来越高，经济关系成为处理人际关系的重要标尺，原有的社会组织基础瓦解，社会分层结构和地区组织属性也相应地发生变异，乡村旅游扩大了社会分层，对经济价值的强调使家庭出身或社会地位等传统社会分层标准被“金钱”置换，由此产生了农村中的新富阶层。

五、其他方面

陕西省在乡村旅游发展方面倾注了极大的热情，关注、支持、投入等都比较多，呈现快速发展的势头。在发展过程中，发现乡村旅游除在产品供给与需求、空间布局、规划、古村落保护、保护经营者利益、营销、人才培育、产品的同质化、基础设施建设、人文历史文化、自然环境保护等方面存在较大问题以外，还存在着其他方面的问题，这个问题需要作为一个重要的因素予以考虑，并给出适应性管理方案。

在乡村旅游发展活动中，每一个环节、每一个步骤，每一项活动都离不开人的影子，活动的组织开展者是乡村的人或者外来的投资者，参与管理者是政府部门或者本地或者外地来的人，活动的一个重要参与者就是乡村旅游的游客，在这几个方面，前文已经就从业者、管理者的管理从各个方面给出了适应性的方案，但对乡村旅游游客这个最重要的、影响最大的人的因素没有论述，也没有给出适应性管理方案。调查中发现，许多游客的行为给乡村旅游的社会、经济、文化带来了很大的负面影响，当地社区居民的反感多是由游客的不良行为引起的。例如，一些游客即使在有停车场的地方，也喜欢将车子乱停，影响农户的农作和村中道路的通畅；游客大声喧哗影响村民中午和夜晚的休息，以及村民的正常作息；有些游客的行为对青少年产生了较坏的影响，这些都需要及时进行管理，乡村旅游才可以走可持续发展之路。

本章小结

本章介绍了陕西省乡村旅游发展历程、管理模式、发展模式、空间布局、产品开发、经营现状等，从整体需求、供给、效应、人文、自然、社会生态环境等方面进行了系统全面分析，认为存在以下主要问题：①乡村旅游需求，“钱”和“闲”不是主要影响因素，而是产品与基础设施的供给影响最大。②产品供给，低端观光产品多，高端休闲、娱乐产品少，不能满足游客的多样化需求。③效应方面，随着乡村旅游的蓬勃发展，经济、文化等负面效应越来越显现。④人文、自然、社会生态环境方面存在的问题越来越多。⑤其他方面还存在着乡村生态旅游者培养等诸多问题。这些问题影响陕西省乡村旅游目的地生命周期的长短。对陕西省乡村旅游整体存在问题的分析研究为陕西省十市一区乡村旅游发展问题诊断打下基础。

第四章　陕西省乡村旅游地生命周期阶段研判

第一节　游客行为特征的生命周期

通过对国内外学者关于旅游地生命周期各个阶段特征的研究和描述可知，旅游地生命周期的阶段划分、界定与游客需求因素、游客行为特征有直接的联系。客源地情况、接待游客人数、游客旅游目的、游客男女比例、游客需求因素、游客满意度高低，客源市场的改变、旅游流年月周的变化情况、每年接待游客人数在总量上的变化、游客人数的年增长率等都是研判旅游地生命周期的重要指标。

陕西省乡村旅游发展距今有 20 多年的历史，其中西安市最早，生命周期阶段层次最高。笔者通过对西安市乡村旅游发展情况的综合分析，以西安市乡村旅游发展为参照物，根据旅游地生命周期各个阶段所表述的游客行为的主要特征，以及对陕西省十市一区乡村旅游的调研数据，进行综合分析判断，科学地界定其乡村旅游地生命周期阶段。

一、游客流年、月、周变化情况

陕西省关中地区位于陕西中部，气候变化大，农业生产活动有明显的农闲、农忙季节之分。一年之中乡村旅游游客流变化大，淡旺季明显。一周之中，周末游人多，周内几乎没有游客。西安市周边 3 至 10 月底为旺季，11 月至次年 2 月为淡季。就旺季而言，以周末和国家法定假日人最多。同样处于关中平原地区的咸阳市、宝鸡市、渭南市和杨凌区与西安市的淡旺季相同，游客流呈现相同的走势。位于陕西南部的安康市、汉中市、商洛市，处在秦巴山水之间，景色宜人，春夏秋冬各有不同的景色，适于休闲度假，但是由于冬季漫长，初春时节山高地寒，不适于攀登，游客多集中在晚春及夏秋两季，另外距离其主要客源地西安市较远，游客主要集中在“五一”“十一”期间。暑假期间，学生前往山间戏水游玩的比较多，夏季成为其最旺的旅游季节。铜川市、延安市、榆林市位于陕西北部，冬季漫长寒冷，春季短，夏秋季节较长，其旺季主要集中在夏秋两季。其中，延安市将红色旅游与乡村旅游结合发展，取得了显著成绩，夏秋季节去延安市参观学习的人很多，成为乡村旅游游客流的主体。榆林市以能源化工为主的企事业单位较多，乡村旅游接待的游客主要为在榆林市工作的企事业单位的职工。陕西省十市一区乡村旅游游客流情况如表 4-1 所示。

表 4-1　陕西省十市一区乡村旅游游客流情况

城市	客流情况	旅游客流旺季	旅游客流淡季	时间	其他
西安市	1993～2003 年，旅游客流来自西安市内，人数少，停留时间短。2003～2009 年，旅游客流上升快，稳定增长，人数增多，停留时间较长，旅游客流涵盖西安市及周边城市和周边省份，还有少量国外游客。2009 年至今，旅游客流增速快，人数爆满，停留时间延长	3～10 月	11～次年 2 月	周末	“五一”“十一”，清明、端午、中秋小长假，春季花开、夏秋季采摘时游客流大
咸阳市	2008 年以前旅游客流来自西安市、咸阳市，人数少，停留时间较短。2009 年后，旅游客流逐年稳定增长，旅游客流涵盖周边城市及毗邻省份，停留时间有所延长	4～10 月	11～次年 3 月	周末	国家法定节假日期间，庙会、演出时游客流大
宝鸡市	1996～2000 年，旅游客流来自西安市、宝鸡市，人数少，停留时间短。2000～2010 年，旅游客流来自西安市、宝鸡市、咸阳市等周边城市，稳定增长，人数增多。2010 年至今，旅游客流增速快，停留时间延长	4～10 月	11～次年 3 月	周末	“五一”“十一”，清明、端午、中秋小长假，春季花开时游客流大
汉中市	2005～2009 年，旅游客流来自西安市、汉中市，人数少，停留时间短。2010 年以后，旅游客流来自周边省市，呈稳步增长态势，人数上升快，停留时间长	3～11 月	12～次年 2 月	周末	“五一”“十一”，清明、端午、中秋小长假，春季油菜花节、采茶节，夏秋季樱桃、柑橘采摘时游客流大
安康市	2005～2009 年，旅游客流来自西安市、安康市，停留时间短。2010 年以后，旅游客流上升较快，呈稳步增长态势，人数增多，停留时间延长	3～11 月	12～次年 2 月	周末	“五一”“十一”，清明、端午、中秋小长假，春季油菜花节、采茶节，夏登山秋赏红叶时游客流大
商洛市	2005～2010 年，旅游客流来自西安市、商洛市，人数少，旅游时间较短。2010 年以后，游客流来自周边省市，客流量上升较快，呈稳步增长态势，人数增多，停留时间延长	4～10 月	11～次年 3 月	周末	“五一”“十一”，清明、端午、中秋小长假，踏春，夏登山秋赏红叶时游客流大
渭南市	2006～2009 年，旅游客流来自西安市、渭南市，人数少，停留时间短。2010 年以后，旅游客流来自周边省市，人数上升很快，增速快，停留时间延长	4～10 月	11～次年 3 月	周末	“五一”“十一”，清明、端午、中秋小长假，春季花开，夏秋季采摘时游客流大
铜川市	2010 年以前，旅游客流来自西安市、铜川市，人数少，停留时间短。2010 年以后，旅游客流来自周边城市，人数上升很快，增速快，停留时间延长	5～10 月	11～次年 4 月	周末	“五一”“十一”，清明、端午、中秋小长假，春季花开，夏秋季采摘时游客爆满
延安市	从开始到现在，旅游客流来自不同地域，但是人数比较少，增长较缓，停留时间短，淡季时间漫长	6～10 月	11～次年 5 月	周末	“五一”“十一”，清明、端午、中秋小长假，暑假、春节时游客流大

续表

城市	客流情况	旅游客流旺季	旅游客流淡季	时间	其他
榆林市	从开始到现在，旅游客流来自西安市、榆林市、延安市及周边省份，但是人数少，增长较慢，停留时间短，淡季时间漫长	6～10月	11～次年5月	周末	“五一”“十一”，清明、端午、中秋小长假，春季花开，夏秋季采摘时游客爆满
杨凌区	2008年以前，旅游客流来自西安市、咸阳市及杨凌区等地，人数少，停留时间较短。2010年以后，客流量上升快，人数增多，停留时间延长。2009年至今，旅游客流来自全国各地，但仍以西安市等地为主，旅游客流增速快，停留时间较长	2～11月	12～次年1月	周末	“五一”“十一”，清明、端午、中秋小长假，暑假、寒假期间客流量大，农高会期间游客爆满，一房难求，一餐难寻

注：根据笔者实地调研整理所得。

从表4-1可知，从游客流年月周旅游客流变化情况看，关中地区基本稳定，陕南地区相对稳定，而陕北地区波动情况比较大。另外，西安、咸阳、宝鸡、杨凌、安康、汉中、商洛等地旅游客流主要来自西安市的城市居民，乡村旅游人数逐年增长，增速稳定。渭南市、铜川市乡村旅游人数逐年增长，增速超过了关中地区的其他城市，陕北延安、榆林两市的乡村旅游人数增长迅速。由此可以判断，陕西省关中地区及毗邻关中地区的城市，以及陕南两座城市乡村旅游地生命周期阶段处于一个相对稳定的发展阶段，而陕北两座城市尚处于探索阶段。

二、客源结构

在对陕西省十市一区乡村旅游进行调研的过程中发现，就客源结构来说，关中地区及毗邻关中地区的乡村旅游目的地，包括西安、咸阳、杨凌、宝鸡、渭南、商洛、铜川等地以接待西安市和本市游客为主；陕南汉中、安康两市既有本省，又有相邻的湖北、四川、甘肃等省游客；陕北延安、榆林两市接待本省游客的数量在逐年增长，但是外省游客所占比例较大。在游客性别方面，男性游客数量比女性游客数量多3%，说明男性游客是乡村旅游的主力。在年龄结构方面，22～60岁游客占到总数的60%以上，说明游客以青壮年、有收入人群为主；60岁以上游客也比较多，说明乡村旅游也深受离退休人员喜欢。在游客受教育程度方面，以大专、本科学历为主。在职业构成方面，分布比较宽泛，涵盖各行各业，其中以公务员、教师、公司职员、离退休人员为主。在收入水平方面，以月收入2001～3500元者居多。比较特殊的是陕南汉中、安康、商洛三地高收入、高学历游客比较少，这与两地产业布局及收入水平有关。相反陕北延安、榆林两地高收入、高学历游客所占比重较高，这与两地能源矿产产业发达有关。陕西省十市一区乡村旅游客源结构如表4-2所示。

表 4-2　陕西省十市一区乡村旅游客源结构

城市	性别/%		年龄/%			职业/%							受教育程度/%			客源地/%			信息获取渠道/%			
	男	女	22 岁以下	22～60 岁	60 岁以上	公务员（含教师）	公司职员	学生	离退休人员	工人	科技人员	商人	大专以下	大专本科	硕士、博士	外省	本省	本市	口口相传	大众传媒	互联网	旅行社
西安市	52	48	12	65	23	19	18	11	22	12	8	7	28	56	16	9	91	88	42	16	19	10
咸阳市	51	49	10	63	27	21	18	7	28	22	6	5	36	58	6	15	85	28	53	12	10	15
宝鸡市	53	47	9	72	19	17	20	8	20	12	5	6	35	66	9	6	94	46	33	21	11	16
汉中市	55	45	11	68	21	14	18	9	23	16	7	8	31	66	7	21	79	32	28	22	31	11
安康市	49	51	10	61	29	16	15	10	26	16	6	6	36	56	8	18	82	35	39	16	15	13
商洛市	55	45	13	61	26	19	20	12	24	11	8	6	35	59	6	12	88	26	36	15	15	16
渭南市	56	44	18	53	19	20	15	17	18	15	6	5	30	53	17	22	78	29	31	21	19	25
铜川市	55	45	12	60	28	35	12	17	19	10	7	8	22	57	21	15	85	23	26	22	25	22
延安市	55	45	17	54	29	31	9	18	29	17	8	6	19	61	20	26	64	30	21	27	21	29
榆林市	57	43	9	68	23	12	16	8	17	22	12	13	21	63	16	32	68	38	38	16	18	16
杨凌区	48	52	36	43	21	18	19	33	23	11	21	18	33	46	21	35	65	28	22	31	29	11

注：数据根据笔者实地调研整理所得。

从表 4-2 可知，就客源结构而言，西安市周边乡村旅游有稳定的客源，以西安市居民为主，兼有周边城市居民。另外，西安作为全球性的旅游目的地，国外游客很多，因此秦俑村等乡村旅游目的地，因毗邻兵马俑而吸引了很多外国游客来此，住宿用餐，体验陕西乡村风情。关中地区及毗邻的乡村旅游目的地，包括西安、咸阳、杨凌、宝鸡、渭南、商洛、铜川等市区以接待西安市和本市游客为主，有稳定的客源。陕南汉中、安康两市客源地包括西安市、本市及周边湖北、四川、甘肃等省，客源也比较稳定。陕北延安、榆林两地客源比较分散，既有本省，也有毗邻省份，而且包括前来延安市参观红色旅游景点的游客，这些游客受路途、交通、政治、气候等因素的影响，稳定性相对较小。从游客性别来看，关中地区，男女游客差距基本持平。商洛市、汉中市、渭南市、铜川市、延安市、榆林市的男性游客比例较高。商洛市、汉中市、安康市因为地处山地，需要长途跋涉或者爬山等，对体力和身体素质要求较高，因此男性游客人数多于女性。延安市和榆林市，男性游客人数多于女性游客，男性游客富于冒险性，而且延安市和榆林市长途远线自驾游者居多，这种少量的“多中心型”游客或“探险者”游客的存在说明延安市、榆林市乡村旅游地生命周期阶段尚处于探索阶段。从各市游客的年龄、职业、受教育程度来看，以西安市为主要客源地的城市，游客受教育程度较高，职业稳定，收入较高，年富力强，生态游客占有很高的比例[157]。鉴于此，其客源结构有利于环境保护，也有利于旅游者和当地村民的和平相处，更有利于延长乡村旅游地的生命周期。

三、旅游目的、方式、频次

就旅游目的、方式、频次而言，关中地区或者毗邻关中地区的乡村旅游目的地，包括西安市、咸阳市、杨凌区、宝鸡市、渭南市、商洛市、铜川市等以接待西安市游客为主的地区，旅游目的主要以休闲度假、观光旅游为主。游客主要以家庭、朋友、同事、同学结伴的方式出游，交通方面主要以自驾游为主，出游频次多数为一年 2 次左右。陕南汉中市、安康市乡村旅游目的地游客，旅游目的主要为休闲度假、探亲访友、爬山猎奇。游客主要以朋友、同事结伴的方式出游，出游频次多数为一年 1.5 次左右，因路途遥远、往返不便，导致游客出游次数少。陕南汉中市、安康市游客对总体服务质量评价比较高，综合满意率达到 60%，对旅游购物、景点质量、娱乐设施满意度高，对住宿价格、餐饮价格评价较低，对服务质量评价最低。陕北延安和榆林两市乡村旅游目的地游客，主要以休闲度假、缓解工作压力、观光旅游、怀旧、商务考察、进修学习、接受红色教育等目的为主，以单位团体、同事、朋友结伴的方式出游，交通方式主要以团体包车、自驾游为主，出游频次大多为一年 1.3 次左右。陕西省各市区乡村旅游目的、频次、停留时间如表 4-3 所示，陕西省乡村旅游交通、出游方式、花费如表 4-4 所示。

表 4-3　陕西省十市一区乡村旅游目的、频次、停留时间

城市	目的/%													频次	停留时间/%		
	感受农家气氛	吃农家菜	休闲度假	观光游览	农事体验	考察学习	走亲访友	康体健身	人文历史体验	交友	洗温泉	唤起回忆	购物		半天	一天	过夜
西安市	56	61	72	38	28	16	8	72	21	29	18	33	26	2.6	62	19	9
咸阳市	66	63	76	41	29	13	12	76	52	31	28	51	33	1.9	51	28	11
宝鸡市	65	68	60	51	8	6	5	57	48	16	0	51	33	1.8	49	31	20
汉中市	61	72	69	70	11	5	3	66	59	20	0	18	55	1.5	37	33	30
安康市	59	76	75	77	15	8	5	68	61	18	0	26	58	1.3	39	36	25
商洛市	62	79	66	81	10	9	8	72	68	21	0	33	56	1.9	55	20	15
渭南市	62	51	78	79	36	10	10	82	53	25	31	28	31	1.6	61	18	11
铜川市	67	55	66	70	21	31	12	88	71	18	0	31	47	1.7	66	22	12
延安市	88	70	32	56	5	16	5	33	71	12	0	29	12	1.4	31	51	18
榆林市	81	72	52	42	10	15	8	16	62	10	0	38	16	1.3	34	41	25
杨凌区	51	72	58	56	18	58	3	28	19	21	0	16	62	2.1	61	28	11

注：根据笔者实地调研整理所得。

表 4-4　陕西省十市一区乡村旅游交通和出游方式、游客收入及花费

城市	交通方式/%				出游方式/%				收入/%			人均花费/元
	自驾游	公交	自行车或徒步	其他（单位车或包车等）	家庭	朋友	同事	其他	2000 元以下	2001～3500 元	3501 元以上	
西安市	56	28	6	10	32	26	18	24	22	63	15	86
咸阳市	63	18	7	12	38	21	16	25	27	61	12	116
宝鸡市	78	11	2	9	39	28	13	20	16	66	18	138
汉中市	71	11	3	15	28	37	23	12	23	62	15	196
安康市	72	16	5	17	26	39	25	10	25	64	11	190
商洛市	69	7	6	18	31	32	28	9	22	65	13	138
渭南市	61	15	8	16	29	35	22	14	17	69	15	152
铜川市	59	12	10	19	22	26	35	17	25	59	16	130
延安市	63	9	3	25	21	22	42	15	16	48	36	210
榆林市	73	7	3	17	19	32	37	12	13	44	43	230
杨凌区	62	13	15	10	33	35	21	11	18	43	39	205

注：根据笔者实地调研整理所得。

旅游地生命周期阶段的判定划分中，非常关键的一个特征是游客的需求因素。在探索阶段，游客为少量的“多中心型”或“探险者”；在起步阶段，游客季节性明显；在发展阶段，“中间型”游客取代“探险者”或“多中心型”游客。对表 4-3 中陕西省乡村旅游游客旅游目的进行求和排序，其结果如下：铜川市（583）、渭南市（576）、咸阳市（571）、商洛市（565）、安康市（546）、汉中市（509）、西安市（478）、宝鸡市（477）、杨凌区（462）、延安市（429）、榆林市（422）。从以上结果可以看出，铜川市、渭南市、咸阳市综合得分比较高，说明其“多中心”游客较多；商洛市、安康市、汉中市、西安市、宝鸡市、杨凌区得分差距不大，究其原因是“中间型”游客较多；延安市、榆林市得分最少，说明其“探险者”游客较多。根据旅游地生命周期游客类型情况的判断，铜川市、渭南市、咸阳市乡村旅游发展处于起步阶段；商洛市、安康市、汉中市、西安市、宝鸡市、杨凌区乡村旅游发展处于发展阶段；而延安市、榆林市乡村旅游发展尚处于探索阶段。通过对游客乡村旅游频次排序来看，依次为西安市、杨凌区、商洛市、咸阳市、宝鸡市、铜川市、渭南市、汉中市、延安市、安康市、榆林市。虽然游客参与乡村旅游的频次与乡村旅游产品有关，但是与乡村旅游目的地的远近和可进入程度等因素也有关系，所以依此判定其旅游地生命周期阶段科学性不足。另外，就游客停留时间来说，与产品丰富度有关系，但是也与目的地远近程度等有关系，如去陕南汉中市、安康市，或者陕北延安市、榆林市参与乡村旅游活动，路途较远，困难较大。因此，以此判定乡村旅游地生命周期，科学性也不充足。

在旅游地生命周期阶段的划分中，一个非常关键的因素是基础设施建设情况。处于生命周期初级阶段的旅游地，少有或者没有旅游基础设施，起步阶段的表现为公共部门投资于旅游基础设施，而处于生命周期发展阶段的旅游地，外来投资增多，并逐渐占据控制地位。基础设施的好坏与游客满意度有关，从表 4-4 中可以看出。

四、旅游感知效果、满意度

乡村旅游者感知效果、满意度是影响旅游者忠诚度、重游频率最关键的指标体系。如果感知效果好、满意度高，则旅游者行为忠诚，不但会再次回来，而且会做好口头宣传，有利于促进乡村旅游的健康发展。反之就会产生不良效果，影响其健康发展。

陕西省各市由于乡村旅游发展历程、管理模式、产品开发及自然人文历史条件等的不同，通过实地调研发现，游客满意度也有较大的区别，如表 4-5 所示。

表 4-5　陕西省十市一区乡村旅游满意度一览表

城市	评价	吃/%				住/%				行/%		游/%				购/%			娱/%			服务/%	
		价格	卫生	特色	营养绿色	卫生	价格	舒适	设施	方便	停车	氛围	干净	项目	热情好客	特色	价格	种类	参与性	趣味性	安全性	态度	技能水平
西安市	非常好	32	36	32	38	37	41	29	31	35	28	18	33	34	52	30	31	32	39	33	41	46	37
	好	39	27	35	29	26	32	24	22	28	25	31	36	21	21	21	38	18	24	21	29	33	28
	一般	21	25	22	26	23	20	33	29	26	31	29	21	32	18	35	21	39	23	29	19	13	24
	差	8	12	11	7	14	7	14	18	11	16	22	10	13	9	14	10	11	14	17	11	8	11
咸阳市	非常好	29	26	28	29	22	30	25	19	21	32	28	27	26	46	39	28	25	28	26	37	48	16
	好	30	28	36	37	33	36	23	25	23	36	36	38	33	31	28	32	30	32	33	36	32	30
	一般	28	27	25	23	32	26	35	32	27	21	17	26	25	15	21	29	26	26	26	16	14	43
	差	15	16	13	11	12	8	17	24	29	11	22	9	16	8	12	11	19	14	15	11	6	11
宝鸡市	非常好	35	32	39	32	28	35	26	22	21	25	32	29	28	48	41	31	29	28	28	38	46	23
	好	33	33	44	30	21	36	23	23	20	38	35	38	27	33	33	35	32	27	31	37	31	29
	一般	21	20	9	23	33	17	35	36	27	27	15	23	31	12	17	25	23	29	30	12	14	38
	差	11	15	8	15	18	12	16	19	32	10	18	10	14	7	9	9	16	16	11	13	9	10
汉中市	非常好	37	22	38	39	22	37	23	20	12	28	41	26	31	44	46	35	38	29	30	31	45	21
	好	36	35	41	31	26	37	28	27	18	33	36	34	38	36	36	37	32	34	33	29	33	35
	一般	18	26	11	19	35	15	35	36	36	25	11	26	21	12	12	21	19	25	27	26	12	33
	差	9	17	10	11	17	11	14	17	34	14	12	14	10	8	6	9	11	12	10	14	10	11
安康市	非常好	35	24	41	42	25	35	26	22	10	31	39	28	33	41	43	39	41	32	35	29	41	18
	好	33	36	36	33	28	33	31	29	16	35	38	37	35	38	36	34	30	36	36	31	36	32
	一般	21	23	12	16	32	19	32	33	39	22	13	23	23	11	13	17	17	21	20	30	11	36
	差	11	17	11	9	15	13	11	16	35	12	10	12	9	10	8	10	12	11	9	10	12	14
商洛市	非常好	32	27	46	44	22	31	28	25	12	28	35	26	38	43	46	32	45	29	32	25	44	21
	好	36	38	37	35	25	37	34	32	18	31	32	35	38	38	38	31	33	32	33	29	36	34
	一般	19	23	10	12	36	16	29	29	36	25	18	26	16	10	11	23	14	26	25	35	11	32
	差	13	12	7	8	17	16	9	14	34	16	15	13	8	9	5	14	8	13	10	11	9	13

续表

城市	评价	吃/%				住/%				行/%		游/%				购/%			娱/%			服务/%	
		价格	卫生	特色	营养绿色	卫生	价格	舒适	设施	方便	停车	氛围	干净	项目	热情好客	特色	价格	种类	参与性	趣味性	安全性	态度	技能水平
渭南市	非常好	27	32	36	39	25	28	25	27	16	31	39	29	33	39	38	29	31	32	28	27	41	19
	好	32	35	32	33	28	35	31	28	22	33	36	33	30	36	33	34	29	33	29	31	34	31
	一般	27	22	19	17	32	24	32	31	31	25	12	28	19	14	18	23	24	22	28	31	13	36
	差	14	11	13	11	15	13	12	14	31	11	13	10	18	11	11	14	16	13	15	11	12	14
铜川市	非常好	37	31	33	35	28	26	23	25	19	36	36	32	36	36	36	26	37	35	31	25	38	19
	好	32	32	36	32	31	33	29	26	25	29	32	35	33	32	35	32	32	33	33	32	32	29
	一般	21	25	17	21	29	26	35	37	26	21	17	21	15	17	16	26	21	21	22	35	15	33
	差	10	12	14	12	12	15	13	12	30	14	15	12	16	15	13	16	10	11	14	8	15	19
延安市	非常好	31	29	39	37	25	22	20	22	25	28	31	22	23	32	31	22	28	31	29	33	35	22
	好	29	33	40	35	30	29	33	28	21	37	35	32	35	35	28	29	36	23	28	32	31	26
	一般	28	31	11	17	33	31	39	35	41	23	18	29	21	16	19	31	17	24	22	18	22	38
	差	12	7	10	11	12	14	12	15	13	12	16	17	21	17	22	18	19	22	21	17	12	14
榆林市	非常好	29	28	41	39	22	21	19	25	16	27	29	28	26	31	32	21	31	25	23	32	35	23
	好	32	31	43	37	33	32	29	34	28	38	37	34	36	37	36	31	38	32	32	36	32	25
	一般	25	32	8	13	29	30	36	28	37	22	16	21	19	18	12	29	13	21	24	22	21	39
	差	14	9	8	11	16	17	16	13	19	13	18	17	19	14	20	19	18	22	21	10	12	13
杨凌区	非常好	22	36	43	46	38	22	36	35	23	31	39	33	39	38	43	18	42	39	41	36	39	36
	好	29	39	44	41	39	27	38	36	22	33	32	35	41	35	38	26	41	41	36	39	36	32
	一般	33	16	7	7	12	33	16	21	36	23	16	21	11	13	10	33	9	11	12	13	14	17
	差	16	9	6	6	11	18	10	8	19	13	13	11	9	14	9	23	8	9	11	12	11	15

注：根据笔者实地调研整理所得。

对表4-5的调研数据选择两个最重要的数据“非常好”和“差”进行统计，以“非常好”进行排序，由高到低分别为：杨凌区（775）、西安市（765）、商洛市（711）、安康市（710）、宝鸡市（696）、汉中市（680）、铜川市（680）、渭南市（671）、咸阳市（635）、延安市（617）、榆林市（603）；以“差”进行排序，由高到低分别为榆林市（339）、延安市（334）、咸阳市（310）、渭南市（303）、铜川市（308）、宝鸡市（298）、汉中市（281）、安康市（277）、商洛市（274）、西安市（268）、杨凌区（261）。从排序来看，仍将陕西省十市一区分为3个档次来划分生命周期阶段，与前文划分一致。

第二节　社区居民乡村旅游影响感知及发展态度的生命周期

随着乡村旅游的发展，其对当地社区的影响力也增大，社区居民对乡村旅游发展的感知直接影响乡村旅游的生命周期。如果正面影响感知较强，对乡村旅游的可持续发展生命周期的延长有好处；如果对其负面影响感知较强，会直接影响乡村旅游的发展，缩短其生命周期。

一、经济发展

根据调查结果进行分析研究，社区居民对乡村旅游业带给经济的正面影响感知较强，而对负面影响感知相对较弱。多数人认为乡村旅游发展促进了当地经济发展，增加就业机会，增加居民收入，提高生活水平，基础设施等各项条件逐渐得到改善。另外一部分社区居民认为乡村旅游业带给经济的负面影响，造成居民贫富分化、物价上涨，少数人受益，房地产价格提高，生活成本增加等。经济的正面影响感知较强，有利于社区居民接纳乡村旅游，促进乡村旅游的可持续发展。

二、社会文化

从调查结果分析来看，社区居民多数认为乡村旅游可带给居民社会文化的正面影响，认为乡村旅游发展提高了自己所在村子的知名度，有利于吸收外来先进的城市文化，有利于促进当地传统文化发展，有利于促进文物保护，有利于更新当地居民的传统观念，还可改善人际关系，有利于普通话推广等。但是也有不少居民认为乡村旅游业带给社会文化的负面影响比较多，如无序竞争破坏了乡村和谐的邻里关系、家庭和睦关系，降低了人们之间的信任度；在社会道德方面，个别游客的不良行为带来了负面影响，一些人沾染了赌博等恶习，犯罪率也有上升趋势。社会文化在乡村旅游发展初期，带来的负面影响比较小，社区居民在心理上、精神上是比较容易接受的。从调研结果（表 3-7）来看，陕西省关中地区近年来城镇化进程和获得信息的速度较快，人们抵御外来文化入侵的能力会强一些。但是在一些偏远的山村，外来文化的冲击很大，给山村带来许多思想观念上的变化，也带来了社会地位的分化，深深影响着山村传统文化的继承和保护。由此可见，处于交通便利且与外界联系和沟通较多的平原地区的乡村旅游目的地，文化的抵御能力会强一些；而比较偏远的山区及高原深处的村庄地域，文化的影响力会大一些。乡村旅游的社会文化的影响力强弱也影响着乡村旅游目的地的生命周期阶段。相对来说，平原地区处于旅游地生命周期的较高阶段；而一些偏远地区，则相对处于旅游地生命周期的较低阶段。

三、生态环境

随着乡村旅游业的发展，乡村公共基础设施得以改善，给当地居民带来了诸多实惠和便利（如道路宽阔、路面整洁、路灯明亮、出行便捷等），增强了当地政府和居民的环保意识。但也给居民生活环境带来一定的负面影响，如空气、土壤、水体等不同程度受到污染，噪声增强，垃圾增多等。综合各方面情况进行研判，陕西省乡村旅游发展尚处于探索阶段、起步阶段、发展阶段，且由于发展时间短，尚未对环境造成巨大的影响。但是在发展过程中，由于各地自然环境的差异，对乡村旅游生态环境的敏感程度也各有不同（表 3-7）。从调研情况得知，西安市、咸阳市、宝鸡市、杨凌区等所在的关中平原地区，农村基础设施较为完备，污水、垃圾等处理能力比较强，旅游业对环境的影响有限。但是在陕南汉中市、安康市、商洛市、铜川市和渭南市等以山地为主要开发地域的乡村旅游目的地，陕北延安市、榆林市等黄土高原地区的乡村旅游目的地，自然生态环境比较脆弱，基础设施匮乏，污水、垃圾等不易处理，容易造成环境污染，对生态环境破坏程度较大。所以在环境影响方面，关中地区城市处于旅游地生命周期的较高阶段，而环境脆弱的山区或者高原地区处于旅游地生命周期的较低阶段。

四、发展态度

调研中发现社区居民对乡村旅游的态度会随着旅游活动的开展呈阶段性变化，可以分为接受、融洽、淡漠、反抗和抵制 5 个阶段，其中每个阶段既有积极的一面，又有消极的一面，不是单一的，而是综合的。其阶段性的变化与旅游地生命周期理论基本相似。从前期理论研究与文献分析来看，乡村旅游地社区居民对投资者和游客态度的变化既是乡村旅游地生命周期阶段的判定标准之一，也会对乡村旅游地生命周期带来很大的影响。

从调研结果来看，大多数社区居民对乡村旅游业发展持理智而积极的态度，认为乡村旅游发展“利”大于“弊”，乡村旅游的经济作用超过对社会文化环境等的负面影响。笔者选择乡村旅游目的地的经营户和非经营户进行深入调研、分析认为，社区居民的友好态度对乡村旅游来说是一种非常重要的支撑资源，其中乡村融洽的氛围、和睦的生活方式、友好的态度都是乡村旅游非常重要的卖点。调查发现，经营者与非经营者态度迥异，这与他们的既得利益大小有着直接的关系。由于各种各样的原因，不是每个乡村旅游目的地的所有社区居民都参与乡村旅游业，有些地区超过 50%，有些地区所占比例较低。因此，这个社区居民对乡村旅游发展的态度及看法，在实质上严重影响了经营户的积极性及其产品开发，以及经营的成败。

陕西省十市一区乡村旅游发展地当地居民态度调研情况如表 4-6 所示。经过总结，持支持态度的原因主要如下：①开发“农家乐”后，村里的基础设施逐渐得到完善。②村民的视野得到开阔，城乡交流频率增加。③村子的知名度有所提高，村民增强了自豪感。④有时到“农家乐”的经营户内做些帮工，农民的收入得到增加。⑤自己创业，不用出门打工，可以兼顾家里的事情，一家人可常年在一起生活。⑥比打工者的收入高一些，而且相对自由、舒心、畅快。

表 4-6　陕西省十市一区乡村旅游发展地当地居民态度

城市	非常赞成/%	赞成/%	非常反对/%	反对/%	中立/%
西安市	29	23	9	13	26
咸阳市	25	28	11	15	21
宝鸡市	27	31	14	12	16
汉中市	31	35	7	11	16
安康市	30	26	12	14	18
商洛市	33	35	6	11	15
渭南市	23	25	13	16	23
铜川市	27	32	10	13	18
延安市	26	28	16	18	12
榆林市	24	26	15	17	18
杨凌区	32	34	9	12	13

注：根据笔者实地调研整理所得。

持反对态度的主要原因如下：①经营户只管接待客人、赚钱，但脏水（污水）乱排，垃圾乱倒，使村里卫生情况变差。②给经营户帮工的工资太少。③游客的车子乱停，影响农户的农作，影响了村中道路的通畅。④游客的增多使得噪声增强，有时还影响村民夜晚和中午的休息。⑤个别游客的不良行为对小孩产生较坏的影响，村民的小孩效仿某些游客，打扮怪异、贪玩。⑥亲戚、邻里的关系变得冷漠，产生了较多的矛盾。⑦贫富不均导致一些村民心态失衡。⑧物价贵了，花钱多了，生活的幸福感降低。调查结果显示，协调好经营户与非经营户之间的关系已经越来越迫切。

调研中发现，陕西省十市一区乡村旅游目的地的居民对发展乡村旅游抵制的态度不是很强烈，如表 4-6 所示。依然以最重要的两组调研结果来排序，态度“非常赞成”的由高到低排序为：商洛市（33）、杨凌区（32）、汉中市（31）、安康市（30）、西安市（29）、宝鸡市（27）、铜川市（27）、延安市（26）、咸阳市（25）、榆林市（24）、渭南市（23）。态度“非常反对”的由高到低进行排序，依次为延安市（16）、榆林市（15）、宝鸡市（14）、渭南市（13）、安康市（12）、咸阳市（11）、铜川市（10）、杨凌区（9）、西安市（9）、汉中市（7）、商洛市（6）。从调研数据可以得知，陕西省十市一区乡村旅游目的地大多数社区居民对发展乡村旅游态度虽有差异，但是持积极支持态度的居民远多于持反对态度的居民，持中立态度的居民也少于持积极态度的居民。西安市、咸阳市、宝鸡市、渭南市等关中地域，持赞成态度的略低于汉中市、安康市、商洛市等秦巴山地居民，以及铜川市云梦山及周边山丘地带的居民，主要原因是关中地域地势平坦，生活富足，居民收入来源多样化，即不光依靠乡村旅游发展来改善村子面貌和生活水平，还有其他渠道。而陕南秦巴山地区或者铜川市山丘地带，社区居民依靠发展乡村旅游，不但带来了可观的经济效益，而且带来了人流、物流、文化流、知识流等，使山村的交通、村容村貌、知名度、基础设施建设、居民的文化素养等都得到了很大的提高。虽然有些地区没有条件或者由于各种原因没有参与经营乡村旅游，从而得到直接收入，但是乡村旅游的发展也使他们在各个方面受益，所以持反对意见的居民都少一些。陕北延安、榆林两市虽然支持者多于反对者，但是反对的比率稍高一些，这与当地生态脆弱和人们的生活习惯、收入构成有关。在调研中发现，杨凌区是一个特例，支持者远多于反对者，这与其在中国的农业地位与主要产业有关。

从社区居民旅游影响感知及对乡村旅游发展态度的两组最重要数据来看，西安市、宝鸡市、汉中市、安康市、商洛市、杨凌区乡村旅游发展处于生命周期的发展阶段，而咸阳市、渭南市、铜川市处于起步阶段，延安市、榆林市尚处于探索阶段。

第三节　供给系统的乡村旅游地生命周期

乡村旅游产品的供给系统包括自然旅游产品、人文历史旅游产品等，也包括乡村旅游目的地的可进入性，接待设施和营销状况，这些因素直接或间接影响着乡村旅游目的地的生命周期。

在乡村旅游目的地生命周期阶段的研判中，乡村旅游产品的供给是最重要的指标。乡村旅游产品供给决定着乡村旅游目的地旅游结构、功能、旅游产品类型及旅游目的地旅游业态，影响游客的满意度、接待人数、重游频率等，也间接影响外来投资者投资规模的变化、旅游地社区居民就业状况的变化、旅游接待设施供求关系的变化。

一、产品供给

陕西省十市一区乡村旅游资源差异较大（表 3-2），在产品供给方面各有不同（表 3-6），各市旅游结构、功能、业态也存在着差异。

（一）自然乡村旅游产品

陕西省关中地区包括西安市、宝鸡市、咸阳市、渭南市、杨凌区、铜川市，地域范围较大，以西安市长安区、鄠邑区、周至县、蓝田县，咸阳市礼泉县，宝鸡市岐山县、眉县，渭南市华阴市、韩城市、白水县，铜川市耀州区，杨凌区等为主，本地乡村旅游资源沿秦岭北坡一带、渭河沿岸一带、渭南—西安—宝鸡关中中轴线一带最为集中，乡村自然旅游产品种类多，包括关中风味的特色饮食、住宿、爬山、垂钓、采摘、温泉、租种地等。陕南地区包括汉中、安康、商洛等地，自然旅游产品供给品种丰富，主要有陕南特色饮食、特色民宿、爬山、划船、垂钓、水上项目、花卉、采摘、购物等。陕北地区自然旅游产品比较单一，主要以长城、黄河、黄土高坡、窑洞、沙漠、三北防护林等为主（表 3-6）。

（二）人文历史文化乡村旅游产品

关中地区历史积淀深厚，分布着多项人文旅游产品，包括东府（渭南市一带），关中（西安市、咸阳市、杨凌区一带），西府（宝鸡市一带）三地民俗文化、古村落及红色文化，人文历史文化的乡村旅游产品开发比较好。其中，开发较好的地区，西安市以长安区、鄠邑区、周至县、蓝田县等地为主，宝鸡市以北郭村、关中民俗村为主，渭南市以白水、合阳、韩城党家村为主。陕南地区人文历史资源主要以秦巴风情、江南古镇为主，众多人文历史旅游资源在此分布，包括古村落、移民文化、水旱码头、交通驿道、当地民俗等。陕北地区人文历史民俗文化丰富多彩，延安市和榆林市的红色文化、黄土文化，还有传统的剪纸、信天游、腰鼓等民俗文化等，为乡村旅游产品注入了文化元素（表 3-6）。

参照表 3-6，对陕西省十市一区乡村旅游产品供给进行排名，从高到低排序依次为：西安市（18）、汉中市（15）、渭南市（14）、安康市（13）、杨凌区（13）、宝鸡市（13）、商洛市（13）、咸阳市（12）、铜川市（12）、延安市（11）、榆林市（11）。从陕西省十市一区的乡村旅游产品供给情况排名来看，西安市、汉中市、渭南市、安康市、杨凌区、宝鸡市、商洛市乡村旅游产品供给比较多，功能完善，涵盖了观光、休闲度假、康体娱乐等多个方面，已经由单一观光型向休闲型、度假型、娱乐型的复合旅游功能型转变，由粗放型向精品型的方向发展，强化了旅游多功能的开发和产业链的延伸。结构也比较完整，形成了品种丰富，满足市场不同需求的乡村旅游产品结构。咸阳市、铜川市乡村旅游产品稍微少一点，功能需要完善，结构需要升级；延安市和榆林市最少，说明旅游产品尚处于低级阶段，从功能完善、结构完整方面需要做更多工作。随着乡村旅游的日益发展，乡村旅游者的需求越来越多，其中度假休闲成为主要目的。为了满足休闲旅游的需求，乡村旅游业应该向多元化、个性化和合理化的发展态势方向靠近。考察陕西省十市一区乡村旅游业态也成为划分其生命周期阶段的一个重要指标。根据陕西省十市一区乡村旅游产品组织形式（表 3-1、表 3-3、表 3-4），运营模式（表 3-1、表 3-3、表 3-4）、经营特色（表 3-6）的综合表现来看，各市表现出了不同的业态。其中，西安市、汉中市、安康市、杨凌区、宝鸡市、商洛市等乡村旅游业态种类多，涵盖了乡村酒店、国际驿站、采摘篱园、生态渔村、休闲农庄、山水人家、养生山吧、民族风苑等，可以满足城市中乡村旅游消费者的不同需求，可以满足不同假期、不同时间段乡村旅游者的需求，可以满足短线旅游、自助游、自驾游等新兴方式的旅游者的需求。咸阳市、渭南市、铜川市旅游业态相对较少，延安市和榆林市则更少一些。该分析结果证明了前文陕西省十市一区乡村旅游目的地生命周期阶段的划分结果。

二、交通设施

陕西省乡村旅游在交通设施方面，参照游客对吃、住、行、游、购、娱六要素的评价表（表 4-5），可以看出游客对交通状况的评价是最差的。

陕西省乡村旅游地公共交通设施普遍薄弱，游客给予乡村旅游交通便捷性的评价低。前往乡村旅游目的地的交通方式主要依靠自驾车，这极大地阻碍了普通游客的出行。关中地区只有蓝田县汤峪镇等极少数几个乡村旅游目的地有直达公交车，更多的乡村旅游目的地公共交通非常不便。陕南汉中市、安康市、商洛市等地乡村旅游目的地交通更是不便。2013 年 7 月，笔者带领学生从安康市内前往岚皋县南宫山做调研时，乘坐出租车来回需要 600 多元，乘坐一般车辆需要转车三次以上，先到安康汽车站，乘坐长途车到岚皋县城，再从县城打车去南宫山（公交车很少且收车早），乘坐公共交通、出租车花了多半天时间。从汉中市区前往南郑县大河坎镇鑫源花果村进行调研时，先乘坐公交车，再换乘摩托车，费时、费力。陕北延安、榆林两市乡村旅游目的地，公交车少，需要乘坐出租车等交通工具前往目的地，出行交通条件极其不方便。

在旅游地生命周期阶段的评判中，交通条件也是评判标准之一。通过表 4-4 交通方式统计数据和表 4-5 中的“行”方面游客的满意度来看，公共交通基础设施建设排序为：西安市（28）、咸阳市（18）、安康市（16）、渭南市（15）、杨凌区（13）、铜川市（12）、汉中市（11）、宝鸡市（11）、延安市（9）、商洛市（7）、榆林市（7）。表 4-5 中以“行”的“方便”和“停车”均非常好进行排序，从高到低依次为：西安市（63）、铜川市（55）、杨凌区（54）、咸阳市（53）、延安市（53）、渭南市（47）、宝鸡市（46）、榆林市（43）、安康市（41）、汉中市（40）、商洛市（40）。表 4-5 中以“行”的“方便”和“停车”均差进行排序，从低到高依次为：延安市（25）、西安市（27）、杨凌区（32）、榆林市（32）、咸阳市（40）、渭南市（42）、宝鸡市（42）、铜川市（44）、安康市（47）、汉中市（48）、商洛市（50）。笔者发现排序情况和前期旅游地生命周期阶段研判情况有区别，原因比较多。铜川市、渭南市、咸阳市等毗邻关中平原或位于关中平原，交通等基础设施建设比较容易，另外建设历程也比较长，所以游客感知评价高；而汉中市、安康市、商洛市位于秦巴山地，交通基础设施比较差，建设难度强，投资大，周期长。陕北的延安市和榆林市近几年以石化工业为主导，产业快速发展，为了西煤东运，道路等基础建设速度非常快，另外，前往延安市乡村旅游目的地的游客有一部分是单位或者旅行社组织来参观学习的，租用大巴车等交通工具，可以非常便捷地前往延安市乡村旅游目的地，所以对交通感知相对好一些。笔者在汉中市、安康市、商洛市调研过程中发现，当地游客和乡村旅游目的地社区村民都说，现在基础设施建设投资力度、建设速度超过了以往任何时候，发展程度有很大的进步。所以在陕西省十市一区乡村旅游地生命周期阶段研判时，既要考虑游客感知，又要考虑现实情况，还要考虑外部投资规模和变化情况，这样才能全面、科学地加以研判。但是就总体调研数据而言，西安市、宝鸡市、杨凌区交通基础设施很好，处于旅游地生命周期阶段的发展阶段。对于其他城市，加上对其他因素的全面考虑，基本与前期研判是一致的。

三、接待设施

陕西省乡村旅游在接待设施供给方面，参照游客对吃、住、行、游、购、娱六要素的评价表，可以看出，游客对住宿产品的供给评价也是比较低的（表 4-5），说明乡村旅游住宿产品一直在低水平、低档次运行。在调研时还发现，其他接待基础设施存在诸多问题。

在基础设施建设方面，关中地区乡村旅游发展时间较长，同时比较重视基础设施建设，在房屋建设，客房设施、安全设施建设，垃圾处理，污水处理，道路建设，路标、指示牌、停车场、路灯安装等方面做了很多工作，取得了显著效果。陕南地区虽然起步较晚，但是政府非常重视，发展速度较快，基础设施建设较好。陕北地区延安和榆林两市基础设施建设比较薄弱，但是随着最近一批陕西省旅游业重点建设示范县、镇、村的开展，也会很快达到正常需求标准。

在旅游地生命周期阶段的研判中，基础设施、外来投资规模的变化、旅游接待设施供求关系的变化也是研判旅游地生命周期阶段的重要指标。结合表 3-3 和表 3-4，可以看到陕西省十市一区当地政府，为各市乡村旅游发展投入大量的人力、物力和财力，扶持建设了全国、省级、市级乡村旅游示范县、旅游名镇、示范点、示范村等。西安市、宝鸡市、汉中市、安康市、商洛市制定各项管理和规章制度，在政府支持措施方面，不但给予资金扶持，而且积极招商引资，改善基础设施，完善规划。咸阳市、渭南市、铜川市在管理、规划方面，扶持力度也比较大，但有些方面尚欠缺，需要尽快完善。榆林市、延安市在规章制度制定方面不尽如人意，在资金扶持方面也比较少一些。

在旅游接待设施供求变化方面，从吃、住两方面来考察，在旅游旺季，尤其是在旅游客流非常集中的周末、清明、端午、中秋小长假及“五一”“十一”黄金周，各市接待设施捉襟见肘，常有一桌难求、一床难订的新闻报道；但是在淡季，又存在不见一客的局面。综合来看，在“吃”的基础设施建设上是可以满足游客的。作为基础设施最重要的“住”，投资比较大，资本回收时间比较长，以“住”来了解接待设施的供求变化比较科学。参考表 4-5，对“住”非常好的评价进行排名，由高到低依次为：西安市（138）、杨凌区（131）、宝鸡市（111）、安康市（108）、商洛市（106）、渭南市（105）、铜川市（102）、汉中市（102）、咸阳市（96）、延安市（89）、榆林市（87）。对“住”差的评价进行排名，由低到高依次为：宝鸡市（65）、榆林市（62）、咸阳市（61）、汉中市（59）、商洛市（56）、安康市（55）、渭南市（54）、西安市（53）、延安市（53）、铜川市（52）、杨凌区（47）。从“住”非常好的评价排序可以看出，就住宿基础设施建设来看，西安市、宝鸡市、安康市、商洛市、杨凌区的供给好一些，咸阳市、渭南市、铜川市稍差一些，而延安市、榆林市比较差。但是从“差”的排序来看，略有差异，差异的原因比较复杂，如宝鸡市最差，其原因主要是宝鸡市北郭村等地乡村旅游开展比较早，时间很长，许多住宿设施老化现象严重，影响了客人住宿的舒适度。而延安市乡村旅游发展较晚，住宿设施很新，另外延安市特有的窑洞等民居，也能给游客带来不同的民俗享受，游客对设施的感觉会减弱。此外，一些游客觉得陕北相对来说是比较落后的地方，这样也就降低了对设施的要求，所以感觉不会太差。对排序等进行综合分析研判，与前期研判结果一致。

四、信息传媒

在信息传媒技术利用方面，陕西省乡村旅游业发展比较迟缓，在市场营销、产品推广、主客交流、网上预订方面几乎处于空白。这些都成为乡村旅游业发展的瓶颈，在陕西省乡村旅游信息化方面，还有很多工作要做。

参照表 4-2 可以看出，陕西省乡村旅游游客从信息获取渠道方面，还是以亲朋好友的口口相传为主，从大众传媒、网络信息、旅行社等中介机构获取信息者（多个城市）尚不足 50%，说明这方面工作做得还是比较差的。但是有些地域后来居上，延安市已经开始微博营销、网络营销，网络利用率很高，有利于乡村旅游的快速发展。在这方面，可以借助 2014 年“智慧旅游”的开展，聘请专家学者进行智慧和技术支持。

通过游客获取信息的渠道（表 4-2）来看，西安市、咸阳市乡村旅游目的地游客通过口口相传的渠道比较多，相比之下，铜川市、延安市、杨凌区最少；从大众传媒、互联网、旅行社及其他渠道获取信息的结果正好与之相反，根据旅游地生命周期各个阶段广告宣传特征来判断，铜川市、延安市、杨凌区处于发展阶段，而宝鸡市、安康市、汉中市、商洛市、渭南市、榆林市处于起步阶段，西安市、咸阳市则处于探索阶段。这与前期其他调研结果的分析研判差距很大，但是经过调研组讨论，以及咨询专家后笔者认为，西安市乡村旅游宣传的力度并不小，既有 9 家比较专业的相关网站，又有西安市旅游发展委员会在政府网站、相关旅游信息服务中心、西安晚报等发布的“幸福生活天天游”等信息。这种情况与调研的口口相传获取信息的情况相悖，原因有以下几点：①一部分游客的回答针对在乡村旅游目的地选择某一家时听从了朋友的建议。②西安市乡村旅游游客目的地集中，本市占了 88%，同时西安市人口居住相对集中，容易口口相传。③西安市乡村旅游目的地距离西安市客源地比较近，口口相传也能容易找到。④西安市乡村旅游游客的出游、重游频次较高（表 4-3），游客忠诚度高，经常在乡村旅游目的地某一家休闲的时间多一些，熟知了这件产品，成了相熟的人家，经意或不经意间就为这家做了宣传，这也影响了调研的结果。⑤汉中市、铜川市、延安市、杨凌区乡村旅游游客客源地较为分散，乡村旅游目的地分布也比较分散，口口相传经常会出现误差而导致其他问题的发生，游客有时候出行需要借助导航仪或者其他一些手段才能到达，所以其他宣传的方式会多一些。将信息渠道获取的调研结果作为乡村旅游地生命周期阶段的判定可供参考，但需认真思考，具体情况具体对待。

第四节　旅游环境承载力的乡村旅游地生命周期

旅游承载力（旅游容量），通常以游客数量作为衡量指标。每个旅游目的地的环境容量都有一个临界值，超出这个临界值继续开发或者增加游客数量，会对当地环境和旅游者造成不利影响。在乡村旅游地生命周期阶段的主导影响因素方面，环境质量与容量排到第一的位置，在判断因素调研、综合评估中，旅游地社区环境受损情况也是重要的一个环节。

一、自然生态环境

乡村旅游的发展，因各市自然环境的不同，所带来的影响也各有差异，具体情况见表 3-7。随着陕西省各市乡村旅游持续快速发展，其带来的自然环境方面的影响越来越大。在关中平原及毗邻关中平原的西安市、咸阳市、宝鸡市、杨凌区、渭南市、铜川市，由于地处平原、浅山，处理垃圾、污水等的基础设施建设快捷，处理起来比较方便。但是在陕南汉中市、安康市、商洛市，以及陕北延安市、榆林市的一些山地、丘陵、黄土高原发展的乡村旅游，基础设施建设投资大、建设周期长，其垃圾、污水处理成本高，人们不愿投入。另外，在调研中发现有些人认识不到位，认为山地、丘陵、塬坡等地人烟稀少、空旷、面积大、沟壑多，倾倒一些垃圾、排一些污水影响不大，结果导致自然环境遭受破坏，山地、丘陵、塬坡生态环境破坏以后恢复起来更难一些。

对乡村旅游目的地自然环境的破坏，陕西省各市也采取了很多措施（表 3-4）。从管理制度建设、规划、政府支持等各方面进行了制约，取得了一定的成效。依据陕西省各市乡村旅游发展环境质量与容量，结合乡村旅游发展地社区环境受损情况，再参照各市采取的措施，对照表 3-7 可知，西安市、咸阳市、宝鸡市、杨凌区等市区乡村旅游地生命周期阶段处于发展阶段，而陕南、陕北部分地区尚处于起步、探索阶段。

二、社会经济文化环境

陕西省各市区社会经济人文历史差异比较大，其旅游环境承载力差异也很大。关中平原及毗邻关中平原一带的城市，社会、经济、历史、文化底蕴深厚。改革开放以来各方面都得到了很大程度的发展，乡村旅游地又毗邻大中城市，受到城市影响时间长，有些地区城镇化、社会进步程度较高，社会经济文化实力比较强，并且长期受到外来文化的熏染，能从思想观念、思维模式等方面抵御外来文化的入侵。但是在陕南、陕北一带，由于地处山地、丘陵、荒漠半荒漠地带，本身比较闭塞，外来社会经济文化的入侵很容易改变原有的社会经济文化状态。随着乡村旅游的开发，大量旅游者的涌入，在经济受益的同时，社会形态也发生着深刻的变革，原有的组织结构、社会阶层、家庭关系、思维模式、作息时间等都会发生改变。另外，一些原有民俗文化变得过分商业化、世俗化，甚至消失殆尽；一些老街古镇由于需要接待大量的游客，古建筑、古民居、古寺庙、古街道被翻新、改造、拓展。这些问题往往成为当地居民激烈反对乡村旅游发展的导火索。

对于乡村旅游目的地历史人文环境的破坏，陕西省各市也采取了很多措施（表 3-4），从规划、产品开发等方面进行约束，也取得了一定的成效。就陕西省十市一区乡村旅游发展社会环境质量与容量，结合乡村旅游发展地社区社会文化环境、人文历史受损情况，再参照各市采取的措施，对照表 3-7 可知，西安、咸阳、宝鸡、杨凌等市区乡村旅游地生命周期阶段处于发展阶段，而陕南、陕北部分城市尚处于起步、探索阶段。

第五节　陕西省乡村旅游发展不同地域生命周期综合评价

陕西省十市一区乡村旅游发展状况差异较大，通过上文的分析已经有了初步结果。为了使结果更符合实际情况，更加科学，也为了更好地了解各市发展的优势与不足，对各市乡村旅游服务满意度、当地居民的支持度、营销手段的先进性等一线统计调研数据进行综合评价。

一、陕西省各市乡村旅游综合评价指标构建

根据调研指标设置和人们认知的一般规律，笔者将非常好的指标赋值为 10 分，好的指标赋值为 8 分，一般的指标赋值为 5 分，差的指标赋值为 3 分，构建了所评价问题的相关指标。

（一）乡村旅游满意度综合评价指标体系

乡村旅游满意度综合评价指标体系如表 4-7 所示。

表 4-7　乡村旅游满意度综合评价指标体系

一级指标	二级指标	指标赋值	备注
吃	价格、卫生、特色、营养绿色	非常好=10，好=8，一般=5，差=3	各个部分总评为加权平均值
住	卫生、价格、舒适、设施	非常好=10，好=8，一般=5，差=3	各个部分总评为加权平均值
行	方便、停车	非常好=10，好=8，一般=5，差=3	各个部分总评为加权平均值
游	氛围、干净、项目、热情好客	非常好=10，好=8，一般=5，差=3	各个部分总评为加权平均值
购	特色、价格、种类	非常好=10，好=8，一般=5，差=3	各个部分总评为加权平均值

续表

一级指标	二级指标	指标赋值	备注
娱	参与性、趣味性、安全性	非常好=10，好=8，一般=5，差=3	各个部分总评为加权平均值
服务	态度、技能水平	非常好=10，好=8，一般=5，差=3	各个部分总评为加权平均值

（二）乡村旅游目的地当地居民态度评价指标体系

乡村旅游目的地当地居民态度评价指标体系如表 4-8 所示。

表 4-8　乡村旅游目的地当地居民态度评价指标体系

指标	指标说明	指标赋值
当地居民支持度	非常赞成和非常反对为两个极端，所以赋值为 10 和 1	非常赞成=10，赞成=8，中立=5，反对=3，非常反对=1

（三）乡村旅游目的地营销手段先进性综合评价指标体系

乡村旅游目的地营销手段先进性综合评价指标体系如表 4-9 所示。

表 4-9　乡村旅游目的地营销手段先进性综合评价指标体系

指标	指标说明	指标赋值
信息获取渠道	互联网：快捷，方便，传播速度快	互联网=10
	大众传媒：直接，有助于接受	大众传媒=8
	口口相传：可靠性高，但受众面少	口口相传=6
	旅行社：带来稳定客源	旅行社=4

二、陕西省乡村旅游综合评价模型构建

（一）模型分析

因子分析是一种降维、简化数据的技术。它通过研究众多变量之间的内部依赖关系，探求观测数据中的基本结构，并用少数几个抽象的变量来表示其基本的数据结构。这几个抽象的变量称作“因子”，能反映原来众多变量的主要信息。本书基于因子分析的思想：根据各指标相关性大小将它们分组，使得同组内的指标之间相关性较高，不同组变量之间的相关性较低，据此找出影响经济状况的几

个综合指标。

假设有 p 个成分的观测随机向量 X，有均值 μ 和协方差 Σ。因子模型要求 X 是线性依赖于几个不能观测的称为公共因子的随机变量 F_1，F_2，F_3，…，F_m，和 p 个附加的称为误差或者有时也称为特殊因子的变差源 $\varepsilon_1,\varepsilon_2,\cdots,\varepsilon_p$。具体来说，因子分析模型为

$$\begin{cases} X_1-\mu_1=l_{11}F_1+l_{12}F_2+\cdots+l_{1m}F_m+\varepsilon_1 \\ X_2-\mu_2=l_{21}F_1+l_{22}F_2+\cdots+l_{2m}F_m+\varepsilon_2 \\ \quad\vdots \\ X_p-\mu_p=l_{p1}F_1+l_{p2}F_2+\cdots+l_{pm}F_m+\varepsilon_p \end{cases} \quad \text{（模型 1）}$$

其中，系数 l_{ij} 为第 i 个变量在第 j 个因子上的载荷。

（二）模型建立步骤

1）考查原有变量是否适合进行因子分析。
2）提取因子。
3）因子命名解释。
4）计算因子得分。
5）综合评价的分析与结论。

三、陕西省乡村旅游综合评价分析

根据调查数据及指标量化规则，利用 SPSS 19.0 数据分析软件进行数据处理，对陕西省乡村旅游进行综合评价。

（一）陕西省乡村旅游的满意度综合评价分析

根据表 4-4 的数据，利用模型 1，计算得到如表 4-10 和表 4-11 所示结果。

表 4-10　解释的总方差

成分	初始特征值			旋转平方和载入		
	合计/%	方差的百分比/%	累积百分比/%	合计/%	方差的百分比/%	累积百分比/%
1	3.569	50.980	50.980	2.688	38.407	38.407
2	2.060	29.425	80.405	2.596	37.081	75.488
3	0.783	11.180	91.585	1.127	16.097	91.585
4	0.469	6.697	98.282			
5	0.086	1.234	99.515			
6	0.025	0.353	99.868			
7	0.009	0.132	100.000			

提取方法：主成分分析。

表 4-11 因子得分系数矩阵

项目	成分		
	F_1	F_2	F_3
吃（X_1）	0.219	0.207	0.949
住（X_2）	0.889	−0.016	0.399
行（X_3）	0.249	−0.955	−0.101
游（X_4）	0.503	0.839	0.059
购（X_5）	0.192	0.954	0.186
娱（X_6）	0.898	0.149	0.132
服务（X_7）	0.833	0.066	0.022

由表 4-10 可以看出，3 个因子共解释了原有变量总方差的 91.585%。总体上，原有变量的信息丢失较少，因子分析结果比较理想。

根据因子得分系数矩阵（表 4-11）可以写出以下因子得分函数：

$$F_1 = 0.219X_1 + 0.889X_2 + 0.249X_3 + 0.503X_4 + 0.192X_5 + 0.898X_6 + 0.833X_7$$

$$F_2 = 0.207X_1 - 0.016X_2 - 0.955X_3 + 0.839X_4 + 0.954X_5 + 0.149X_6 + 0.066X_7$$

$$F_3 = 0.949X_1 + 0.399X_2 - 0.101X_3 + 0.059X_4 + 0.186X_5 + 0.132X_6 + 0.022X_7$$

构建综合得分评价模型（Z）为

$$Z = (2.688F_1 + 2.596F_2 + 1.127F_3) / (2.688 + 2.596 + 1.127)$$

利用上述综合评价模型对陕西省十市一区的乡村旅游满意度给出评价，列出陕西省十市一区的乡村旅游满意度的因子得分和综合得分，并根据得分高低进行排序，结果如表 4-12 所示。

表 4-12 陕西省十市一区乡村旅游满意度评价值排名

地区	F_1 因子得分	F_2 因子得分	F_3 因子得分	综合得分	排名
杨凌区	2.093	−0.222	1.203	0.999	1
商洛市	−0.290	1.242	1.090	0.573	2
安康市	0.049	1.254	0.070	0.541	3
汉中市	−0.114	1.368	−0.280	0.457	4
宝鸡市	−0.057	0.221	−0.191	0.032	5
西安市	1.353	−1.422	−0.090	−0.024	6
渭南市	−0.275	0.163	−0.477	−0.133	7
铜川市	−0.385	−0.067	−0.211	−0.226	8
咸阳市	0.235	−0.275	−2.460	−0.445	9
榆林市	−1.321	−0.794	0.723	−0.748	10
延安市	−1.289	−1.468	0.625	−1.025	11

从表 4-12 可以看出，杨凌区最好，商洛市、安康市、汉中市、宝鸡市较好，西安市、渭南市、铜川市次之，咸阳市、榆林市和延安市最差。这个结果与第四节分析结果排序虽然有区别，但是就陕西省十市一区旅游地生命周期阶段的划分来看，是一致的。

（二）陕西省乡村旅游的当地居民支持度评价分析

根据表 4-6 的调查数据及赋值规则，得到陕西省各地区居民对乡村旅游的支持状况表，如表 4-13 所示。

表 4-13 陕西省各地区居民对乡村旅游的支持度评价值排名

地区	非常赞成/人	赞成/人	非常反对/人	反对/人	中立/人	综合得分
商洛市	33	35	6	11	15	724
汉中市	31	35	7	11	16	710
杨凌区	32	34	9	12	13	702
铜川市	27	32	10	13	18	665
西安市	29	23	9	13	26	652
安康市	30	26	12	14	18	652
宝鸡市	27	31	14	12	16	648
咸阳市	25	28	11	15	21	635
延安市	26	28	16	18	12	614
渭南市	23	25	13	16	23	606
榆林市	24	26	15	17	18	604

从表 4-13 可以看出，商洛市最好，汉中市、杨凌区、铜川市、西安市、安康市、宝鸡市、咸阳市较好，延安市、渭南市、榆林市次之。这个结果与第四节的分析结果略有差异，原因与前边分析基本相同。渭南市综合得分排名比较低的原因主要是近期渭南市农民收入呈多元化趋势，特别是果树种植收入比较高，发展乡村旅游会给果树种植带来一些不良影响，导致产量降低，最终导致收入减少。另外，渭南市对发展乡村旅游持中立态度人数比重较高，也会影响得分，所以得分情况略低一下。综合评价依然认为，陕西省十市一区乡村旅游地生命周期阶段的划分与前边是一致的。

（三）陕西省乡村旅游的营销手段的先进性评价分析

根据表 4-2 的调查数据及赋值规则，得到陕西省各地区居民对乡村旅游营销手段的先进性评价表，如表 4-14 所示。

表 4-14　陕西省各地区居民对乡村旅游营销手段的先进性评价值排名

地区	口口相传/人	大众传媒/人	互联网/人	旅行社/人	综合得分
杨凌区	22	31	29	11	714
汉中市	28	22	31	11	698
铜川市	26	22	25	22	670
延安市	21	27	21	29	668
渭南市	31	21	19	25	644
西安市	42	16	19	10	610
榆林市	38	16	18	16	600
咸阳市	53	12	10	15	574
安康市	39	16	15	13	564
商洛市	36	15	15	16	550
宝鸡市	33	21	11	16	540

从表 4-14 可以看出，陕西省十市一区乡村旅游营销手段的排序为杨凌区、汉中市、铜川市、延安市、渭南市、西安市、榆林市、咸阳市、安康市、商洛市、宝鸡市。这一结果与第四节的分析结果差异比较大，出现这样的问题，原因是非常复杂的。杨凌区大型高新农业科技园、种植园、养殖园比较多，从业人员文化水平、综合素质比较高，可熟练运用计算机、互联网等先进技术。另外，每年农高会期间，杨凌区都云集了数量众多的媒体记者，在对农高会报道的同时，杨凌区乡村旅游也得到广泛宣传。由汉中市与陕西省旅游发展委员会联合举办的“中国最美油菜花海汉中旅游文化活动”级别较高，高规格吸引了多家媒体进行报道，也吸引众多省内外游客前往观光游览。另外，汉中市近几年也加强网络宣传的力度，在网站建设等方面投入大，所以得分很高。其他一些城市（如延安市、榆林市、铜川市、渭南市等），虽然乡村旅游发展比较晚，但是在营销方面，特别是在智慧旅游、网络利用方面，投入高，起点高，跨步大，所以在营销手段先进性方面得分高。宝鸡市、商洛市得分最低，一方面与其投入少，距离西安比较近，可进入性好有关系；另一方面与其成熟的产品有关系，已经比较有名气，游客可以从其他渠道很容易获取信息，所以利用网络的人也就少。但是作为现代化营销手段来说，应该加强网络、智慧旅游的建设，以便吸引更多的游客。可以看出，营销手段的先进性应当与其他方面的研判紧密结合，具体问题具体分析，以便对陕西省十市一区乡村旅游地生命周期阶段进行正确划分。

综合评价的结果与前期定性分析结果基本相同，支持前期陕西省十市一区乡村旅游目的地生命周期阶段的划分。

第六节　陕西省不同发展阶段的乡村旅游地生命周期

就前期研判来看，西安、咸阳、宝鸡等市的乡村旅游资源大多数吸引力与可进入性较强，但是由于同质化等原因，乡村的固有特性，包括氛围、建筑、绿化、家庭模式、民俗文化等变得较差。杨凌区可进入性和设施完善性较强，但缺少有吸引力的乡村旅游资源，汉中市、安康市、商洛市、渭南市、铜川市、延安市、榆林市乡村旅游资源吸引力与乡村性较强，但可进入性较差，配套基础设施较差。陕西省十市一区乡村旅游发展的生命周期亦呈不同阶段。

一、发展阶段地区

对调研结果进行分析研判，综合各方面因素发现，西安、宝鸡、汉中、安康、商洛、杨凌六市区乡村旅游发展已经步入旅游地生命周期的发展阶段。

西安、宝鸡两市依靠西安市、咸阳市、宝鸡市的强大客源市场及便捷的交通等优势，乡村旅游发展快速增长。杨凌区既有区位优势，又有产业优势，还有科技优势，乡村旅游发展规模不断壮大，人数不断增长。陕南汉中市、安康市及毗邻关中地区的商洛市，近五年经过政府及经营者的共同努力，利用当地的青山秀水及古镇村落、秦巴民俗等资源，大力发展乡村旅游，在基础设施建设、产品开发、市场营销、人才培养、环境治理等方面投入了大量的人力、物力，经过十几年的发展已经初具规模，从基础设施建设、产品开发、市场营销、人才培养、环境治理等方面已经达到了一定的水平，在新的旅游态势下，呈快速增长态势。

西安市乡村旅游经过近 20 年的发展，游客流呈迅速增长态势，游客接待数量数倍于本地居民，并且有明确的客源市场（西安市居民），在广告宣传、外来投资方面呈快速增长趋势。一些乡村出现了人工绿化的广场、音乐喷泉、湿地景观、健身房等人造景观，取代原来自然的村景村貌，观光、休闲、体验、娱乐的“中间型”游客与日俱增，取代原来“探险者”或“多中心型”游客。这些特点与旅游地生命周期理论的发展时期特征相吻合，说明西安市乡村旅游目的地经过近 20 年的发展，已经跨越了探索、起步阶段而步入发展阶段。这个阶段的判定与调研中对当地相关政府部门、旅游管理机构、相关专家学者、乡村旅游经营者调研访谈的结果是一致的、相符的。

在 2012 年宝鸡市全国休闲农业与乡村旅游示范区评定中，以眉县和扶风县为主体的宝鸡市休闲农业示范区名列其中，是陕西省唯一入选的一个旅游示范区。宝鸡市休闲农业示范区覆盖面积 350 平方公里，以渭河为轴，以法门寺-汤峪高速公路为翼，南北连接、东西贯通，覆盖宝鸡市扶风县及眉县大部。宝鸡市乡村旅游最早始于岐山县凤鸣镇北郭村，发展历程长，有 20 余年。北郭村位于周原遗址凤凰山下，紧靠周公庙，地处关中平原西部，气候温暖湿润，横水河支流杨家河自北向南纵贯，境内有碧波荡漾的周四水库，以发掘周文化丰富的内涵和悠久的历史为基点，按照“科学规划，突出特色，分层开发，滚动发展”的原则，逐步开发具有关中西府特色的、浓厚的乡村风俗旅游项目。1996 年春季，北郭村首先给 30 户乡村旅游经营户挂上“臊子面接待户”的牌子，并与周公庙管理处挂钩，广泛宣传招揽食客。游客在游览周公庙风景名胜之后，还能吃到地道的岐山臊子面，既开了眼界又饱了口福。2010 年，北郭村农家乐经营户接待游客 86 万人次，实现经济收入 1.5 亿元。北郭村客源稳定（93%来自于西安和宝鸡两市）、规划合理、管理有序、发展良好，呈现旅游地生命周期发展阶段的显著特征，处于发展阶段。

汉中市乡村旅游始于 2000 年前后，至今只有短短的十几年，发展历程不长，但是政府重视，积极引导，合力发展，管理规范，基础设施完善，环境优美，乡村旅游资源非常丰富，发展形式多样，类型多，产品齐全，游客评价好，客源稳定（西安和汉中两市及周边省份），旅游目的地社区居民参与程度高。在市场营销方面，运用各种形式，扩大形象宣传，成功举办了五届中国最美油菜花海汉中旅游文化节（规格高、规模大、人气旺、效果好），先后在中央电视台、《中国旅游报》、陕西卫视、腾讯网等主流媒体上开展了 16 项形象宣传，并制定游客来汉优惠政策，开展了“汉中旅游惠民”活动。在节庆期间和重要时段，全市星级宾馆出现了“一房难求”景象。由于宣传工作做得好，乡村旅游发展的招商引资工作成效显著，外来投资方面呈快速增长趋势，人造景观增多并取代了原来自然的村景村貌，观光、休闲、体验、娱乐的“中间型”游客与日俱增。这些特点与旅游地生命周期理论的发展时期特征相吻合，在汉中市调研过程中，当地相关政府部门、旅游管理机构、乡村旅游经营者、到访游客等大多认为汉中市乡村旅游发展已经进入了一个新的阶段，达到了持续健康发展阶段，与评判一致、相符。这说明，汉中市乡村旅游目的地经过短短十几年时间，已经跨越了探索、起步阶段，步入发展阶段。

安康市乡村旅游始于 20 世纪 90 年代中期，至今 20 余年，凭借大巴山、秦岭，以及亚热带动植物、农林牧副渔资源，提出“古城西安后花园，休闲度假好地方”的口号，以“一山（南宫山）、一湖（瀛湖）、一城”为品牌，以“秦巴风情、汉水神韵、金州美食、绿色安康”为主题，大力发展乡村生态旅游产业，全力实施项目带动战略，打造了巴山生态休闲游、汉水风情体验游、秦岭森林度假游三条精品线路，形成了瀛湖流水、平利长安、毛坝田园、岚河风情、紫阳茶山五大特色乡村旅游带，备受广大游客青睐。安康市乡村旅游管理规范，政府扶持措施多，力度大，形式多样，类型多，产品丰富，游客评价好，当地社区村民支持率高，其发展状况与汉中市很相似，已步入发展阶段。

商洛市乡村旅游始于20世纪90年代后期，发展历程较短，凭借山美、水清、地绿、空气清新、距离西安近等条件，在政府主导下，以“生态立市”战略指引，为了“一江清水送北京”的庄严承诺，打造“绿色商洛、宜居商洛”，塑造“秦岭最美是商洛”城市品牌，确定了生态环境优美、特色产业突出、旅游配套健全、旅游服务规范4个大项51个分项创建评选考核标准，在全市评选命名100个高标准的“秦岭美丽乡村”。商洛市还出台了27项标准，构成全面覆盖餐饮、住宿、交通、旅游景点（景区）、商贸、休闲娱乐六大要素的旅游服务标准化体系，推动省级旅游服务标准化试点城的实施。以品牌为支撑把商洛市建设成为秦岭最佳生态旅游目的地和西安市第二生活区，发展农家乐、采摘园、垂钓休闲、茶园观光、实景演艺等主题多样的特色乡村旅游项目，吸引了省内外游客纷至沓来。以首届中国秦岭生态旅游节为载体向市场强力推出了“秦岭最美是商洛”的旅游品牌。“我美（自然、人文景观美不胜收），你更美（旅游体验爽到High）”，花费巨资通过央视、凤凰卫视、《中国旅游报》等50家报、刊、网、台媒体和西安市区及各重点景区间的广告牌全面互动，推介商洛市全新的旅游形象，迅速提高“商洛旅游”的知名度。在提高商洛市旅游产业知名度的同时，商洛市乡村旅游的知名度也得以提高，发展规模得以扩大，经济、社会、文化、自然效益高，发展形式多元化，种类多，产品覆盖面广，客源稳定，其发展状况与汉中市、安康市相似，也已达到发展阶段。

杨凌区乡村旅游始于2000年，起步较晚，发展历程较短，但发展速度很快。中国农业“硅谷”——杨凌农业高新技术产业示范区成立于1997年，发展战略是以农业高新技术开发为重点，走第一、二、三产业结合的发展道路，即围绕种植业搞加工业、服务业，以农业为重点，发展生态观光农业。每年都有成千上万来自国内外的游客，特别是假日来自省内外的中小学生参观昆虫博物馆、高新农业园区的人数很多。在发展乡村旅游的政府支持方面，杨凌区管委会与省旅游发展委员会在杨凌区签署合作共建国际知名、国内一流农业旅游目的地城市协议，根据协议，示范区每年投资上亿元发展旅游产业，支持旅游基础设施建设和旅游景点建设，构建“农业科技游、特色文化游、休闲健身游”三大旅游板块，在旅游政策、旅游人才、旅游规划、旅游项目、旅游设施、旅游节庆、旅游服务等方面加大工作力度，助推陕西省农业旅游品牌建设。陕西省旅游发展委员会在旅游专项资金、旅游规划、项目招商、宣传促销、乡村旅游、人才培训、节庆活动、旅游基础设施8个方面给予杨凌区大力支持。在乡村旅游市场营销、产品推广方面规格高，见效快，每年在农高会期间举办乡村旅游博览会，由杨凌区展览局、外事旅游局承办，中国旅游报陕西记者站、西安中国国际旅行社协办，以“展示新农村、推动新旅游、倡导新体验、树立新风尚”为主题，集中展示陕西省近年来发展乡村旅游的新成就和国家级、省级农业旅游示范点的新风貌，借助和发挥农高会宣传平台优势，展示陕西省乡村旅游工作新成就，加大乡村旅游产品推介，扩大“以旅助农”影响，加强全国农业旅游示范点之间的交流与合作，打造陕西省乡村旅游新品牌。在规划方面，引导经营户按照“一村一品”和“一家一艺”的发展思路，不断提升各种类型的乡村旅游、“农家乐”经营项目内涵与服务水平。对民俗民族特色村寨等乡村旅游产品体系中的精品，进行保护性挖掘，示范区的设施农业、高科技农业、高科技畜牧业、苗木、花卉，名、优、新、特杂果等都成为乡村旅游项目的主要内容和攻关项目。要实现一、二、三产业协调发展，促使农民收入多元化，一方面要依托科技，发展无公害果蔬业、畜牧业等主导产业，提高农业科技含量和效益，突出发展以乡村旅游为主的第三产业；另一方面作为示范区，有科教人才 4000 多名，科研成果丰富，示范区主要任务是促使农业科研成果在杨凌区各乡村首先试验、示范，再推广、辐射到周边县区乃至整个西北和北方地区。杨凌区乡村旅游发展虽然时间短，但是规模大，游客接待量增长迅速，游客数量超过了当地居民数，特别是以中小学生为主的客源市场明确，广告宣传，建设大园区的外来投资占控制地位，人造园区数量众多，“中间型”游客占大多数，对周围的旅游区起到了一定的示范作用，种类多，产品覆盖面广，其发展状况已达到发展阶段。

二、起步阶段地区

咸阳市、渭南市、铜川市的乡村旅游发展起步早，当中的一些社区，如咸阳市袁家村、渭南市白水富卓村苹果人家、耀州区的乡村旅游发展已经很成熟，接待能力强、环境保护等工作也做得很好。

咸阳市乡村旅游发展始于该市礼泉县烟霞镇袁家村，袁家村乡村旅游发展的历程就是咸阳市乡村旅游发展的缩影。袁家村过去是一个典型的农业小村，2007 年全村 62 户 286 人，总耕地面积 630 亩[①]。由于“地无三尺平，沙石到处见”，一直与贫穷和落后为伍。2007 年，以大唐贞观文化和关中印象体验地为依托，大力发展乡村旅游产业，成功实现了村域经济的转型，村上先后投资 5100 万元，建起各种文化设施，大力发展农耕民俗文化，建成了融关中作坊、关中民俗、关中小吃、关中杂耍等于一体的康庄民俗街，形成了著名的关中印象体验地休闲旅游品牌。近年来，袁家村发展农家乐 48 户，一户一个特色，一户一个品牌，促进了经济发展，增加了农民收入。2015 年全村接待游客 150 万人次，实现综合收入 10 多亿元。袁家村先后被评为全国生态示范村、全省新农村示范村、一村一品农家乐明星村、国家级 AAA 旅游景区、中国最有魅力休闲乡村等称号。2012 年建成了 Ananda 国际会馆、康庄北街文化走廊，以及关中古镇等社区，实施安

① 1 亩=666.67 平方米。

全饮水工程，改造村电网设施。为了提升民俗旅游的品位和档次，让旅游者观赏和享受更高层次的文化，又投资2000多万元，建成了关中客栈、酒吧、咖啡馆、书屋、书画院、国际小商品超市、多功能广场等 30 多家店铺。袁家村计划把本村办成大型休闲乡村旅游观光区，打造成陕西省民俗文化旅游第一品牌、陕西省乡村休闲度假第一品牌、陕西省绿色健康农产品第一品牌，确立袁家村在全国的休闲乡村品牌地位。袁家村的乡村旅游快速发展，接待量的迅速增长，也有明确的客源市场（西安市、咸阳市等），商业宣传、外来投资占控制地位，村中人造景观非常普遍，"中间型"游客占据主要位置。咸阳市乡村旅游就袁家村一个村子来说，经过 10 年极速发展，已经呈现旅游生命周期发展阶段的显著特征，但是在调研时发现，咸阳市其他乡村旅游发展地和袁家村又有明显的差距，就咸阳市乡村旅游规划布局、产品开发、市场营销、旅游客流等发展水平来说，尚未达到发展阶段，在整体上仍旧处于起步阶段。

渭南市乡村旅游始于20世纪90年代后期，发展历程较短。渭南市下辖韩城、华阴两市及 8 县，其中韩城是陕西省唯一一个县级"中国优秀旅游城市"，距陕西省乡村旅游主要客源地西安市区仅有一个小时车程，交通非常方便。渭南市历史文化独特，乡村旅游自然资源丰富，民俗风情别具风格，以此为基础形成了集农家乐、观光农园、自由采摘、休闲农场、生态园林、民俗文化村落、古村镇及古建筑为一体，具有地域特色、乡土文化和综合多样的旅游格局，包括西岳华山景区周边村庄，大荔的沙苑旅游，韩城党家村、司马迁祠和文庙周边，合阳的洽川风景名胜区周边，黄河魂水利风景区和处女泉景区周边，潼关遗址，华县少华山森林公园周边等地，另外还有潼关的皮影戏生态园、蒲城等地的血故事社火表演等。但是在发展过程中，政府重视程度不够，出台相关文件少，管理体制不健全，引导不力，宣传力度不够，没有一致的宣传行动和口径，发展理念落后，开发程度较低，对外吸引力不大，没有形成乡村旅游品牌，多数乡村旅游资源并不为外人所知，没有特别出名的乡村旅游目的地，旅游社会经济文化效益不高，基础设施和内部设施简陋，环境破坏现象时有发生，游客满意度较低，重游率低。综合分析其现状，在整体上尚未达到发展阶段，还处于起步阶段。

铜川市乡村旅游始于20世纪90年代中后期，起步较晚，但政府高度重视旅游产业发展，把旅游产业作为五大新兴产业之一，制定了多项鼓励性措施，呈现稳步上升的良好态势。铜川市旅游资源丰富，旅游资源门类多、品位高、文化底蕴深厚，又位于西安都市圈和延安革命老区的过渡地带，旅游资源有明显的区域差异性、不可替代性。地理位置优越，北衔延安、东望三晋、西连甘陇，南距西安仅 60 公里，交通便捷，被纳入西安市半小时生活圈。近年来，铜川市经济快速增长，人民生活水平大幅提高，为乡村旅游业发展提供了强大的物质基础，乡村旅游发展有很强的大城市客源。另外，铜川市已被列为全国资源型城市，转型可持续发展试点城市，关中—天水经济区次核心城市，陕甘宁革命老区生态能源协调发展试验区，铜川市有条件成为全国知名的休闲养生目的地。铜川市市政府在促进乡村旅游业发展的过程中，通过宏观指导、市场监管、形象宣传、政策激励、体制机制创新等途径发挥其主导功能，也注重市场配置资源的基础性作用，形成政府调控、行业自律、企业主体、社会参与的发展格局，科学处理经济效益、社会效益和生态效益的关系，力戒以牺牲生态环境为代价的恶性开发，增强可持续发展能力。在产品体系建设方面以资源为依托，市场为导向，文化为灵魂，项目为支撑，打造以休闲养生为核心，集旅游观光、避暑度假、参与体验、会议、商务、修学功能于一体的多元化产品结构。建设休闲养生、红色旅游、文化旅游、乡村旅游四大旅游产品体系。在产品规划上，构建以“一个中心、四大旅游景区”为主要内容的旅游产品格局。一个中心，即以新市区为中心；四大旅游景区，即生态休闲旅游区、红色文化旅游区、孙思邈中医药养生保健旅游区、陶瓷文化旅游区。近几年，政府把乡村旅游纳入整个国民经济和社会发展的总体规划，与新农村建设紧密结合，在资金、扶贫、基础设施建设、税收、用地等方面给予扶持，使乡村旅游成为调整农村产业结构、强农富民的着力点，大力向前推进，争创一批旅游名村、名镇，大打特色牌，努力打造特色乡镇、特色村落、特色乡村酒店、特色民俗活动、特色区域文化产业体系，因地制宜，建设休闲果园、休闲农庄、山地氧吧、民俗风园等各种旅游新形态，开发“农家乐”“陶家乐”“农家山庄”“红色小院”等乡村旅游产品，使乡村旅游得到长足发展，游客得到认可。但是从铜川市乡村旅游空间布局、产品开发、自身管理等方面来看，尚不尽如人意。铜川市近几年乡村旅游发展特点与旅游地生命周期理论起步时期的特征相吻合，已经跨越了探索阶段而步入起步阶段。

三、探索阶段地区

探索阶段地区包括陕北延安、榆林两市。近五年随着红色旅游的发展，乡村旅游游客数量增长很快，两地将红色旅游与乡村旅游结合起来，批准成立 11 个乡村旅游发展点，进行全面建设，有 5 个已经高水平、高规格的建成并投入使用，乡村旅游发展效果明显。

延安市乡村旅游始于 2000 年后，虽然发展历程不长，但是发展速度较快。城乡“近郊游”“乡村游”“采摘游”受到本地和外地游客的青睐。在“五一”“十一”黄金周，周末双休日，宝塔区的田园山庄，宜川县高柏乡杨家庄村、秋林乡后子头村，黄陵县的刘家川，黄龙县的柏益、王庄村，洛川县的谷咀度假村，甘泉县的南沟门村，延川县、洛川县走进果园采摘果实等乡村旅游生意兴隆，餐饮、住宿预订率达 100%。政府相关部门在整个旅游业管理上下足功夫，全国游客满意度排名由 2014 年第一季度的第 40 位上升至 2015 年第一季度的第 20 位。近几年，延安市旅游发展委员会注重加强培训，提升旅游软实力，牵头成立了培训工作领导小组，按照“片不漏店、店不漏人，不搞形式、不走过场，务求实效”的要求，将全市城区划分为 7 个战区；采取大讲堂、分类培训、现场教学、以赛代训等形式，先后举办各类培训班 39 期，培训旅游从业人员 15 000 余人次。首届延安陕北厨王争霸赛、陕北（延安）十大名菜、陕北风味小吃老字号评选活动有效提升了乡村旅游餐饮业的吸引力。延安市旅游发展委员会还加强规划，积极推进新产品开发建设，编制了《延安市旅游产业发展规划（2013—2020）》，协助有关县区完成数项旅游规划编制评审工作。对“毛泽东转战陕北”和“陕甘边革命纪念地”两条自驾车旅游线路进行了前期调研，结合《国民旅游休闲纲要（2013—2020年）》的贯彻实施，联合有关部门下发了“延安人游延安”活动方案，组织 15 家旅行社深入有关县区进行首批推出的 8 条“延安人游延安”线路的对接落实。组织实施 4 个村、3 个乡镇开展了省级乡村旅游示范村和省级文化旅游名镇创建工作。组织旅游商品企业参加了由原国家旅游局主办的第四届中国旅游商品博览会，洛川苹果树皮画、黄陵黄帝像和延安石版画，获得陕西省“大唐西市杯”旅游商品纪念品大赛活动铜奖。加强宣传营销，在凤凰网等 100 多家网站推出了“延安过大年”，借助陕西省“2013 春季旅游营销大会”等平台，通过发放宣传资料、广场演出、赠送延安旅游大礼包等多种形式进行营销。以陕甘边革命根据地为题材的宣传片热播海内外，凤凰电视台播出的《碧血丹心——刘志丹与陕甘红军记事》，对延安市进行宣传；陕西卫视、都市快报等媒体在黄金周期间对大型人文穿越体验活动“新西行漫记——重走斯诺之路”的同步报道；延安电视台播出的《高原星火》，在黄河壶口瀑布和延川乾坤湾举办的黄河与秦岭对话大型宣传活动（陕西电视台、西部网、新浪网、腾讯网、人民网、旅游网等 50 多家媒体对此活动进行了现场报道）等，极大地提升了黄金周延安市旅游市场在全国范围内的关注度。随着营销力度的加强，“自驾游延安”已成主流，自驾车游客多数来自甘、宁、蒙、晋、陕、豫、川、鄂、湘、京、沪、贵等省份。加强监管，对全国近百家网站的网络舆情进行全方位监控。通过延安市旅游发展委员会微博发布信息，已成为宣传推广延安市乡村旅游业的重要途径，联系游客的桥梁和纽带。通过调研得知，政府部门正在进一步完善宣传营销体系，加大宣传力度，提升管理和服务水平，提高旅游业对经济发展的贡献率。但是通过整体分析，并与已处于发展期的陕西省其他地市旅游目的地相比，其在区位、规模、产品结构、营销及目的地的竞争方面还处于落后的地位，判定其乡村旅游发展虽然超越了进入阶段，但仍处于探索阶段，但发展速度明显很快。

榆林市乡村旅游始于 2000 年以后，起步晚，但发展速度较快。从政治、经济、人文历史、区位、交通等方面，榆林市都有发展乡村旅游的优越条件。榆林市地处晋陕蒙宁甘接壤地带，位于我国中西部结合部，接近全国消费中心和经济重心区——京津—呼包银榆经济带的重要节点，具有承东启西、连接南北的枢纽作用，历史上长期为多民族汇聚之区和争战融合前沿，独特的自然人文环境孕育了独特的乡土文化。这种文化目前仍在榆林市的广大农村传承，成为发展乡村旅游的文化灵魂。榆林市的大漠风光、黄土高坡、防沙治沙和治理水土流失、再造秀美山川的成果，传统的农业、手工业生产方式，都是乡村旅游的重要吸引物。榆林市乡村旅游目标客源市场的区域经济将保持持续、快速增长态势，其近程客源陕甘宁蒙晋接壤区是国内外罕见的能源矿产资源富集区，随着能源矿产资源开发步伐的加快，本区域经济增长势头十分迅猛，地方财政收入和城乡居民收入大幅增加。近几年榆林市制定了“科教引领，创新转型”的战略方针和建设中国经济强市、西部文化大市、塞上生态名市的战略目标，以“五围绕、五建设”为抓手，打造乡村旅游产品：围绕古堡、名镇、古民居等资源，建设观光度假型旅游名镇名村；围绕山水风光和田园生态，建设回归自然型生态休闲农庄；围绕果蔬采摘、春种、秋收等农事活动，建设农事农趣体验型特色农业观光园；围绕剪纸、木雕、石刻等民间手工艺展示和庙会等非物质文化遗产，建设购物观光及参与互动型民俗风情园；围绕特色餐饮、原生态食品，建设度假休闲型农家乐。随着政府的引导，榆林市乡村旅游投资、市场、效益逐渐呈链条式多元化发展特点。但是，榆林市作为全国矿产能源富集区，产业结构呈现第一产业弱、第二产业强、第三产业滞后的发展格局，虽然有稳定的客源市场，发展的后劲，但榆林市乡村旅游尚未得到应有的重视，从管理、政策制定、规划、产品开发、投入、营销宣传、人员培训、接待量等方面判定，其尚处于探索阶段。

本章小结

本章结合旅游地生命周期理论各阶段特征描述，构建了陕西省乡村旅游综合评价指标体系，并对其中的相关指标进行定性与定量分析。首先对陕西省乡村旅游的评价指标体系建立的原则进行了说明；其次对评价目标、内容及指标的筛选和赋值进行了研究；最后，建立了陕西省乡村旅游评价的因子分析模型并利用该模型，根据调查数据及指标量化规则，利用 SPSS 19.0 数据分析软件对数据进行处理。从陕西省十市一区乡村旅游游客的行为特征、社区居民影响感知、态度、供给系统、环境承载力、政府管理等方面进行定性、定量分析，并给予综合评价，对其生命周期阶段进行了研判。最后得出结论，认为西安市、宝鸡市、汉中市、安康市、商洛市、杨凌区处于旅游地生命周期发展阶段；咸阳市、渭南市、铜川市处于旅游地生命周期起步阶段；延安市、榆林市处于旅游地生命周期探索阶段。本章研究为后一章陕西省不同生命周期阶段乡村旅游目的地适应性管理方案构建奠定了坚实的基础。

第五章　陕西省不同生命周期阶段乡村旅游目的地适应性管理

第一节　问题诊断与方案设计

一、需求与供给因素

（一）乡村旅游地生命周期发展阶段地域

陕西省乡村旅游快速增长地区包括西安市、宝鸡市、汉中市、安康市、商洛市、杨凌区。这五市一区的乡村旅游发展已经步入旅游地生命周期的发展阶段，根据调研结果进行总结、分析、研究，对问题进行筛选、诊断，发现存在以下问题：①城市居民需求多，全面参与，游客增长幅度大，但产品单一，休闲度假产品少，不能满足游客需求。②乡村旅游发展时间虽然长，但是空间布局尚不完善，有待优化。③省会西安市是五市一区乡村旅游的主要客源地，居民需求旺盛，但是重复购买频率较低。④游客在乡村旅游目的地停留时间比较短。⑤游客人均旅游消费偏低，旅游购物消费力较差。⑥营销方式单一，口碑相传是获取信息的主要渠道。⑦进行旅游购买决策时重点考虑风景与环境、娱乐活动、交通、住宿等因素影响，但各项建设力度不均，基础设施差，缺乏强有力的保障。⑧服务质量较差。⑨政府管理虽然有所加强，但自身管理机构不健全，亟须完善。

针对以上问题，笔者结合适应性管理理论与实践经验，提出以下解决方案。

1. 针对城市居民需求多、客流量增长幅度大，但产品单薄、休闲度假产品少的适应性管理方案

在对城市居民的调研过程中发现，有60%以上的城市居民有去乡村旅游的意愿。这是一个庞大的数字，仅以西安市常住人口800多万人来算，就有400多万人有去乡村旅游的意愿，再以统计平均频次1.5次来计算，仅西安市就有600多万的出游人次，乡村旅游市场非常庞大。

随着中国旅游市场的变化，中国旅游业从原来的以入境旅游为主，已经发展成为国内旅游、出境旅游、入境旅游三大市场并举的形式。国内旅游、出境旅游

更是呈跳跃式的发展态势。在国内旅游中，短线游、“一日游”、近郊游、乡村游、自驾游成为主要方式。

随着游客的增多，游客需求的多样化，西安市乡村旅游产品仍旧在初级水平运行，产品单薄且同质化严重，休闲度假类产品少，供给越来越不能满足游客需要，供需矛盾凸显。结合适应性管理理论与实践，笔者提出以下解决方案：①依托各郊区县乡村的自然环境与人文历史文化环境，以农、林、牧、副、渔等生产资源和农村生活为吸引物，在对西安市现有乡村旅游资源充分利用和开发的基础上，使强势资源优先开发，建设生活体验、游览观光、休闲度假、民俗风情、特色农业和专题旅游六大旅游产品系列，应对需求的多样化。②结合西安市各郊区县乡村旅游的资源基础、旅游业发展现状和区位条件，侧重发展特色农家餐饮体验型、特色乡村民宿度假型、森林河谷游览型、观光农业示范园型、休闲渔场垂钓型、乡村民俗文化型、节庆和节事活动型等主导产品类型，以满足不同类型、不同需求的游客。

宝鸡市的乡村旅游业近些年一直呈持续上升趋势。由于距离西安较近，交通方便，乡村旅游主要客源地是西安市及本市。宝鸡市是全国休闲农业与乡村旅游示范区，乡村旅游产品主要以西府民俗为主，特色鲜明、吸引力强，但是也存在产品单一等问题，供需矛盾比较突出。就此，笔者提出以下解决方案：①将宝鸡市丰富的乡村自然旅游资源及独具特色的民风、民俗科学规划、合理布局，打造独具特色的关中西府民俗风情的乡村旅游品牌，逐步形成人文资源、自然风光和乡村生活三位一体的乡村旅游特色。②西府剪纸、刺绣、皮影、木版年画、古钱币等都散发着周秦文化的风韵，是古老中华文明的组成部分；枕头猪、泥塑马、泥塑羊形象逼真、惟妙惟肖，曾作为国家生肖邮票主图在国内外发行；社火、高跷、舞龙耍狮威风热火，漂洋过海参加多国民间艺术节；臊子面、鹿羔馍、马蹄酥、豆花泡可口清香、营养丰富，是中国饮食文化的重要组成部分；再加上五丈原、大散关、金台观等景点都在城郊附近，将其科学融合形成“西岐民俗园、关中风情园、金台观光园、西部兰花园、天台福鼎园和凤翔六营民艺村”为代表的“五园一村”乡村旅游产品，以满足乡村旅游游客的各种体验需求。③完善七彩凤县、凤鸣岐山、佛教扶风、雪域太白、神奇麟游、绿色千阳、草原陇县这些与众不同的县域旅游品牌，为宝鸡市发展“一县一景、一县一品、一县一特”的乡村旅游产品增添内容。

汉中距离西安虽然较远，但是其乡村旅游主要客源地是西安市和本市，还有一些来自四川、甘肃邻省的游客。由于游客来此旅游，路途较远，花费较大，更想得到极大的满足，以体现物有所值。汉中市乡村旅游产品要做到物有所值，应做到以下几点：①挖掘文化特色，提高品位。深入挖掘陕南地区的民俗风情、民俗文化、民间技艺等乡村旅游的本土核心文化资源，利用独具特色的陕南地方戏剧打造旅游线路，突出各个地方剧种的特点，让游客欣赏具有代表性的节目，学到一些精髓和出彩的技艺，做到游览、看戏、学唱等一体化的高端产品体验。②提炼汉中市最具特色的人文历史文化组合成为系列产品并提升档次，提高参与性，以满足旅游者对乡村文化的需求。将锣鼓、焰火、汉调二簧、汉调桄桄等具有鲜明民俗风情和浓郁地方特色的文化加入乡村旅游，让游客参与其中，提高乡村旅游的趣味性和参与性。③建成以“汉水、汉桂、汉山、汉调、汉风”为文化主题的休闲度假场所，以“观光、度假”为主要功能，以“观汉中远景，吃汉家饭菜，饮汉山泉水，唱汉山樵歌，听汉山松涛”为目标，把汉中市发展成“春观花、夏避暑、秋登高、冬赏雪”的最佳乡村旅游目的地。④在黎坪农家乐示范园区，以“巴山民俗风情，第一山水奇境”为依托，为游客提供“观光、避暑、探险、猎奇”等多种特色旅游服务。精心打造草堰酱肉、大河坎鲜鱼一条街及新集甲鱼山庄等知名品牌，建设茶叶、腊肉、橡子凉粉、藤编、蜂蜜、菜籽油等旅游商品超市。⑤满足游客用餐、体验、休闲、度假、购物的需求。汉中市西乡樱桃沟连片种植 12 300 亩樱桃，是我国第二大樱桃生产基地、国家级农业示范观光园，依托樱桃沟资源，按照国家 AAAA 级旅游景区标准设计樱桃沟旅游规划，制定集休闲、娱乐、度假于一体的高水平建设规划。城固县依托近 20 万亩无公害绿色橘柑基地，按照“生态游、休闲型”发展模式，精心设计各种旅游线路，包括登山、漂流、垂钓、荡舟、赏橘游园、品特色腊肉的“橘园一日游”等乡村旅游精品特色旅游线路，游人既能体验采摘丰收金橘的愉悦，也能体会吃农家饭、住农家院的惬意。

安康市乡村旅游发展受到汉中和商洛两市的挑战，因为区位的原因，乡村旅游产品与汉中、商洛两市有很多相同之处，但是汉中市乡村旅游发展相对成熟一些，有明确的定位，商洛市又有明显的区位优势，所以安康市在旅游产品开发方面一定要寻求差异化、特色化，这样才有竞争力，也可使远道而来花费较多的西安市及邻省游客满意。在产品开发方面，以本地自然人文历史文化为依托，将乡村性、参与性、休闲性、自然性放在首位，坚持“一村一品一游，一地一色一看”，打造精品。安康市虽然与汉中、商洛两市同处陕南，秦巴山岳景观相似，但是人文历史文化有别于两市。作为移民地区，安康市文化成分众多，人文历史厚重，有以女娲为代表的始祖文化，以紫阳真人为代表的道家文化，以鬼谷子为代表的谋略文化，以怀让大师等为代表的佛教文化，以旬阳城为特征的太极文化，以及乡村年代久远的古村镇建筑文化，包括牌坊、庙宇、残碑、四合院等。另外，安康市还有特色民间文艺，如瀛湖龙舟竞赛、紫阳民歌、旬阳龙灯、安康汉调二簧、汉阴秧歌、旱船、高跷、小场子、闹花灯等；还有当地的居住、服饰、饮食、礼仪民俗等。安康市因为地处山地，外来移民多，所以农耕文化很具特色，农具、耕作、农事活动也很有趣。把安康市特有的文化元素融入乡村旅游中，既可增加参与性、交流性和娱乐性，有利于增加休闲度假旅游产品的内涵，又有别于汉中市和商洛市的乡村旅游产品。

商洛距离西安很近，大约一个多小时的车程，是西安市市民非常喜欢的一个乡村旅游目的地。商洛市借助陕西省“人文陕西、山水秦岭”旅游口号，以“秦岭深处我的家”“西安的后花园”“西安第二生活区”“天然氧吧”为主题，着力打造生态旅游、乡村旅游等旅游产品，游客数量增长很快，但是大众化的观光旅游产品不能满足游客的需要，所以在乡村休闲旅游产品开发上要下功夫。商洛市地处秦岭南麓，历史悠久，文化底蕴深厚，由于特殊的地理位置和气候条件，形成了独具特色的南北自然生态景观带，美轮美奂的村寨矗立其中，与墨绿丛林、湛蓝河水、缤纷花朵、姹紫嫣红群山、色彩斑斓山鸟融合一起，灵动活泼，是观赏、休闲的好地方。另外，由于山地可利用的平地少，古镇小街、村庄庭院，错落有致，点缀在山脚下、小河边，构成游客游览、参与、体验的对象。商洛市有很多古村镇，这些独特的建筑风光具有很强的吸引力，既可观赏，又可体验，还可休闲，适于开发为乡村休闲旅游产品，使居住者、经营者、旅游者与自然、文化、环境和谐共生，娱心悦体，获得难忘的旅游经历和回忆。在产品开发中，融入当地的民俗活动、农事体验等，让游客不仅能看到古村镇居民的日常生活，而且可以做一次古镇人，达到旅游的最高体验效果。另外，还要挖掘商洛市民俗风情、民俗文化、民间技艺等乡村旅游的本土核心文化资源，把鼓花、道情及民间的山歌、号子等鲜明的商洛市民俗风情和浓郁的地方特色文化融入乡村旅游，提高趣味性和参与性，取得良好的休闲效果。

杨凌区在乡村旅游产品上，推出了一系列以观光农业为基础，以高新农业为依托，集观光、农业高新科技知识普及、田间劳动参与和农家乐休闲度假为一体的乡村旅游产品。这种产品以农业科技为主导，巧妙利用自然资源，开发特色农业产品，丰富乡村旅游内容，提高游客的旅游消费能力。在产品中融入教育和知识的氛围，寓教于乐，融知识性、趣味性、娱乐性、参与性为一体，使游客在游览的同时，获得充实的知识和美好的精神享受。但是在调研中发现，这种“大棚”的高科技观光农业，在满足人们猎奇、科普、学习等方面作用强大，但是缺少乡村旅游特有的“乡土味”，这也成为杨凌区乡村旅游的一个“软肋”。杨凌区在乡村旅游方面必须开发特色乡村民俗旅游，把乡村特有的文化或风俗补充到高新农业旅游休闲活动中。例如，可以实行客源分流机制：高科技农业种植园等在一定的时间段内将游客分流到附近的村镇，或者组织客源去村镇参观等，可适当收取一定的介绍费，互相推荐、共同致富，而且可以资源互补，满足不同需求。杨凌区地处关中腹地，具有独特的民俗文化和风土民情，如秦腔、农民画、剪纸、织布、面花、秸秆手工艺品，还有丰富的饮食文化、“关中八大怪”等。旅游地可利用乡村幽雅秀丽的景色、乡村文化、饮食和农副产品吸引旅游者，提供具有关中特色的民居和具有当地风味的各类小吃，使游客吃在农家，住在农家，观赏游览或随主人参加有兴趣的农事劳动，延长游客的逗留时间。

2. 针对空间布局尚不完善等有待优化问题的适应性管理方案

随着西安市城市规模的不断扩大，乡村旅游在空间布局上要以西安市城市居民便捷出行为目标，构建东西南北环城乡村旅游游憩带。布局环城乡村旅游游憩带空间时，可从资源分布着手，根据资源不同，布局不同的乡村旅游项目。从资源的地域分布上来看，西安市南部秦岭北坡一带自然环境优美，是西安市众多风景名胜区所在地，且融合了数量众多的乡村农家乐项目；东北部和西部以大面积的水域、滩涂、芦荡及渭河一级阶地为主要特色，融合了农业大田景观、特色农产品和民间手工艺，是农业、渔业生产景观及关中乡村民俗的集中展示区；南部的周至、蓝田、鄠邑区和长安区境内以环山旅游为主线，形成秦岭自然生态风光带，融合了不同规模、档次的农家乐和各种观光农园。近郊区即西安市绕城高速公路外围组成的环带状区域，城市化进展迅速，高科技、工厂化的农业生产发达，融合了大型生态农业庄园、生态餐厅、精品农产品栽培观光园。环山旅游路和近郊观光农业精品示范区之间的狭长区域是著名寺庙、道观所在地，佛教、道教文化是主要特色，融合了较为丰富的民间文化和民俗节庆活动。

宝鸡市乡村旅游空间布局不但需要从资源分布着手，而且需要根据距离西安的远近来布局，这是因为其乡村旅游客源地主要是西安市。宝鸡市作为全国休闲农业与乡村旅游示范区，在规划布局上应以建设国内一流乡村旅游目的地、集散地和彰显华夏文明历史文化基地为目标，实施“一县一景、一县一品、一县一特”的特色化旅游品牌发展战略，科学制定县区、景区乡村旅游规划，打造核心引领性乡村旅游景区和县域乡村旅游特色，高质量完成西府民俗村、中华鼓乐城、中华石鼓园等一批乡村旅游标志性工程。实现宝鸡市特有的民俗文化等传统文化与乡村旅游的融合、和谐互动。宝鸡市秦岭山区的凤县以“把全县当景区建设，把县城当酒店管理”为理念，在打造“水韵江南、七彩凤县”文化旅游品牌中起到了很好的示范带头作用。宝鸡市眉县应积极推进太白山旅游区乡村旅游发展，在项目、节庆规划上下功夫，塑造“魅力眉县”乡村旅游品牌。

汉中市要做好乡村旅游空间布局的科学规划，切实制定乡村旅游发展规划，明确近期和远期发展目标，尽量避免盲目和无序发展，坚持与区域范围内的社会发展总体规划、现代农业发展规划、城镇建设规划、新农村建设等有机结合，合理选点，科学布局，使之成为新农村建设和推进县域经济的重要内容。积极制定并利用规划、扶贫、环保、建设等专项支持政策，旅游、农业、规划等部门应加强协作，建立联动工作机制。县区要根据土地利用规划、村镇建设规划，按照因地制宜、合理布局、突出特色、协调发展的原则，编制休闲观光农业发展规划，发展一批“一村一品”“一户一物”的休闲观光农业项目特色村（点），形成区域特色明显、功能布局合理、内涵丰富的发展格局。汉中市各县区要根据本地的农业特色，结合地理特点、人文景观、资源优势，精心规划、合理布局，确定自己的产业特色。汉台区、南郑区应围绕中心城区和“一江两岸”景带，在中心城市周围，积极发展城郊田园风光类、特种养殖类休闲观光农业，要依托汉台花卉基地、褒河鲜鱼一条街及天台山、南湖、红寺湖、黎坪森林公园等旅游风景区，大力发展景点周围农家乐。城固县要继续在柑橘上下功夫，加大对橘园景区的投入力度，开发多种旅游产品和项目，丰富旅游内容。西乡县继续打造樱桃沟和茶园两张名片，做精品牌，扩大影响力。洋县要持续打造梨园品牌，在梨园面积、景区开发上下功夫，同时搞好华阳风景区建设。勉县要依托武侯祠、武侯墓两大知名旅游景点，围绕景点发展休闲乡村旅游。留坝县继续打造古栈道漂流、高山草甸旅游等休闲观光农业品牌。宁强县要依托羌州文化和青木川古镇，突出民俗风情类休闲观光农业。略阳县要依托嘉陵江纵贯县境，形成广阔水域和悠久历史文化的资源优势，开发以观光游憩、休闲度假为主，集水上娱乐、森林探险、农业观光、地貌欣赏、商务会议为一体的综合休闲乡村旅游区。镇巴县要发掘巴山民歌、陕南号子、汉中曲子、镇巴唢呐等秦巴风俗文化，形成产业。佛坪县继续开发山茱萸旅游项目。汉中市各地要在突出区位特色、依托资源发展休闲观光农业的同时，根据不断变化的消费需求，创新发展模式和项目，形成旅游新亮点。

2010年，以郭来喜为首的多位专家向国家有关部门递交了关于建立秦巴山地生态旅游省际合作试验区，并建议将其纳入国家主体功能区开发战略的倡议书。他们认为秦巴山地在中国乃至亚洲具有非常重要的生态战略地位，原因如下：首先，秦巴山地在世界生物多样性保护方面具有独特性，其自然地理环境的水平带谱和垂直带谱非常明显，复杂的自然环境使其成为我国生物多样性丰富的地域之一，许多珍稀生物聚居于此，在世界上也具有独特性；其次，秦巴山地是我国重要的水源涵养地，属于长江、黄河两大江河水系中游的水源涵养区，尤其是作为南水北调中线工程水源涵养地，担负着向京、津、豫、冀供水的重要使命，亦将成为华北新发展的生命线。为此，专家倡议以可持续发展和统筹区域发展的总体战略为基点，以秦岭和大巴山两大山系主脉为基础，构建跨省域的生态建设协作区，开展“秦巴山地生态旅游省际合作试验区”建设。他们指出应该强化本区域旅游合作保障机制，联合编制区域发展规划，加强省际交流互动；将“秦巴山地生态旅游省际合作区”作为国家主体功能区划的示范项目纳入“十二五规划”给予专项支持。借此机会，安康市应该高起点做好以“古城西安后花园，休闲度假好地方”为口号，以“一山（南宫山）、一湖（瀛湖）、一城”为品牌，以“秦巴风情、汉水神韵、金州美食、绿色安康”为主题的乡村旅游空间布局，打造巴山生态休闲游、汉水风情体验游、秦岭森林度假游等精品乡村旅游线路，形成瀛湖流水、平利长安、毛坝田园、岚河风情、紫阳茶山五大特色乡村旅游带，吸引西安市及周边省市的游客来此观光。

商洛市乡村旅游空间布局适宜采用点、线结合的方式。从商洛市乡村旅游的空间分布来看，旅游项目的线状分布有利于商洛市山地生态旅游资源与古镇旅游资源的整合，便于囊括更多的旅游元素，加深旅游者的旅游体验，也可以延长游客逗留时间，增加旅游收入。而点状分布的旅游项目则可以把商洛市较具特色的旅游景区凸显出来，以增强吸引力。另外，在这些乡村旅游项目中添加富有本地特色的大型民俗表演或开发饮食等专项旅游产品，会使游客流连忘返。

杨凌区发展乡村旅游业主要依靠高新农业产业园、大棚种植、养殖，以及崔西沟村等为数很少的农家乐村，在布局上以城区及周边为主。就此看来，该区还没有完全利用好周围的人文历史及民俗、乡土资源，有待进一步优化。杨凌区乡村旅游空间布局应该做好农业高科技游、特色民俗文化游、绿色食品品尝游、中国农耕文化展示观光游、科普休闲健身游五大乡村旅游板块，结合省级重点文物古邰国遗址，在渭河两岸开发布局后稷农耕文化主线，建设古邰国遗址公园和中国农业历史博物馆；在城边重点创建现代农业示范园区高等级景区，以杨凌农高会为中心，大力发展会展旅游经济，将乡村旅游与会展旅游相结合，为会展游客提供乡村住宿、乡村餐饮等；在渭河邻水地域、水上体育运动中心，布局一批乡村休闲、健身、品尝等旅游项目；农家乐经营户按照“一村一品”和“一家一艺”的发展思路，不断提升各种类型的“农家乐”经营项目的内涵与服务水平；对民俗民族特色村寨等乡村旅游产品体系中的精品，要进行保护性地挖掘；鼓励和肯定围绕当地特色资源和市场需求，积极探索多种类型的乡村旅游发展模式，保持乡村旅游发展的多样性。

3. 针对重复购买频率较低问题的适应性管理方案

西安市应增大地域内的产品种类供给，提高重游率。根据旅游资源的区位优势和特色分析，结合乡村旅游的特殊性和现有各区县主要乡村旅游目的地的分布，可将西安市 10 个郊区县划分为 5 个特色板块，即以山村野趣、秦岭探秘为主题的山岳民宿度假带，以一户一院一亩田为特色的关中风情体验带，以种植蔬菜、“农夫秀”为主要功能的沿渭河田园观光区，以综合娱乐加采摘的近郊精品旅游区和以宗教养生与体验为特色的古镇文化游览区。西安市民在不同时间段，可以参观、游览、体验不同的乡村旅游目的地。对于乡村旅游经营者而言，应实施差异化和目标集聚化的发展战略。首先，差异化的战略是指经营者通过提供差异化的产品或服务，在全行业范围内形成具有独特性的产品或服务。对大多数乡村旅游经营者而言，其所提供的旅游产品大同小异，大多是“白天吃农家饭，晚上搓麻将”，产品的差异化程度不高。因此，只能在服务方面采取差异化。乡村旅游产品服务主要包括交通、停车、经营户的服务态度、旅游产品的品牌形象与营销宣传等。目前，西安市周边乡村旅游目的地的服务质量、服务技能，以及服务人员对游客的态度与游客的要求还有一定差异，可提高的空间非常大，所以乡村旅游经营者可以通过提供差异化的服务产品获取游客的认可。其次，目标集聚化战略是乡村旅游经营者在选择特定顾客群或产业链上的细分市场或地区市场为目标市场的战略。乡村旅游经营者可根据自身的实际情况及优势，选择乡村旅游产业链中某一个环节进行重点突破，作为自己的目标集聚市场。

宝鸡市也应通过增加乡村旅游项目来解决重游率问题。要科学规划，突出产业特色，按照“一圈两带三区五园”的发展规划，围绕城市中心区，建设休闲农业圈，围绕渭北苹果、秦岭北麓猕猴桃产业带，沿西宝公路的北线、南线建设两个以观赏游览、体验农耕文化为主的休闲农业产业带。依托法门寺、周公庙、太白山、凤县羌族文化等人文自然景观，建设关中民俗风情休闲、太白消暑度假、凤县岭南羌族文化 3 个休闲农业示范区。依托凤翔泥塑、陇县关山草原、千阳万亩蚕桑基地、麟游九成宫镇、陕西苗木中心兰花基地，建设陇县关山生态休闲体验园、千阳丝绸文化体验园、凤翔六营民间工艺博览园、隋唐文化休闲农业示范园、西部兰花观光园五大休闲乡村旅游体验（观光）园。通过提供不同的产品来提高游客的重游率。

汉中市也可采用增加乡村旅游项目的方式来提高重游率，具体包括以下内容：①民俗文化类乡村旅游项目。汉台区民俗村、城固韩氏祠堂等古建筑、古民居文化游、镇巴苗寨风情游这一类的休闲乡村旅游项目，以农村风土人情、民俗文化为旅游休闲吸引物，能够充分体现农耕文化、乡土文化和民俗文化特色，开发农耕展示、民间技艺、时令民俗、民间歌舞等休闲活动，增加乡村旅游的文化内涵。②乡村生态风光类旅游项目。汉江两岸农业生产风光游，城固五门堰、汉台山河堰、七星湖农业水利工程观光游，城固万亩橘园、斗山高新农业园、西乡樱桃园、西乡茶园等农业观光游等，这一类的休闲观光农业项目可依托优美的乡野风景、舒适怡人的清新气候，结合周围的田园景观和民俗文化，兴建一些休闲、娱乐设施，为游客提供休憩、度假、娱乐、餐饮、健身等服务，满足游客体验农业、回归自然的心理需求。③特色种、养殖类乡村旅游项目。略阳杜仲林、留坝西洋参、佛坪山茱萸栽培基地，留坝、汉台、南郑大鲵养殖等特色种、养殖等都可以开发建设为农业观光园、农业科技生态园、农业产品展览馆、农业博览园和博物馆，满足游客了解农业历史、学习农业技术、增长农业知识的旅游需求。④休闲农家乐类乡村旅游项目。汉中市环城市休闲度假农家乐这一类休闲乡村旅游项目要整理发掘农家庭院、农业产品、自然景点，吸引和激发游客吃、住、行、游、购、娱等消费需求。⑤节庆活动类乡村旅游项目。城固柑橘旅游、橘子花节、西乡樱桃节、西乡茶文化节、佛坪山茱萸花节、洋县梨花节、南郑油菜花节，以节庆活动为平台和载体，提高汉中市休闲观光农业的知名度和美誉度。

安康市乡村旅游发展在吸引游客方面下功夫的同时，应增强游客的忠诚度、重游率，提高购买频次。要开发不同时段的乡村旅游产品，做到淡季不淡。首要问题是进行产品规划设计，确定旅游目的地主题，构建其形象体系，体现不同旅游地的特色，如香溪洞景区周边区域可结合景区道教文化主题进行项目设置和创新，汉调二簧文化广场周围区域可围绕汉调二簧的曲艺文化特征进行规划。通过突出不同旅游地主题的差异性，使其特色化发展。由于这些要素是物质与非物质、有形与无形的组合，所以提升其旅游功能必须深入挖掘要素的旅游价值，开发适合不同时段、不同市场的旅游产品，延伸其产业链，延长生命周期。在做好旺季工作的同时，也要做好淡季的工作。一方面进行价格等方面的优惠，吸引游客；另一方面也可以联合学校，使其发展成为青少年传统教育与科技教育基地，有力地配合学校教育教学，力求做到淡季不淡。

商洛市凭借“人文陕西、山水秦岭”的旅游口号，打造乡村旅游产品名牌，创造旅游品牌的重要价值，提高游客的重游率。对于商洛市旅游品牌的建设来讲，就是要在加快旅游配套基础设施建设的前提下，以人性化的服务体系建设为保障，注重细节，体现人文关怀，不断提高“秦岭最美是商洛”的知名度和美誉度，不断提升商洛市旅游品牌的内在价值，以超值的消费享受和便捷的消费方式增强消费者对该品牌的忠诚度，挖掘文化特色，提高参与性。另外，秦岭山脉丰富的动植物资源使商洛市一年四季季季不同，春季万物复苏，夏季山花烂漫，秋季果香四溢，冬季冰雪覆盖，可融观山、赏花、爬高、休闲、锻炼为一体，做好旅游观光、购物探奇、康体养生、异地乡村养老等特色服务，提高游客的重复购买率。

杨凌区最有吸引力的乡村旅游项目是高新农业，应利用特有的人才优势，发挥有区域特色的种植业、设施农业和高效养殖业优势。种植业应从设施农业着手，加强各类反季节蔬菜基地建设和特色农产品生产，如彩色白菜、彩色辣椒、彩色西红柿等，不仅色彩好看，而且营养丰富；以规模求发展，降低价格，扩大市场，让普通老百姓也能吃得起真正的“绿色”蔬菜。养殖业方面，应大力发展特种养殖，不仅可以带动当地养殖户的发展，而且可供游人参观，一举两得。新鲜、营养、健康的原生态动植物产品是人们生活的必需品，如果价格得当，人们购买的频率会增加，可以提升杨凌区乡村旅游的重游率和重复购买率。另外，杨凌区可以考虑根据农作物生产周期或产品销售特点，除举行高规格的农高会以外，尽可能发挥高新农业示范区的作用，经常性地举办包括农、林、牧等产品、机械等多层次、多产品的展销会，以吸引不同时段的游客，增加游客购买乡村旅游产品的频率。

4. 针对游客在旅游目的地停留时间比较短问题的适应性管理方案

西安市要在乡村旅游产品的娱乐性、参与性和趣味性上做足文章。根据国外乡村旅游的发展经验和对西安市乡村旅游者需求的问卷调查发现，乡村旅游者的旅游动机主要是以休闲度假、观赏田园风光和体验民俗为主。那么，乡村旅游产品就不能仅仅停留在“吃农家饭、看农家景、干农家活”，应开发特色性、趣味性、参与性的乡村旅游产品。例如，开发主题农庄、乡村主题博物馆、乡村民俗文化体验村落、乡村旅游俱乐部、具有商务度假功能的企业庄园、依托农业高新科技的现代化农庄等。这不仅能够丰富乡村旅游产品的类型、延长其生命周期，还能够满足游客多元化的旅游需求，延长游客停留的时间。西安市应从以下 5 个方面着手：①突出旅游景区的“乡村性”。②发展具有乡村性特色的乡村娱乐产品。③构筑乡土文化—娱乐休闲中心。④以“活化”的乡土民俗文化打造乡土文化—娱乐休闲产品。⑤以自然环境与景观强化乡村意象。例如，鄠邑区东韩村乡村旅游的核心吸引物是鄠邑区农民画，但是调查者在走访期间仅发现了一个画室，且仅仅是以展览为主，没有开发具有参与性的旅游活动，民俗文化挖掘不够。如果举办学习、鉴赏、购买、制作等一体性的活动，不但可以延长游客停留时间，也可丰富乡村旅游的文化内涵。

宝鸡市需要打造一批精品示范园区和旅游观光基地，各县区要进一步制定和完善休闲农业发展规划，项目规划内容要丰富，参与娱乐性强，能留住客人。要做到开发与保护、生态效益和经济效益、近期效益与远期效益相结合，因地制宜、合理布局、突出特色，要认真调查和分析当地地理特点、资源优势及周围环境等各项条件。例如，宝鸡市北郭村乡村旅游项目的设计，在增加内容及参与性上，制订科学、合理的周四水库开发利用方案，将其逐步地由单一的蓄水功能开发为综合型的观光渔场，开展垂钓等活动，既能为北郭村的乡村民俗旅游发展注入新的生机和活力，又可以延长游客的停留时间。在增加项目内容的同时要注重环境保护，如在北郭村附近周四水库的旅游开发中应特别注意环境保护，包括水体环境保护和周围土地环境保护，同时还应赋予乡村文化内涵，强调人与自然的和谐。

汉中市在乡村旅游产品的参与性与娱乐性方面要将陕南本地多元民俗文化融入乡村旅游产品。另外，乡村旅游服务要有人文关怀，如对于家庭旅游者而言，特别是带小孩的家庭旅游者，坐等吃饭显得十分无聊，大部分小孩在玩平时在学校玩的游戏或玩具，没有完全融入乡村旅游中。建议根据市场需求的不同，提供形式多样的娱乐活动，如为儿童“复活”传统游戏，提供捏泥人等泥塑活动，提供观看小动物（如蚕、蛐蛐、鱼、兔子等）的条件等，开发可以让父母与孩子一起玩的游戏；为女性游客提供养生和保健活动，为男性游客提供类似于拓展训练式的活动项目和场地等；开发成熟的果园、菜园、花圃，让游客入内摘果、摘菜、赏花，享受田园乐趣，同时提供优雅的家庭布局环境、整洁的家居和住宿，通过优美的自然风光和热情待客的主人，使游客能够感受如同到了第二个家，一家人能够在这里进行吃、住、玩、购、娱等各个环节的旅游活动；还可以增加晚上看明星，望亮月，找萤火虫做朋友等项目，这样游客会停留过夜，旅游时间得以延长。

结合安康市乡村旅游的发展实际，加强要素开发，通过利用秦巴山水的自然禀赋，修葺当地特色民居院落，深挖乡村社区风俗，展示乡村生活物品和场景等手段，在地脉、文脉的基础上，为市场提供具备“野趣”“土味儿”“天然”等特征的产品。通过旅游业、农业、加工业、手工业的联动发展，将旅游观光、乡村度假、订单生产、精细加工融为一体，形成完整的产业链，延长停留时间。利用现代大众乡村旅游不再只是风尘仆仆、遛弯、饱眼福的单一观光需求，创新乡村旅游活动样式。具体可从以下 4 个方面着手：①游客参与农事活动，在农民指导下，亲身体验扶犁耕田、挥锄播种、栽树种花、采菇摘果、下饵垂钓、采茶制茶和演习茶艺等，生成切身体验农耕文化的特有愉悦情感。②游客融入民间文艺活动，与当地人一起唱歌跳舞、品茶韵、吼山调、踩高跷、跑旱船、闹花灯、舞狮子、骑竹马等，强化旅游的交流功能和娱乐功能。③组织象征性的民俗游戏活动，让游客坐花轿、背媳妇等，身临其境地感受乡村民风民俗。④在完善管理制度的前提下，适应城市居民家庭休闲旅游的需要，开展一周以内的休闲旅游平台租赁服务，便于游客全家以行动主体的角色相对独立地进行农家生活体验。

商洛市与河南省和湖北省相邻，显示出不同的风土人情和别具一格的地域特色，可以将乡村生态、古镇、探险、爬山、中药种植等乡村旅游项目融合，延长游客的停留时间。商洛市古村镇体现了相邻三省不同的地域风格特色，经济价值较大。例如，白浪镇位于陕、豫、鄂三省交界处，文化独特；漫川古镇位于陕、鄂边界，具有真正的江南水乡古镇特色；王家庄地主庄园，是一座保存完好的庄园式古建筑，它们都可开辟成古镇乡村旅游目的地。商洛境内秦岭山脉中的秦楚古道是北周武帝时期在原有终南小道的基础上扩建而成的骡马古道，扩建后的秦楚古道又叫“义谷道”，是一条 3 米多宽的古长安通往安康、湖北的重要交通要道，现存有“花门楼”“耍钱场”等历史文化遗迹，山顶有万亩高山草甸、杜鹃花等高山植物。沿着古道遗迹，打造古道探险项目，也可延长游客的停留时间。另外，商洛市在打造“西安第二生活区”为目标的过程中，应增加“我在商洛有个家”“做一天古镇人”“做一天山野村夫”等生活项目，这样就能留得住游客。

杨凌区乡村旅游主打产品是高新农业科技园，占地面积小，游览时间短，这是杨凌区乡村旅游发展的重要问题之一。可将此类问题与附近村庄的乡村旅游紧密结合设计活动项目，如观光农园可让游客进入园内摘果、摘菜、赏花，尽情地享受田园乐趣，使旅游过程充满农耕韵味。另外，还应增加旅游项目的知识性，游客除了观赏、游乐外，还有求知、猎奇、考察研究的需要。建设教稼园、农耕历史博物馆，设立古代农业展区、传统农业展区、现代农业园区，对中小学生进行农业启蒙教育，既有乐趣，又有必要。休闲农场作为一种综合的休闲农业区，使游客不仅可以观光、采果、体验农作、了解农民生活、享受乡土情趣，而且可住宿、度假、游乐，以延长游客的逗留时间。

5. 针对游客人均旅游消费偏低和旅游购物消费力较差问题的适应性管理方案

西安市要增加有趣的乡村旅游项目、旅游内容，让游客乐意掏更多的钱购买，使游客觉得物有所值。在购物方面，不但要开发新品种，而且一定要有特色，还要有较高的历史文化内涵等附加值，这样游客才能满意。例如，西安市鄠邑区的农民画，特别有特色，但是在包装、携带、鉴赏等方面还需要加强。目前，西安市乡村旅游提供旅游商品的情况还不多见，其实乡村旅游餐饮商品并不局限在一日三餐上，还包括可以购买带走的具有地方风味特色的食品，如小吃、土特产、保健食品、药材、新鲜蔬菜水果等。调查中发现，旅游者对乡村旅游购物的满意度主要体现在这些原生态的简单商品上。另外，良好的乡村购物环境也可为游客提供感受乡土气息的机会。这说明游客对旅游商品的原生性和购物环境的乡村性有着较为浓厚的兴趣，因此这些土特产品一定要物美价廉，富有文化气息。

宝鸡市要加强乡村旅游产品与土特产品的融合发展，着力在延长旅游产业链上实现新突破。一是做好与农业的融合，大力发展“农家宾馆”，提高和丰富农业观光园的档次和内容，提升游客的购买力；二是做好与工业的融合，依托宝鸡市名优土特产品，加大旅游商品开发力度，打造具有浓郁西府民俗文化特色、民俗风情的旅游商品、纪念品，提高旅游购物消费水平；三是做好与文化的融合，深入挖掘历史文化内涵，打造一批具有宝鸡地方特色的文化旅游商品，提升旅游商品的文化内涵。

汉中市要着力挖掘整理当地的人文、生态、民俗资源，把民间文化活动和农事活动、健身活动、民间文艺等有机结合到休闲观光农业项目开发中，通过推出旅游上山下乡、市民小菜（果）园、假日做农夫、做农家饭、教你编织和使用农具等专题旅游活动，让游客亲身参与，亲身体验，增强互动性和趣味性，丰富乡村旅游的内涵。在旅游商品开发上，既不能一味追求高档次，又不能过分强调原汁原味，更不能低档次、低品位。另外，要强化整体包装和宣传推介。以汉中茶叶为例，要做好茶文化旅游节，汉中茶文化旅游属于新兴的生态休闲乡村旅游项目，是集茶园观光、茶艺、茶道、制茶工艺、民间饮茶习俗、茶歌舞、茶鉴赏、茶购买等为一体的休闲体验产品。茶文化旅游以其自然、清幽、淡泊、恬静的休闲方式，满足了人们愉悦身心、体验特色民俗风情、文化探源，进而获取人生感悟的需要，从而受到越来越多乡村旅游消费者的青睐。茶文化旅游是休闲农业与旅游业相结合的一种新兴旅游形式，发展汉中茶文化旅游，不但要整合乡村旅游与茶文化资源，而且要打造茶文化休闲旅游产品。茶叶产地地处乡村，生态环境良好，这就为茶园、茶场观光，茶文化与乡土文化等休闲资源的整合重组提供了条件，能够将茶文化旅游与农家乐等乡村生态休闲活动结合起来进行开发，达到资源互补，双向共赢。例如，汉中市南郑县罗帐岭茶园、西乡县万亩生态观光茶园、西乡县五里坝镇有机生态茶园等，终年云雾环绕，生态资源极佳，应充分依托当地天然绿色的茶园环境、田园风光和周边的农家风情，开发茶文化，打造依托乡村与生态景区的休闲型茶文化旅游产品，形成汉中市休闲旅游度假目的地知名品牌。培育茶产业龙头企业，构建完整的茶产业链。打造完整的茶产业链，即依托知名企业开展茶种植、茶加工、茶产品旅游，拉伸茶产品产业链，当茶形成一种复合型产业链的时候，发展茶休闲旅游可以提升整体开发水平，在产业链的任一环节都可适时开展有针对性的旅游活动项目。例如，根据茶产业链各阶段资源的特点，开展茶乡生态游、茶保健游、茶节庆游、茶民俗风情游、茶文化科普交流游等，提高游客的参与度，延长游客在旅游地的停留时间。加强“汉中仙毫”名茶品牌的旅游扩张效应、名茶品牌效应：一是茶休闲旅游的经济价值影响，市民和游客对茶文化的兴趣由饮茶品茗提升到观赏茶园、采摘茶叶、欣赏茶艺、购买茶叶、参与茶文化的各种活动；二是社会文化价值影响，通过名茶提升城市的茶文化氛围，为茶休闲旅游奠定重要的文化基础；三是无形资产价值的影响，名茶具有鲜明的产品和产业品牌效应，能为一个产品、一个企业、一个产业、一个城市带来可观的无形价值。实施全方位的名茶营销策略：汉中市政府应利用名茶的知名度推广茶休闲旅游；利用秦巴茶艺、汉茶茶礼等茶艺表演激活旅游；通过饮茶品茗、评议研讨名茶感受名茶风韵；举办茶文化旅游节等各种旅游活动，增强“汉中仙毫”的美誉度，进而培育消费者的忠诚度，提高茶休闲旅游产业的综合效益。首先，努力创造良好的经济效益，最大限度地激发本地居民和外来游客参与茶休闲旅游的积极性，保持和提升生态环境效益，营造更加环保的绿色茶园，使之成为当地生态环境教育基地；其次，创造广泛的社会效益，为当地市民和农民提供更多的就业机会，将茶农真正纳入茶休闲旅游开发的受益群体中，为游客带来原汁原味的茶文化旅游体验，提升城市品位和城市形象。

安康市的富硒资源是安康市特色农业产业中最具优势的农产品资源，已经开发了富硒茶、富硒矿泉水、秦巴硒菇、富硒饮品、富硒大米、富硒食用油（中国富硒菜油原产地品牌）、富硒魔芋制品、富硒保健品、紫阳县神云富硒茶等产品。安康市按照“一村一品”的发展思路，优化富硒特色农产品基地建设，培育一批特色明显、类型多样、竞争力强的专业村、专业乡镇，引导富硒特色农产品进一步向优势区集聚。将安康市乡村旅游发展、地域特色的文化艺术活动、绿色农业技术、绿色农产品加工技术有机结合起来，形成彼此良性互动的绿色农业产业价值体系，不但可以提高安康市富硒食品的市场竞争力，而且可以满足游客就近购买富硒产品的需求，提升游客的消费力。安康市与汉中、商洛两市相邻，茶叶也是其特有的物产之一。安康市的茶叶富含硒元素，对人的身体健康十分有益。另外，安康市还有一种特有的茶叶名为绞股蓝，对心脑血管疾病也很有益。安康市紫阳县，以茶为歌、以茶载舞、以茶咏诗、以茶传情。特别是茶歌，不仅是紫阳民歌的主打歌，也是紫阳茶文化的主轴。结合茶文化，建立茶山风情农家乐，在农家乐里开展品茶活动、采摘活动及参与加工过程等活动，不但能丰富游客生活，而且能提高茶叶的附加值。另外，安康市的蚕桑文化也很有名，兴蚕养桑具有2700余年的发展历史，在桑的种植，蚕的养殖，缫丝织绸的生产、加工、贸易等蚕丝产业链中，积淀了丰富的蚕桑文化。创新地将蚕桑文化融入乡村旅游开发，既可以提升安康市乡村旅游的文化内涵，又可以通过开发乡村旅游产品使蚕桑文化得以传播与继承。可以开发“蚕桑休闲农场”“蚕家乐”等特色旅游，让游客特别是中小学生参与采摘桑叶，亲身喂蚕，并配以特色小盒装上桑叶出售蚕子，还可以制作、出售丝茧工艺品。安康市保留了旧时手工业作坊，如磨坊、油坊、染坊、纸厂、烧坊、醋坊、窑场等，可以生产原生态的健康产品，作为旅游商品出售给游客。安康市地方特色民俗旅游商品也深受游客喜爱，包括汉剧脸谱面具、剪纸、挑花绣、皮影、根雕、棕叶扇、岚皋藤编、紫阳石版雕画等特色纪念品，既能丰富游客乡村旅游的内容，也可为当地社区居民带来可观的经济收入。

商洛市盛产药材与茶叶，还有其他山货，在游客旅游消费、旅游购物方面，应做精“茶文化游”和“药材摇篮游”等项目。商洛市的“商南泉茗”等在国内茶叶市场上有一定知名度。在旅游产品设计中可以整合茶叶资源，开发有关茶文化、茶艺等精品线路，同时宣传茶叶产品，一举两得。建茶园农家乐，培训专门人员，带游客进茶园参观，为游客讲解商洛茶叶的特色，教游客如何采茶、品茶，参观茶叶的制作。游客还可以在专业人员的指导下自己采茶、制茶，购买自己制作的茶叶。这样游客不但可以了解更多的茶叶知识和制作过程，而且买得开心和放心。商洛市还可着力打造“南北分水岭药材基地精品旅游线路”品牌，选择在相同季节具有代表意义的若干种野生中药材资源产品，推出季节性线路，让游客体验药材的种植、培育、挑选、加工等全过程。同时可以将中药材进行精品包装，作为旅游纪念品出售。在旅游淡季，还可以开辟中药材知识讲座等作为补充。济世养生的中药文化是商洛市内涵丰富养生文化的重要组成部分，药王堂遗址至今保存完好。商洛市可通过政府引导，成立专门的中药文化组织，梳理中药文化并整理成册，以供游客阅读，迎合现代人对身体健康的追求。加工药膳满足游客的需求，这样还可以提升药材的价值。

杨凌区是一个“农科城”，发展农产品加工具有得天独厚的资源优势和技术优势，应该多开发名优产品。目前已有圣桑、野刺梨、伊妹儿等品牌饮品，但知名度远远不够，影响力还没有走出陕西省。应加大这方面的投资和宣传力度。在种植、加工生产环节，增加观赏性、知识性和参与性，提高旅游品位和档次，增加购物乐趣。随着乡村旅游的单一观光旅游向集观光、度假、休闲游憩及其他参与性的旅游活动于一体的发展阶段的转变，对杨凌区进行乡村旅游开发时，应顺应市场需求，走高新农业、民俗旅游、艺术农业等相结合之路。趣味性、观赏性可以依靠艺术农业来完成，将艺术农业纳入乡村旅游业的发展规划，可走“艺术农业一日游”的旅游路线。艺术农业科技含量高，耐看，实用，收藏价值、经济价值高，可提高杨凌区乡村旅游的技术含量，提高游客的购物欲望和消费能力。杨凌区乡村旅游产品不仅包括农业园区自产、自销的绿色产品，还包括其他外产高科技农产品。乡村旅游从业者应灵活经营，采用季节差价与人数差值，做到淡旺季实行不同价位。例如，因季节价格上下浮动，根据实际情况制定一个最低价，所有农户遵守，保持最低价，不打价格战，防止降价恶性竞争情况的发生。

6. 针对口碑相传是获取信息的主要渠道问题的适应性管理方案

作为一个国际化大都市，西安市应具有良好的环城游憩空间，这个空间就是环西安市的乡村旅游发展目的地。在这个空间初步形成以后，应加大对其营销宣传工作。西安市的乡村旅游宣传应改变传统的口碑宣传和名片宣传方式，在对本地乡村旅游产品进行市场细分的基础上，确定本地乡村旅游产品的特色和市场营销的主体；通过开设专题宣传节目和栏目、旅游线路推介会、举办如“金秋采摘节”“沐浴节”“农家乐推介会”等宣传促销手段对乡村旅游景区（点）进行宣传，扩大其在旅游市场上的影响力和品牌的知名度；主动与相关企业（如旅行社）和其他乡村旅游景区进行合作并形成战略同盟，在原有精品旅游线路的基础上，开发主题鲜明、特色明显的乡村旅游线路，并向全国旅游市场推介；与其他餐饮企业合作，在传统关中农家饭的基础上，开发具有“养生”“绿色”功能的农家菜谱。媒体是把乡村旅游目的地与客源地联结在一起的桥梁，通过媒体子系统，双方能够直接进行旅游供求信息交流。因此，西安市各区（县）乡村旅游目的地的政府或企业可以与中国旅行社、中国青年旅行社、中国海外旅行社及其他旅游企业合作，打破行政区域界限，建立信息互动平台，旅游企业互送客源，采取联合优惠措施，设立绿色通道等。这样既节约大量的营销成本，又有利于客源市场的共同培育，对乡村旅游地区树立特色旅游品牌很有帮助。另外，还可以针对某一群体（如西安市的大学生群体）进行营销。西安市高校云集，学生约有 120 多万人，这是一个非常庞大的群体，具有广阔的旅游客源市场开发空间。大学生虽然是低消费群体，但是正好符合乡村旅游的消费水平。大学生有充足的闲暇时间，出于人际交流、探险、朋友聚会、毕业离别等多种需求，一年四季，尤其是初春、仲秋时节的周末，会有很多大学生组织郊游。他们对乡村旅游“短平快廉”的旅游项目特别感兴趣，所以加大对大学生的营销也是非常重要的。营销方式可以采用网络推销、微信营销、张贴宣传单，也可以在学校发展代理商，或者和团委、学生会联系。

旅游信息中心是向旅游者提供信息的一个有效渠道，应在西安市发展乡村旅游的各个村镇建立旅游信息中心，由专门人员解答游客的问询，免费提供城乡导游图和关于旅游景点、文化娱乐、购物、交通、住宿、餐饮、重大活动等服务信息的小册子，或者提供旅游活动和信息的报刊栏。这样的旅游信息中心在促销、方便游人、提高旅游目的地声誉方面会发挥更大的作用。

目前，西安市乡村旅游农家乐专题网站并不多。因此，建议政府出资，由西安市旅游发展委员会负责建设西安市农家乐门户旅游网站，或者选择比较有影响的网站作为西安市农家乐门户网站进行援建，使该网站成为西安市农家乐官方权威网站，为乡村旅游经营户免费发布旅游信息，为旅游者建立获取乡村旅游信息的可靠渠道和投诉平台，维护乡村旅游供需双方的共同利益。同时，加大宣传，提高网站的知名度和公信度，注重信息化管理，加大市场营销力度。

宝鸡距离西安等主要客源地较远，但是其乡村旅游产品的本质特点是乡村性突出，非常有特色，具有很强的吸引力，除北郭村的乡村旅游名气比较大以外，其他地域长期以来处在“深闺人未知”的境况，所以应在市场营销上下功夫。宝鸡作为陕西省第二大城市、关中—天水经济区副中心城市，应形成配套的环城游憩带。宝鸡市乡村旅游正是这个功能的承建者，是宝鸡市市民节假日城市环游憩带的重要组成部分，也是宝鸡市一张靓丽的名片，因此宝鸡市市政府必须重视并启动乡村旅游形象营销工作。另外，宝鸡市应注重信息化管理和网络营销，建立完善的预订系统，为游客提供自助式的方便快捷服务，如提供信息咨询，安排行程，提供超前服务。重视品牌塑造，推崇口碑的力量，重视对乡村旅游经营者的营销业务培训。建议政府从发展乡村旅游、加快社会主义新农村建设的角度，将乡村旅游市场营销纳入城市旅游营销工作中。在加强网络营销的力度方面，宝鸡市可以在自己的旅游发展委员会官网上做营销，包括网络查询、网络预订、网络交流等，还可以考虑微博、微信、QQ群等互动营销模式。

汉中距离西安更远一些，汉中市的乡村旅游资源、乡村旅游目的地地处偏远的小山村，所以加强市场营销更为重要。汉中市乡村旅游客源地比较广泛，既有省内的，又有毗邻省份的，所以营销应着力在拓展客源市场上实现新突破。策划举办好每年一次的“中国最美油菜花海”、汉中旅游文化节，以节造势、聚集人气、扩大影响，提升“中国最美油菜花海”，“秦巴天府、水韵汉中”品牌。同时，通过主流媒体、网络、会展、影视作品、名人效应等多种形式，瞄准重点客源地，有针对性地开展促销活动，实现宣传的整体效应和放大效应，扩大汉中市旅游的知名度和影响力。另外，应加强网络营销的力度，如借助2014年开启中国智慧旅游年的大好时机，将导航系统和乡村旅游目的地、露营旅游相互结合，让自驾游者、徒步旅游者、自行车旅游者能顺利找到目的地。

安康市乡村旅游宣传可以采用以下办法：①奖励组团来安康市旅游的旅行社。安康距离主要客源地西安市比较远，可通过旅行社带动旅游景点周围乡村旅游发展。②政府主导旅游形象营销，抓住旅游黄金周、各类节庆活动的有利时机，利用各种形式宣传安康市的乡村旅游。同时，争取在国家和省级报纸、电台、电视台的有关栏目上推介安康市的乡村旅游。③网络营销也很重要。网络营销不但投资少，且不受时空、地域限制。因此，一方面要发挥官方网站作用，搭建网络营销平台，使之成为游客全面了解安康市乡村旅游的窗口；另一方面，应发挥草根网民的作用。政府可以鼓励机关事业单位职工，甚至出资组织大中专学生在互联网上大量发帖，发表自己的农家乐游记，分享优美的农家乐风景图片，以增加安康市乡村旅游的人气，吸引更多的乡村旅游游客。④加强文化促销，继续举办汉阴油菜花节，举办具有安康市特色的森林艺术摄影、农事采摘、大型文艺演出等辅助活动，用社会化的文体赛事活动推进农家乐的发展。

商洛市乡村旅游持续快速发展与其强有力的市场营销有很大的关系。但就商洛市乡村旅游发展来说，可以采取有别于商洛市其他名胜古迹的营销方法。面对以西安市客源为主的现实情况，商洛市应借助陕西省省级或者西安市市级电台，以及《华商报》《三秦都市报》《西安晚报》等多家报刊，争取电视上天天有影、广播中天天有声、报刊上天天有名，打造知名度，吸引众多游客。虽然商洛距离西安较近，但是山地多，乡村旅游目的地所在的村庄比较闭塞，而利用网络宣传，将旅游目的地与导航系统等结合起来，有利于游客的进入。另外，还可以与华商网、古城热线等网站建立良好的合作关系，建设商洛市乡村旅游官方网站，充实游客关心的吃、住、行、游、购、娱等方面的内容，丰富网站的内容，搭建乡村旅游目的地与各地游客的沟通桥梁。

杨凌区的许多大型高新农业科技园实力雄厚，科技化、产业化、信息化程度高，宣传方式比较多。但是，笔者在距杨凌区城市中心 3 公里的崔西沟民俗村调研时发现，崔西沟的乡村旅游主要依靠亲朋好友的口碑宣传，通过报纸杂志与电视广告宣传的农户不足 20%，借助旅行社宣传的有几户，选择网络宣传的仅有 1 户。总之，农户自主宣传意识非常薄弱，本村乡村旅游协会也没有进行任何宣传。就此情况，宣传营销成为其发展的第一要素。一方面，要抓住各类节庆活动，尤其是一年一度“农高会”的有利时机，利用各种形式宣传崔西沟村的乡村旅游，在省市媒体及杨凌区区属的各种宣传媒体上加大宣传力度，同时还可在相关电台、电视台有关栏目中做宣传。另一方面，杨凌区乡村旅游要突出“高新农业、种植业、养殖业”概念，加强形象宣传，突出高新农业技术的主题，突出中国农业的发祥地、农耕历史展示地的主题，宣传在农业技术和科技人才等方面具有的优势状况，吸引游客前来体验高新农业技术为农业带来的改变。

7. 针对各项建设力度不均，缺乏强有力的保障问题的适应性管理方案

西安市乡村旅游虽然经过 20 余年的发展，基础设施建设投入巨大且基本完善，但是在调研中发现，游客仍然感觉出行不便，尤其是利用公共交通系统出行不便。从建设国际化大都市和国际一流旅游目的地的标准出发，扩展西安市公交系统势在必行，这样也可以有效地降低乡村旅游交通成本。这就要求西安市未来在城市道路规划和建设中要密切关注乡村旅游发展需要。基于此，政府相关部门应在原有的 5 条旅游巴士线路和 2 条环山旅游线路的基础上，增加乡村旅游公交线路的站点和班次，在乡村旅游景区（点）集聚区域设置站点，实现旅游公交车和村村通公交车，以及郊县长途车的零距离对接，可以让乡村旅游游客直接抵达乡村旅游目的地。这样既能够增加西安市旅游公交线路的辐射范围，又能提高市区到主要乡村旅游集聚区域的便捷程度。对于自驾游游客，通过一些举措，如推行环山路过路费减免制度，降低旅游者从客源城市市区到乡村旅游目的地的交通成本，吸引更多的城市居民参与乡村旅游活动。其他基础设施包括：村庄规划时必须有上下水管道的设计，最好规划有污水处理系统、停车场、垃圾掩埋处理场；在一些主要路段设立较为明显的路线图、路标、指示牌等。

宝鸡距离西安较远，根据调研得知，宝鸡市乡村旅游的出行方式大多数是自驾游，所以针对自驾游的基础设施建设更为重要。目前宝鸡市乡村旅游仍旧以红灯笼或者彩条等为标识招徕游客。红灯笼、彩条布在某些时段很耀眼，但是其大小有限，有时候在白天，在一定距离外，路人较难看清楚，起不到应有的标识作用。宝鸡市有关部门应统一制定乡村旅游标识系统，一方面可以利用标识系统吸引和组织客源，另一面可以提高对乡村旅游的认知度，还可以增加乡村旅游的氛围。笔者看到，在西宝高速公路及西宝公路南线、西宝公路中线、西宝公路北线等道路交通系统上，宝鸡市著名旅游景区法门寺、五丈原、太白山等都有明显的标识，而乡村旅游目的地的标识很少。所以在道路标识方面，乡村旅游目的地应与旅游景区的标识一样，纳入各级、各类道路标识系统中，在乡村旅游集中经营地区的路边及其附近路标中加入乡村旅游标志，便于自驾游者及早发现目标进行选择。在特色村镇内也应设立内部标识系统，按照一定顺序将经营户进行编号，以便游客能够对自己满意的乡村旅游目的地进行口头宣传，或者为重游奠定基础，以提高顾客的重游率。

汉中距离西安更远一些，由于山地比较多，有些乡村旅游目的地基础设施比较薄弱，建设更艰难，需要的资金更多。这样就必须通过多渠道融资来完善乡村旅游目的地的基础设施，加大乡村内外部道路交通、水电通信、环境卫生设施的资金投入力度。道路交通设施是乡村旅游发展的基础条件，交通对于乡村旅游目

的地吸引旅游至关重要。一般游客希望在保障安全的前提下花最短的交通时间来游玩更多的景观，所以要求乡村旅游目的地对外交通要快捷和舒适，以缩短旅途时间，将提高舒适安全度纳入建设目标。为了达到这一要求，汉中市必须在乡村旅游目的地建设较高等级公路，修正路况，提高安全性。另外，现在人们对外联络频繁，离不开手机，而在山区，通信信号差是一大问题。通信条件的便捷和通畅是乡村旅游地与旅游客源地及旅游者相互了解的保证，也是智慧旅游的基本要求。现在用手机导航系统寻找乡村旅游目的地的自驾游者越来越多，信号差可能导致目的地难以找到，所以通信设施已成为乡村旅游发展必不可少的部分。汉中市必须加强通信设施建设的力度。水电方面的基础设施建设也尤为重要。在调研过程中发现，汉中市花果村乡村旅游经营者提出最多的问题就是电力不足，电量不够用。水电基础设施建设包括乡村旅游地的供、排水设施和供电设施，这是乡村旅游发展必备的物质基础，也是当地居民及旅游者的生活保障。完善乡村旅游基础设施建设、扩展公交系统、方便市民出行主要表现在两个方面：一是完善乡村内部基础设施建设，如停车场、村内公路、污水排放设施、垃圾处理设施、通信设施等基础生活设施城市化、配套设施现代化；二是如果条件许可，经营户可户户通网线。另外，经营社区还应配有卫生服务中心等。

安康市属于经济欠发达地区，在旅游方面的投入有限，旅游环境还待优化，但是安康市是优质水源地，乡村旅游中的环境保护尤其重要。安康市的一些发展很好的乡村旅游目的地（如南宫山、神河源附近的农家乐），由于过于偏远、交通不便、缺乏信息、内部市场难以发育等原因而没有市场。另外，安康市旅游目的地的吃、住、行等方面的旅游资源还没有得到合理的整合，也还存在服务设施欠佳的问题，大多数旅游目的地还不能很好地为顾客提供全面的服务，且忽视售后服务。这些问题导致游客旅游成本增加、满意度下降，游客流失严重。安康市农村道路质量差，等级低，养护不到位，通达度不够，线性较差，坡度陡，建设标准不高，路面质量差，破损严重，多为混凝土或沙石路面，遇到夏秋季的雨水天气，山地公路的山体滑坡现象比较严重，致使许多乡村公路被破坏。还有很多路面宽度不够，行车困难。再者，乡村之间的公路，乡村公路与干线公路、高速公路之间尚未完全畅通，仍有许多乡村公路是断头路、泥巴路，安全隐患严重，行车危险性大。这些都是制约安康市乡村旅游发展的重要的因素，所以加强安康市交通基础设施建设非常重要。在乡村旅游目的地规划时，应注重连接好潜在的乡村旅游目的地，加快接通断头路，合理布局，尽量避免弯道路线，建立完善的交通网，加强乡村公路的管理，完善乡村公路的养护体制。同时加强村庄给排水、电力、电信等基础设施建设，以及医疗、文化等公共服务设施建设力度，村内水电供应要正常，公厕、通信、停车、购物和医疗服务等设施要与现代旅游业发展相适应。道路要硬化，主干道铺设水泥路面，休闲散步小路铺设石子路面。室内要有自来水洗手间、降温与取暖设施、电视等，并做好村庄环境卫生综合整治工作。总之，要按照“环境生态化、居住城市化、服务标准化、风味乡土化”标准建设乡村旅游目的地。笔者在安康市县河村调研时发现，经营户门口有厕所——旱厕，厕所连着猪圈，极不卫生。因此，建议安康市发展乡村旅游的村落，应改变传统养殖模式，实行家禽、家畜圈养或集中养殖，养殖与人居环境分离，采取现代养殖模式，科学养殖技术，改善畜禽卫生条件，将畜禽养殖对环境与空气的影响降到最低程度；建立生产、生活垃圾集中回收处理制度，或者深坑掩埋或送垃圾处理场处理；实行地下管道排污，修建化粪池，封闭管理，或者用作有机肥料，或者建沼气池以实现能源的综合利用。清洁的环境、祥和的氛围，游客一定会来得安心、游得舒心、住得安心、吃得放心。

随着旅游业快速发展，商洛市基础设施大为改观，但是相比之下，配套基础设施仍然比较滞后。虽然近期商洛市外部环境发生了巨大改变，但旅游景区景点的基础设施却没有太大改善。例如，自 20 世纪 80 年代中期以来，木王国家森林公园就开始进行了大规模开发，目前，从镇安县城到景区来回需要 5 个小时左右的车程，而且路况较差，许多景点的服务条件无法满足旅游者的需求，厕所、便利店、餐饮、娱乐等方面的建设亟待改善。商洛市旅游与交通部门应根据游客的需求，把一些知名的乡村旅游地与景区（如牛背梁、姜家沟、溶洞、凤凰、秦楚古道、竹林清音等景点）及产品连线或者打包，制作完整的标识系统，为旅游团队与散客提供清晰、便捷、畅通的交通条件，让游客随时随地享受超值的服务。

杨凌区面积虽小，但是行政级别很高，各种基础设施建设规格很高，基础设施非常完善；通往西安、咸阳、宝鸡等地的各种级别的公路、铁路种类齐全，来往非常便捷。另外，为了接待每年一度的“农高会”，杨凌区兴建了多家星级酒店。崔西沟民俗村内建造的家庭旅馆设施级别也比较高，杨凌区基本上可以满足游客的需要。但是，前往附近农家乐的公交系统尚不完备。在调研中有崔西沟村村民向笔者反映，原来有一条公交线路从市内通达村内，但是淡季游客比较少，公交公司入不敷出，导致线路停运，给这个村的乡村旅游业带来极大的影响。建设有关政府部门协调解决这一问题，本村农家乐协会也可就此问题进行商讨，制订解决方案。

8. 针对服务质量不高、技能差问题的适应性管理方案

西安市制定了相关地方性法规，建立并完善乡村旅游服务标准，从政策层面进行管理；为乡村旅游从业人员的服务提出了具体要求，如体检合格、统一着装、餐饮卫生检验检疫合格、服务人员的服务操作流程化等，为政府进行综合评估星级服务标准时提供依据。加强乡村旅游教育培训体系建设，加强行业协会在教育服务培训方面的作用，针对乡村旅游服务的特点和要求，定期组织开展以烹饪技

术、餐饮和住宿服务等为主的旅游服务技能知识、休闲旅游管理知识、风土人情知识和食品安全意识等为重点的业务知识和技能培训。还可以与西安市一些院校的旅游专业合作，采取订单式培养模式，专门培养乡村旅游管理人员和导游服务人员。通过多种培训形式，提高从业人员的素质和服务质量。

宝鸡市根据《全国乡村旅游发展纲要（2009—2015 年）》的要求和陕西省旅游发展委员会农家乐星级评定标准等要求，对 4 类人才，即乡村旅游经营户、乡村旅游带头人、传统技艺传承人和乡村旅游干部进行重点培训，培养了一批高素质的乡村旅游实用人才队伍。这种培训可将重心放在乡村旅游目的地所在村镇，另外还要对乡村旅游发展地区重点乡镇党政领导进行培训，培训内容包括：贯彻落实国家相关政策，如何管理、支持乡村旅游，乡村旅游项目开发、管理、促销、投诉处理等专业知识。在培训过程中，对一线从业人员不但要提供理论、专业方面的学习，而且要组织考察交流，提升实践操作技能。培训重点是提高从业者在经营服务、食品卫生安全、接待礼仪、餐饮和客房服务、乡土文化讲解等方面的素养。培训模式可采取政府主导的模式，旅游、农业相关机构通过培训班、送教上门、一对一帮扶等方式，请专家或从业者为经营户讲解国际、国内发展乡村旅游的先进经验，开阔眼界，提高经营者的素质和服务技能。宝鸡市乡村旅游特别是北郭村乡村旅游发展得早，村级自治组织协会也成立得比较早，所以培训也可以采用“旅游协会+农户”的模式进行。

汉中市乡村旅游目的地比较分散，有些距离市区非常远。例如，荣获第五批“中国历史文化名镇”的青木川镇距离汉中 190 公里，位于宁强县西北（距县城 136 公里），地处陕、甘、川三省交界处，枕陇襟蜀，素有“一脚踏三省”之誉，是陕西省最西边的一个乡镇。汉中市应强化行业监管，着力在提升服务质量上实现新突破，不断提升游客满意度，使游客感觉到家一样的温暖，实现物有所值。汉中市还应进一步完善旅游公共服务体系，做好教育培训，建设一支高素质的乡村旅游管理与从业人员队伍，使从业人员在数量、质量和结构上都能适应汉中市乡村旅游业快速发展的需要。

安康市是一座移民城市，有着多种方言。笔者在安康市县河村农家乐调研时和农家乐经营户于姓人员交流非常困难，因为她不会说也听不懂普通话，连自己的名字也不会写。不会讲普通话的经营者有很多，他们在与游客的交流上存在障碍，从而影响正常经营。许多社区居民，由于小农经济意识强，难以适应从“农民”角色到“经营者”角色的思想转变，不能从经营者的角度思考旅游问题，不适应游客的生活习惯，不适应比较嘈杂的氛围等，给乡村旅游发展带来了阻碍。针对这些问题，安康市应该做好乡村旅游实用人才培训工作，如安康市正在实施为被培训者颁发“乡村旅游服务员专业训练合格证”的工作，以及同时申请相关部门核发相应职业资格证书等工作。在培训方面应做好普及工作，做好经营业主及其他管理服务人员的管理能力、业务水平、操作技能的培训。可采取集中培训与分散教学相结合的方式，送教下乡，进村入户，利用农民空闲时间进行培训，并分为传统面授和现代远程方式进行。另外，可充分借助当地相关教育资源，如安康学院、安康职业技术学院等高校的专业优势，对乡村旅游管理者和经营者从产品开发、品牌建设、市场营销、个性化服务等方面进行培训，提高其经营管理能力。教育和引导本村及周边未升学的初高中毕业生留在旅游目的地村工作，更要扶持本村的大中专毕业生和在外务工的村民回村创业，通过培训和实践训练，提高他们参与生态旅游经营与服务的能力，形成本地化的旅游专业团队。这样既有本村更多参与旅游收益分配之利，又能有效改善村域人力资本结构，奠定旅游目的地村旅游长远发展的基础。旅游目的地村村民素质的提高，必然带来生态效益、社会效益、经济效益的良好连锁反应，促进安康市乡村旅游良性发展。

近几年商洛市乡村旅游服务质量、技能提高得很快，这是当地政府部门把标准体系的建立和应用作为提升城市品牌的科学方法的结果。截至 2012 年年末，商洛市出台 27 项标准，推动省级旅游服务标准化试点城市建设，打造“秦岭最美是商洛”城市品牌。商洛市既是我国重要生态屏障——秦岭的重要组成部分，又是国家“南水北调”中线工程的重要水源涵养地。鉴于此，政府明确提出保护生态环境，建设生态文明城是商洛市坚持生态立市的战略举措和终极目标。开展旅游服务标准化建设工作，可以全面提升旅游服务行业在服务质量、管理、信誉、品牌、理念等方面的“软实力”，促进旅游服务业转型升级和全面健康发展。这对扩大“秦岭最美是商洛”品牌影响力，促进全市经济社会率先突破发展具有十分重要的意义。2011 年 4 月，商洛市被陕西省质监局、省发展和改革委员会和原省旅游局确定为全省首家省级旅游服务标准化试点城市。按照“政府主导，部门联动，试点带动，企业负责”的工作思路，政府发挥牵头、组织、协调作用，先后 3 次组织召开联席工作会、旅游服务标准培训会，制定了《商洛市省级旅游服务标准化试点城市建设工作实施方案》和《商洛市旅游服务标准化试点项目评价表》。依照“以示范单位为龙头，以试点示范带动”的原则，通过各相关单位积极参与、主动申报，经实地走访、筛选研究，相关部门和专家评审，确定涉及旅游景区、酒店管理和餐饮、汽车运输和汽车租赁、购物中心、娱乐中心、村委会等 17 家经营单位或基层组织为商洛市旅游服务标准化试点首批单位，同时制定了落实各项工作任务的进度时间表。与此同时，强化人才管理，提高经营水平，使乡村旅游有序发展，加强对从业人员的教育，强化旅游服务意识，提高服务人员的整体素质。在进行素质培训的同时，加强对旅游业知识的培训，使村民认识到他们是乡村旅游最大的受益者，使村民努力提高环保意识、强化服务意识、提高整体的接待水平。在乡村旅游人才教育培训方面，可采取多种形式培养各种层次的旅游人才。商洛距离西安较近，可以通过西安市大专院校开展人才培养工作，有计划、有步骤地提高乡村旅游人才素质。例如，联合院校，做院校实践教学基地，减少企业培训成本；举办各种学术、行业交流活动，通过论坛、讲座等形式，促进乡村旅游从业人员与国内外专业人员的交流。

在对杨凌区乡村旅游经营人员文化水平的调研中发现，高新农业科技园、养殖园、种植园区，除管理人员及技术人员持有高学历以外，直接和游客接触的员工文化水平比较低，技能水平低，导致服务质量差，崔西沟村更差一些。所以提高区内农民的文化素质和技能是杨凌区乡村旅游发展的重中之重。如果不注意农业劳动力的素质培养，仅强调劳动力的转移和利用，必然“欲速则不达”。统计数据显示，杨凌区区内 7 岁以上人员中具有中、小学文化程度的占总人口的 80.31%，受过高等教育的只占总人口的 0.3%，对于区内未成年农村居民应重点抓义务教育，内容以素质教育为主，高中后辅以技能教育[158]；对于成年农村居民应重点抓技能教育，内容以“劳动密集型工业和服务业需要的实用技能、农村实用技术和市场知识”为主，并辅以一定的文化教育，充分利用区内雄厚的农业科技、人才和教育优势，争取在短时间内使农民能掌握一门实用技术。由此，杨凌区的乡村旅游发展会在短时期内再上一个新台阶。

9. 针对自身管理机构尚不健全问题的适应性管理方案

就国外发展经验来看，几乎都有全国性的组织机构，其作用相当强大。法国有法国国营旅舍，意大利有萨比纳农业旅游组织，英国有留宿农场组织，西班牙有红色安达卢西亚农村住宿，瑞士有奥夫马克社团，葡萄牙有葡萄牙乡村旅游协会，卢森堡有乡村旅游大公国促进会，比利时有德瓦隆农舍组织，捷克有乡村旅游联盟，罗马尼亚有乡村、生态和文化旅游协会，韩国有韩国农业协会，日本有乡村旅游协会，等等。在这些乡村旅游非常发达的国家，乡村旅游协会组织地位很高，权力很大，作用很强。从这些发达国家乡村旅游发展的成功经验可知，行业协会在乡村旅游发展过程中起着十分重要的作用，通过行业协会对乡村旅游的“自我管理、自我约束、自我规范、自我服务”，有助于加强乡村旅游经营者和其主管部门之间的横向交流。

西安市乡村旅游发展时间比较长，各乡村旅游目的地大多成立了农家乐协会、果业协会、餐饮协会一类的组织。但经过调研发现，大多数形同虚设，并没有发挥什么作用，其产生的原因及如何发挥其主导作用值得研究。在乡村旅游发展中，相关利益者众多，其中最主要的得益者应是乡村社区居民。为了维护自身的利益，协会组织应该发挥重大作用。乡村旅游协会的作用强大与否，主要取决于乡村旅游发展中，当地乡村社区居民对乡村旅游参与管理的程度。社区居民作为乡村旅游资源的创造者，其参与乡村旅游的程度与其从乡村旅游发展中获得的资源利益的高低密切相关，这也是衡量乡村旅游是否能持续发展的关键性指标之一。西安市乡村旅游发展已经达到了一个新的阶段，应强化乡村旅游协会组织，不但要完善成立各级组织，而且要强化职能，积极组织、引导西安市乡村旅游企业和农户开展乡村旅游活动，组织农业企业、农民对乡村旅游进行开发。在差异性战略的指导下，引导社区居民根据本地区资源及个人的实际能力调整生产经营结构，在行业协会的带动下，农业企业和农户进行合作，形成乡村旅游景点的集聚效应。

宝鸡市北郭村是陕西省最早成立具有乡村旅游协会组织的乡村旅游目的地。在宝鸡市成为全国乡村旅游示范区以后，乡村旅游发展呈现遍地开花的局面，给乡村旅游管理带来了巨大挑战。这不仅需要宝鸡市及各级政府的规范管理，而且需要乡村旅游经营者自身的规范管理。要提高服务水平，需要建立和完善协会的组织领导体制，组成全市乡村旅游协会，明确责任，促进工作，积极做好信息服务，协调服务，规范服务工作，促进会员之间相互交流，资源共享，良性竞争，不断提高宝鸡市乡村旅游的整体优势、社会知名度和关注度。协会要根据实际情况，经过实地调研，多方征求意见，参与制定乡村旅游发展标准体系，进一步完善休闲农业明星示范企业、示范村评定办法，从资源、环境、市场、服务、交通、效益等多方面进行自身的规范管理。协会应根据规范标准，定期评估，优胜劣汰，形成扶优、扶强和奖励、支持机制；根据实际情况参与建立科学的乡村旅游经营体制，协助政府依法引导土地流转，架设乡村旅游目的地与客源市场对接的桥梁，组织带动周边农户，推广新品种，发展深加工，实现农业生产与乡村旅游的一体化发展。

虽然汉中市乡村旅游发展得比较晚，但是发展速度很快，因此与之相适应的自身管理步伐也要加快。汉中是个多山的地区，乡村旅游目的地比较分散，乡村旅游协会的管理能力应该更加强大，更有权威，特别是在环境保护、监督管理方面。为了确保其权威性，乡村旅游区（点）的经营管理权应属本村（镇）内部，村民自发组织的旅游协会和组织，应确保经营和管理的自主性和积极性。村民是当地社区的经济主体和文化主体，只有村民参与经营，其乡村旅游的经济效益才能最大限度地保留在当地，促使当地村民对发展乡村旅游的认同和支持，能够为发展乡村旅游提供更好的服务、更加清洁卫生的接待设施和村容村貌。只有村民的参与和社区的参与，才能把乡村地区的民风民俗原真地展现给游客，丰富游客的旅游体验，有利于树立该地良好的形象，增强其口碑效应。

2005 年 9 月 5 日，安康市宁陕县广货街镇生态旅游农家乐协会正在成立，会上讨论通过了协会章程、工作制度和选举办法，选举产生了 5 名协会会长和正副秘书长，这是安康市最早成立的乡村旅游协会组织，在本地乡村旅游的发展中起到了很大的作用。由农家乐经营者自行组成的社会团体，坚持自我管理、自我发展、自我教育、自我完善的宗旨，推动了安康市农家乐经营户提高服务质量和管理水平。随着安康市乡村旅游的发展，需要组建更多的乡村旅游协会参与管理。协会作为乡村旅游市场体系的重要组成部分，介于政府和目的地经营者之间，是联结二者的纽带。协会向政府传达经营者的共同诉求，协助政府制定和实施乡村旅游发展规划和产业政策，监督乡村旅游景区的服务质量、竞争手段和经营作风，开展旅游促销，具有指导、沟通、监督、自律、协调等功能。为了发挥其作用，需要对乡村旅游行业协会负责人进行一定的培训。据实地调研发现，安康市乡村旅游协会组织的作用尚未完全发挥，这与负责人及其工作人员管理水平有关。因为协会负责人及其工作人员大多为当地农民，缺乏行业协会相关知识和业务技能。应通过培训增强他们的法律意识和民主观念，提高他们的组织领导水平和协调能力，让协会真正起到联系政府、经营者、市场的纽带和桥梁作用。同时也要约束行业协会负责人的行为，以保持协会的廉洁、高效。乡村旅游协会应由管理部门、景区经营者和当地居民代表共同组建，这一模式可以弥补政府管理的缺失，使非政府的行业协会发挥作用。安康市并非传统旅游强势区域，当地居民参与意识不强，参与途径缺乏，引入行业协会模式能够激发乡村旅游中当地居民参与的热情，有助于乡村旅游各方进行合理的利益分配，对构建和谐乡村旅游地，推动乡村旅游业健康、持续发展有着重要的意义。

随着乡村旅游业的持续快速发展，商洛市政府管理更加规范，但是自身管理需要加强。政府要鼓励引导乡村旅游社会管理组织的建立，鼓励当地社区居民以各种形式参与旅游开发决策。在相关资源能否进行开发、如何进行开发，如何参与同旅游活动相关的服务，传统的居民生产、生活如何与旅游开发协调等问题上，通过社区居民的参与来了解居民的心理，综合众人意见，使旅游开发符合民意，避免通过行政手段强行开发，以保证得到居民的积极配合。另外，优美、恬静的自然环境是社区居民共同拥有的，不管他们参与与否，都有权利从中得到经济补偿，因为他们承担了旅游开发过程中的各项隐性成本（如资源、环境、社会成本等）。这样他们就会自觉地保护当地资源，保持环境卫生，从而有利于商洛市乡村旅游的可持续发展。商洛市有众多的古镇乡村旅游资源，更应鼓励古镇社区居民组织自己的民间协作组织，参与乡村旅游的开发与经营。古村镇本地居民是与当地自然历史和文化资源关系最为密切者，是古村镇旅游业的核心成员，古村镇居民只有融入开发主体进入乡村旅游开发、决策、规划、管理、利益分配等涉及乡村旅游发展事宜的体系中，当地旅游业发展才能充满动力和活力。

在杨凌区崔西沟民俗村调研过程中，笔者专门访谈了该村乡村旅游协会会长崔昌昌。他说，旅游协会可以概括为“五无”：无权、无钱、无办公条件、无人手、无人愿意干。其实在陕西省其他城市调研时也发现，协会多是如此，呈现有名无实的尴尬境地。杨凌区的高新农业示范园区、农业科技示范园、养殖园、种植园作为一个单位，组织机构健全，但是作为乡村旅游目的地的乡村自身的管理组织机构不健全，不能发挥应有的作用。所以，政府部门一是要推动组织成立，二是要指导其工作，三是要放手让其工作，这样才能发挥其应该发挥的作用。也可以采取“政府+村支两委（协会）+农户（旅游经营户）”的发展模式，成立旅游经营示范户协会等群众性协作组织，形成以协会为载体，政府统筹布局，支部抓协会，协会带农户，党员示范引导，农户之间互相协作的发展机制。但这不可避免地会发生政府有关部门过多介入乡村旅游事务的管理，影响农民经营的积极性。若把这种形式作为一种过渡形式，最终发展为乡村旅游协会起主导作用的模式，则便于管理和调动广大经营户的积极性。可将这种模式在杨凌区试行，然后发挥高新农业示范区的作用，在全省推广应用，以提高陕西省乡村旅游的自身管理，使陕西省乡村旅游快速持续健康发展。

（二）乡村旅游地生命周期起步阶段地域

陕西省乡村旅游起步地区包括咸阳、铜川、渭南三市，这三个市的乡村旅游发展处在旅游地生命周期的起步阶段。通过总结、分析、研究，对问题进行诊断、发现、筛选，发现存在以下问题：①政府管理、扶持、引导作用尚需加强，相关政策尚待制定与完善。②投、融资困难，基础设施保障能力存在问题。③产品品位低，附加值低，同质化严重，游客在旅游目的地停留时间比较短。④空间布局需完善。⑤游客人均旅游消费偏低，旅游购物消费力较差，重复购买频率较低。⑥口碑相传是获取信息的主要渠道，营销模式单一。⑦服务质量、技能较差，满意度低。⑧自身管理机构仍需健全。

针对以上问题，笔者分别提出以下适应性管理方案。

1. 针对政府管理、扶持、引导作用尚需加强，相关政策尚待制定与完善的适应性管理方案

咸阳市在乡村旅游发展方面，做了很多工作，打造了知名的袁家村旅游目的地。《咸阳市“十二五”文物旅游业发展规划》中提出要不断扩大乡村旅游规模，形成乡村旅游集群。这些都为乡村旅游业的发展增添了强大的政策和组织保障。乡村旅游若要集群式发展，强大的政策和组织保障，规范化的管理，合理的发展规划，管理到位，行业标准的制定等一样都不能少，如农家乐服务标准、乡村旅馆标准、采摘标准、购物标准等。通过强化管理，完善政策落实，促进经营户增强服务意识，规范经营行为，强化行业自律，这样才能有效提高经营管理水平。政府管理、扶持、引导作用的发挥，是由于乡村深度体验游涉及很多方面的问题，如交通、旅游地的宣传及对农民进行培训等，这些问题都不是单个农户可以解决的，当地政府要起主导作用，进行统一的规划和管理，并给予大力支持。

渭南市在政府工作会议中多次提到乡村旅游发展问题，但是形成规制的内容

不多，景点的统一部署和规划没有明确的规范性文件，管理体制也不健全，仍存在着管理无序、景点治理随意、各自规划、收费项目混乱等现象，这对渭南市乡村旅游长远发展不利。“政府主导、部门联动、社会参与、全民动员”是乡村旅游发展初期的必经之路，强力推进政府主导，并使之细化到各个领域才能不使其流于形式。渭南市现阶段要以合理的政策工具改善旅游配套措施，注重旅游管理部门建设，提高乡村旅游发展的综合化水平，利用政策法规、管理条例，解决乡村旅游发展所带来的环境问题，加强对自然生态、人文建筑、旅游消费等方面的保护和维修，从政策层面整合渭南市乡村旅游资源，实现统一规划、统一开发、统一管理、统一促销和统一保护的资源共享模式。制定政策，就要提高其执行力度，做到“有法可依，违法必究”，保证有效执行和落实。渭南市乡村旅游起步较晚，部门、行业关联性和相互制约性非常明显，因而共同建立一套有利于旅游发展，有利于行动目标实现，有利于部门间协调，有利于简化程序、提高办事效率的旅游管理与开发运营机制极为重要。

在乡村旅游发展初期，铜川市政府要在政策制定、规划开发、宏观指导、市场监管、形象宣传、政策激励、体制机制创新等方面发挥决定性作用，但是也不要忽视市场配置资源的基础性作用，应形成政府管控、行业自律、企业、村民主体、社会参与的发展格局。政府相关部门要组织专家学者对乡村旅游资源进行普查筛选，依据乡村旅游市场需求进行产品开发，选择有代表性、市场吸引力强的产品实行重点突破，打造精品乡村旅游示范景区和精品线路，以点带面，梯次布局，整体推进。要推动乡村旅游的观光产品向休闲功能产品转变，着力延长产业链，推进乡村旅游同农业等相关产业融合，发挥带动效应和综合功能。现在铜川市正在执行重点规划、政策的宣贯、执行，以活动为引领，以项目建设为统领，加快景区基础设施建设，带动乡村旅游发展，推进休闲养生旅游目的地城市建设。

2. 针对投融资困难，基础设施保障能力差等问题的适应性管理方案

在咸阳市调研过程中发现，乡村旅游基础设施非常好的只有袁家村，其他乡村旅游目的地基础设施比较差。例如，可进入性较差，一些经营户少有卫生、食品保鲜、消防等基本服务设施，厨房设备简单，水冲厕所比例不高，旅游标识、路标等少见，农产品无包装或包装粗糙、无品牌的情形很多，导致销售和宣传受到很大的限制。经营户要求解决这些问题的呼声很高，但是存在着资金缺乏、投融资困难等问题，这些都成为制约咸阳市乡村旅游发展的瓶颈。加大投资力度，进行规模化经营，提升乡村旅游人气，首先就要考虑投融资问题。投融资的模式很多，引进外来资金也可以，但是会降低经营户的参与程度与回报；还可以以村集体或者政府为主导，寻求合适的办法解决资金困难，如协助成立一些公司、旅游协作组织等，以公司等形式经营，这样会在融资、营销、物资采购、人才吸引

及经营风险承担等多方面改变现状。

实地调研中笔者发现，渭南市乡村旅游相关配套设施和服务水平不完善，旅游消费环境亟待改善，如交通线路不便，基础设施不配套，环境状况不佳，旅游公交专线少，道路指南和路标也不明显，建设标准低等现象突出，已不能满足乡村旅游发展速度。因此，渭南市乡村旅游发展要制订科学的政策规划方案，改善旅游环境，推进基础设施建设，将生态建设、环境设施、绿化和村容整治等纳入新农村建设内容，保证游客的旅游过程顺利实现。

铜川市以煤炭等能源工业起家，工业基础设施较好。但其旅游业特别是乡村旅游发展较晚，基础设施建设差，许多优质乡村旅游资源还处于待开发状态或者产品建设的初级阶段，存在规模小、增长速度慢、发展水平低、产品建设投入严重不足、规划不健全、宣传促销体系薄弱等问题。旅游业发展水平在全省位次也比较靠后，不能满足游客的需要。铜川市已被列为全国资源型城市转型可持续发展试点城市。2011 年铜川市第十五届人民代表大会第一次会议确定，积极推进西铜同城化的发展，将铜川市打造成西安市的“后花园”。2011 年 12 月，西安至铜川的高速公路建成通车，铜川市被纳入大西安市（包括西安市城区、咸阳市城区）半小时经济圈。这些都为铜川市旅游业发展、旅游基础设施建设创造了有利的条件。当地有关部门利用这些有利条件完善配套设施，改善乡村旅游基础设施环境，完善产业体系，按照旅游“六要素”要求，建设和完善吃、住、行、游、购、娱设施，调整公交线路，组建旅游汽车公司，优先开通通往乡村旅游目的地的线路；把乡村旅游纳入铜川市国民经济和社会发展的总体规划，为开办乡村旅游的农户提供免息或者低息贷款，帮助他们改善经营条件，使乡村旅游大环境与小环境协调发展，并走上快速持续发展的健康之路。

3. 针对产品品位低、附加值低及游客停留时间比较短的适应性管理方案

乡村旅游产品同质化及游客停留时间短是一个普遍性的问题，咸阳市同样也存在这些问题。创新产品的前提和基础是咸阳市市政府要制定科学合理的旅游发展规划，筛选最具特色和开发价值的乡村，这样可以从源头上防止乡村旅游泛化和产品同质化问题。当然政府还需在设施建设、技术支持及宣传方面加大投入力度。在产品内容上，农户、村集体、投资者及政府要结合当地资源、环境特色进行开发。咸阳市果树品种多，果子品质优良、口感好，只要管理妥当，品质资源优势非常明显。故可开发乡村旅游果品采摘休闲体验游（如淳化果品采摘节）。附近森林资源丰富的地区可适当开发以生存探险为主、农家活动为辅的乡村森林体验游（如旬邑县石门山景区）；文化特色鲜明的地区，着力打造浓厚文化底蕴，加深体验感受。礼泉县袁家村，集从明清至今的关中农村生活、民风民俗体验为一体，通过民风民俗一条街及传统作坊式老店的形式凸显民族文化主题。袁家村

景区面积不大，可停留时间有限，考虑在景区范围内，增加可以参与的农事体验项目和文化展示活动，延长游客的停留时间。这样一方面可以增加当地旅游收入；另一方面，也让游客有更多的旅游满足感，觉得不虚此行。

要解决这个问题，渭南市可不断创新乡村旅游发展方式，促进乡村旅游与文化、商贸、农业、自然、民俗的融合发展，走因地制宜发展特色乡村旅游之路。华阴市大力开发夜间美化项目，增添乡村旅游夜游氛围，丰富乡村生态旅游内容，推出各项专题旅游，增加民俗农庄和教育农园，推出“城市上班族，假日做农夫”“市民小菜（果）园”等专题旅游。渭南市农业用地量较大，用农家乐周围的农田做假日农业生产基地，租给市民，平常代为管理，假期供他们耕种，体验生活，开发怀旧市场；利用知青情结，吸引知青故地重游，推出“旅游上山下乡”线路；在农家做农家饭（磨豆花、烧柴灶等），教游客编织和使用农具；推出家庭亲子游，让游客带孩子来农庄体验绿色生态，体验农庄农活，让孩子看到樱桃、草莓的生长过程，接受农村教育，学习农业知识。渭南市旅游目的地应提供游客参与和体验农业生产和农村生活的机会，延长乡村生态旅游产业链，延长游客停留时间；借鉴其他发达地区乡村旅游发展经验和教训，做好近期、中期和远期目标并确立指标和战略实施步骤。鉴于此，渭南市要挖掘历史遗迹和古代建筑群，体现自然观光的性质，发展地区农业观光，如采摘果实、吃农家饭、住农家院、体验乡村田园生活等农家乐活动，在靠近市区交通便利的地区开发休闲度假旅游区，发展民俗风情文化旅游项目。这样才能让游客满意并留住游客。

铜川市乡村旅游资源丰富，根据资源禀赋，可兴办“农家乐”“陶家乐”“农家山庄”“红色小院”等乡村旅游差异性产品，把乡村旅游作为资源枯竭型城市转型、调整农村产业结构、强农富民的有效途径来抓；高起点、高规格制定规划，打好特色牌，推出特色乡镇、特色村落、特色乡村酒店、特色民俗活动、特色区域文化产业等乡村旅游产品体系。铜川市应因地制宜，建设一批避暑胜地、养生康吧、休闲果园、休闲农庄、山地氧吧、民俗风园等各种新态势的乡村旅游目的地，增加附加值，并将各种产品有序组织，延长游客的停留时间。

4. 针对空间布局不完善问题的适应性管理方案

咸阳市乡村旅游空间布局优化可以借助咸阳市“一城两区三带”的文物旅游空间，沿渭河、沣河两岸的亲水空间。2014 年 1 月，经批准，咸阳市成立了国家级西咸新区中国特色新型城镇化建设地带、渭北高原农业地带。这些地方历史悠久、文化底蕴深厚、民俗丰富多彩、自然风光引人入胜，都可作为乡村旅游产品的灵魂。发展乡村旅游，做到村村有文化、村村有故事、村村有特色、村村有发展，走一条资源整合之路，开发设计乡野特色鲜明、具有强吸引力的产品。咸阳市礼泉县的关中印象体验地，淳化县的绿色生活基地、世界优质苹果基地，三原县的古建筑、古民居文化，旬邑县的自然风光和红色旅游文化等都是精品。像袁家村一样，凝重厚实的关中印象体验游使人忆古思今，感悟时代变迁，既可体验关中民俗大观，又可饱尝关中美食。根据各地特色，还可布局赏花游，东坪沿线赏杏花，皇甫村、榆村赏桃花，兴隆村赏梨花，东周村赏樱桃花等。

渭南市在发展乡村旅游时，应做到产业规划与空间布局规划协调发展。要制定规划，引导"农家乐"健康发展，既要制定产业发展规划，又要制定空间布局规划，更要编制建设性规划，形成规划体系，保证"农家乐"发展有章可循。渭南市的华阴市大力实施"南山北水中文化"的旅游空间布局，构建大华山旅游品牌，追求因地制宜、打造特色，遵循科学规划、项目带动、产品第一、环境配套、统筹布局、强势促销的旅游产业发展规律，取得了明显成效。其他区县可效仿这一做法。对沿山、沿堤、沿峪建设的乡村旅游目的地，涉农部门要结合国家投资项目的实施，为其建设水、路等基础设施。按照"生产发展""生活宽裕""乡风文明""村容整洁""管理民主"社会主义新农村建设的总要求，突出重点，整合资源，发展乡村旅游。利用秦岭北麓生态环境治理、峪道综合开发和异地移民搬迁，服务当地居民，采用零星布点的方式，适度发展以避暑、休闲、采摘、游泳、探险等为主的旅游产品。利用南山支流、干沟、渭河及周边的鱼塘等水资源，结合河堤治理、干沟治理和万亩莲藕基地建设，发展以垂钓、嬉水、烧烤、采莲、划船为主要内容的旅游产品。围绕御温泉，在周边乡村配套发展餐饮、娱乐、住宿为主的旅游产品，利用原有国有农场现有农业设施和土地资源优势，合理划分功能区域，建设高档次的面向外来人员的集采摘、餐饮、住宿、购物一体化的，具有乡村旅游性质的休闲度假服务基地。这样的布局不但可以满足渭南市城市城市居民的需要，也可以满足西安市城市居民的需要，还可以满足邻近的河南省、山西省城市居民的乡村旅游需求。

2010 年，铜川市政府出台了《关于进一步加快旅游产业发展的决定》，明确以创建全国优秀旅游城市为目标，按照"421"发展战略，重点建设照金香山、玉华宫、药王山、陈炉古镇四大景区的发展路线，形成以照金香山为中心的集红色旅游、宗教文化、休闲养生等为一体的南部旅游板块，以玉华宫为中心的以佛教文化、避暑滑雪、休闲度假等为特色的北部旅游板块。铜川市乡村旅游空间布局在结合乡村旅游资源的基础上可参照此规划来做。红色文化主题的乡村体验旅游区，以照金为核心，涵盖周边农村、山水田园和香山，将红色旅游和乡村旅游结合，建设红色农家小院。以玄奘法师圆寂地玉华宫及香山周边乡村为主，建设以宗教文化体验、避暑休闲为主的乡村旅游目的地。以药王山为核心，涵盖周边孙原村等村庄，开发孙思邈中医药养生保健为主题的中医药保健养生、中药识别等项目，建设中医药养生文化园，药王养生步行一条街，做大"二月二"药王庙会。陶瓷文化旅游区，以黄堡、陈炉为核心，构筑包括耀州窑博物馆、耀州窑遗址、陶瓷工业园和民间作坊在内的耀瓷文化风情园。另外，除这四个主要布局区域以外，依据空间的距离、主要物产情况，在铜川市靠近西安市地域布局一些乡村旅游目的地，以满足游客的需求。

5. 针对游客人均消费偏低、旅游购物能力较差、重复购买率较低等问题的适应性管理方案

消费要有消费的地方，购物要有购物的商品，重复购买要有不同东西，这就需要咸阳市在这三个方面做好准备。咸阳市在乡村旅游开发方面要打造体验主题与服务，凸显体验经济时代的个性。为游客提供个性化服务是体验经济时代的核心，不仅要依据游客需求特点进行体验式场景设计，还要建立互动式体验。游客参与其中，并不断思考与体会，才能得到真正的体验，参与越深，体验越多，才能真正提高乡村旅游本质内涵。袁家村集中展示了关中农村从明清至今的农村生活文化。村口民俗、民风体验一条街，以关中民间生活形态和传统特色作坊为主流的传统老店，突出民族生活文化，营造关中文化氛围，主题鲜明，给游客以独特的感受，深刻的体验。咸阳市随处可见秦砖汉瓦，随处可听故事传说，可在乡村旅游发展和农家乐中体现。另外，咸阳市具有历史悠久的养生保健文化，温泉资源丰富，中医医疗资源发达，可以将两者结合起来，发展养生主题的乡村旅游，以现代人们对健康的追求，重复购买率肯定会很高。这样游客在咸阳市乡村旅游中，既可体验，又可购买鲜果、养生保健品，还可以泡温泉，养生放松、休闲娱乐。由此消费低、购物差、重游率低的问题就可解决。

渭南市在解决这个问题时，首先要进行产品创新，坚持一山一品、一河一品、一村一品、一街一品的基本思路，强调旅游产品的差异性、互补性；其次可实行淡旺季“价格捆绑”策略，将同一时间的两种或两种以上的产品，淡旺季两种或两种以上的相关产品，用合理的价格捆绑打包出售，增加购买频次。另外，对于来华山或者韩城司马迁祠、文庙和党家村或者来洽川的旅行社团队、公司包车游客采用团队优惠低价策略，增加购买率。虽然采用低价策略，但可带动其他相关产品的销售，真正实现旅游业“一业兴、百业旺”的巨大带动作用。这样一些长期被贫困束缚的偏僻村镇，通过发展乡村旅游找到新的经济增长点，增强村镇实力，实现富民强村。现在华山景区正在实施一项名为“山下留客”的工程，将华山景区与华阴市旅游业和农业相结合，延长游客的停留时间，满足游客的需求，增加游客的消费能力。

要解决好这个问题，铜川市须以特色资源为依托，以乡村旅游市场为导向，以人文历史文化为灵魂，以乡村旅游目的地建设为契机，做好以体验、休闲、养生、观光为核心，集旅游观光、避暑度假、参与体验、会议、商务、修学功能于一体的多元化产品。抓好典型示范，争创一批旅游名村、名镇。与此同时，耀州

区的“香山佛教文化节暨首届樱花节”，印台区的“非物质文化遗产展示暨陈炉窑神庙春秋祭祀礼仪”活动，新区的牡丹节、樱桃节，王益区的桃花节、冰雪艺术节、避暑休闲节，药王山景区的“药王山二月二古庙会”等一系列常出、常新的节庆活动要继续办好；万亩药用植物园、牡丹园、万亩果园、龟山生态园、陈坪村万亩樱桃园、周陵现代农业科技牡丹园、龟山生态园、万亩樱桃园、周陵现代农业科技示范园、玉华宫、照金香山、嵝先村农家乐、塬畔村农家乐、赵家塬村农家乐、玉华村农家乐、孙塬村农家乐、照金村农家乐，玉华宫、照金香山、嵝先村农家乐、塬畔村农家乐、赵家塬村农家乐、玉华村农家乐、孙塬村农家乐、照金村农家乐都有良好的发展基础，对这些目的地进行整合规划，与耀瓷文化、药王文化、红色文化等等级较高的人文历史文化相结合，做到春夏秋冬四季都有可开展的乡村旅游活动，以此吸引不同层次、不同季节的游客群，增加游客的重游频次。另外，可以以铜川市特有的瓷器、药材、佛教文化、根雕、剪纸、面塑等为主，研制生产档次高、文化含量高、附加值高的乡村旅游商品、旅游纪念品，开发地方果品等土特产品，建设高等级、信誉好的旅游购物场，从根本上改变旅游购物的滞后状态；依据乡村民俗民风，原生态化的编排演出主题文艺节目，提高游客的观赏乐趣，提高游客的消费能力，刺激游客的重游率。

6. 针对口碑相传是获取信息的主要渠道，营销手段单一问题的适应性管理方案

要解决这个问题，就必须拓展营销渠道。咸阳市乡村旅游的主要客源地为西安市和本市。因此，在需求因素方面，仍然要加大对西安市游客的吸引力；在市场营销方面，应采用更多的方式。随着“2014 智慧旅游年”的启动，加强网络营销方式，加强客源地的营销力度，在西安市通过更多的大众媒体进行宣传，刺激乡村旅游需求。咸阳也是首批创建国家智慧城市试点市，可以借助智慧城市的创建和发展来推进咸阳市“数字、网络、智能、便捷乡村旅游”的构建，这就需要广大乡村旅游经营者参与进来。对于文化水平普遍不高的经营者来说，这具有极大的挑战性。政府相关部门不仅要为经营户提供技术咨询、远程教育、社会保障、医疗卫生、村务公开等服务，同时也要为乡村旅游提供数字化信息、智能化管理和经营，将强大的互联网、计算机、智能手机应用技术教给经营户，用知识武装他们，以便将其应用到乡村旅游业的发展上来，以科技促发展，走一条先进智慧之路。咸阳市此前建立了乡村旅游网，可是信息并不完整且更新慢，农家乐栏目除了几幅图片，没有任何信息。在此，政府应该和村集体、协会、农户等相关单位和个人共建运营网络，由政府和村集体出钱、出设备，协会以技术、信息投入，经营户供应产品，收益按比例分成，在内容上可涵盖在线调查、信息搜索、交流与反馈、地图查询、科研、会员管理、电子邮件等，方便游客获取信息。

在渭南市的调研过程中仍旧发现，口碑相传是乡村旅游者获取信息的主要渠道。渭南市乡村旅游包括西岳华山、大荔沙苑、韩城党家村、司马迁祠和文庙、合阳的洽川风景名胜区、黄河魂水利风景区、处女泉、潼关遗址、华县少华山森林公园等景点，以及潼关的皮影戏生态园、蒲城等地的血故事社火表演等众多乡村习俗，旅游资源丰富，历史文化独特，民俗风情别具风格。然而，由于地处乡村地区，开发时间短，开发程度低，信息相对闭塞，对外宣传力度小，政府缺乏重视，本地村民缺少能力和意识等原因，渭南市多数乡村旅游资源并不为外人所知。因此，政府要加大宣传力度，组织相关人员观光旅游，举办宣传会或展览会，印发旅游宣传册，制作媒体宣传片和体现地方特色的工艺品等活动进行宣传，还要利用现代化信息手段向省内外传播，扩大影响力，提高认可度。

铜川市就营销整体来看，市场营销乏力，城市整体形象零散。铜川市乡村旅游营销以电视、报纸等传统营销模式为主，虽然举办了一些节庆活动，但是宣传有限，对新兴的网络营销、事件营销、绿色营销等模式运用较少，没有统一、鲜明的对外宣传口号和有效推广模式。利用网络技术的进步和发展，做好旅游资讯发布、旅游信息查询、网络预订、在线购买等业务，应是现阶段铜川市乡村旅游营销最有效的方式。铜川市发展网络旅游交易市场，一方面应利用大型旅游网站作为媒介，发布铜川市旅游信息和各种旅游资讯，广泛使用网络营销、E-mail 营销、微博营销、微信营销、团购网上营销等新型营销手段拓展旅游市场；另一方面要在手机互联网上做文章。手机已经成为继电视、计算机后的“第三屏幕”，其上网服务是联系消费者和旅游项目的重要渠道；特别是针对自驾游的游客，开展“旅游项目进手机”的营销策略，将铜川市的资源分布、地图、美食、交通信息等以短信、彩信、手机微博等方式传递并推广，扩大信息的受众范围，提升铜川市旅游的知晓度。大众传媒、事件、网络三大市场营销同时推进，可有效弥补乡村旅游市场的不完善和营销渠道不畅等问题，促进铜川市乡村旅游的快速发展。

7. 针对服务质量和技能较差、满意度低等问题的适应性管理方案

在乡村旅游业发展的起步阶段，专门人才的培养至关重要，应对乡村旅游管理人员在经营管理知识、理念、项目策划与开发方面进行培训，提升其经营管理水平；对从业人员要加强农技、烹饪、食品卫生、安全生产、诚信等方面的培训，提高其综合素质和服务水准。经营者在农村生活，不太注意细节，有一些不好的习惯，要进行劝导和教育；在乡镇可举办计算机培训班，要求相关从业人员学会简单的计算机操作。也可考虑与咸阳师范学院、咸阳职业技术学院等院校合作，定向培养乡村旅游方面的专业人才。

服务质量的提高、技能水平的提升均与人才密不可分，建立人才培养和引进

机制是渭南市乡村旅游可持续发展的重要支撑。乡村旅游业发展时间短、前景好，属于朝阳产业，发展中缺少人才的现象非常普遍。因此，建立人才培养、激励、引进机制尤为重要。为了促进渭南市乡村旅游的健康快速发展，应充分利用渭南师范学院、渭南职业技术学院等院校，以及教育局、劳动局、扶贫办等部门的下属教育设施，对一些乡村旅游经营户业主、从业人员进行业务培训，提高乡村旅游从业人员的素质和服务水平。

虽然铜川市乡村旅游起步较晚，但发展速度快。该市在人才培养方面采取了很多措施，但是仍存在服务不规范、技能尚待提高等问题，需要加强教育培训，提高管理人员和从业人员的素质和服务技能。从实地调研情况看，可以采用对全体村民进行理念性、常识性的集体培训途径，并由社区居委会组织培训。在实践操作技能培训方面，可采用集中学习、集中与分散相结合学习、家庭学习、广播宣传、外出参观、请进来送出去的方式进行，也可以采用课堂教学与实践教学相结合的方式进行，还可以送从业人员到旅游饭店、景区、乡村旅游典型村镇、农业观光园、生态植物园、养殖场，以及本村的果园、茶园、林场、蔬菜种植园等实践基地学习。铜川距离西安较近，可以请西安市大专院校旅游相关专业教师前来培训。教育培训经费可以采用政府支持教学费用、个人承担来往及食宿费用的方式解决，以不大幅度增加从业人员经济负担为好。

8. 针对自身管理机构不健全问题的适应性管理方案

在实地调研中发现，咸阳市乡村旅游自制管理组织比较健全。乡村旅游协会如果在乡村旅游发展初期成立，会协助政府做好自身管理方面的工作，也可慢慢树立自己的权威。协会成立初期，可由旅游发展委员会主管乡村旅游的部门负责成立和管理，负责制定“农场”协会会员的各种规章制度，同时和市场直接接触，把握乡村深度体验游的市场发展动向，收集乡村深度体验游旅游者的新需求等，还要为农户提供经营管理指导服务和监督农户严格按照规章制度办事。在运行顺畅以后，可交权给乡村旅游协会，协会应该实行会员制，农户可以自愿入会，但要严格遵守协会的各种规章制度，接受协会的统一安排和管理。协会管理做好了，既可以保护农户的利益，又可以保障旅游者的权益。

渭南市乡村旅游目的地比较分散，所以协会更显重要。渭南市发展乡村旅游，首先要以规划为先导，找准定位、做足特色、保证品位、分步实施，切忌盲目开发、低水平入市。要做到这一点，社区居民必须参与其中，因为社区居民对自己的特色、能力等最了解，但是作为社区居民的个人力量有限，话语权不多，一个有效途径就是成立自己的自主组织——乡村旅游协会（或者相关协会），协会既可以对游客负责，也可以对经营户负责，还可以协调农户间的利益，再者也能架起政府与经营户之间的桥梁。只有这样，才能让社区居民通过成为乡村旅游协会会员，成为乡村旅游发展的参与者和实践者、得利者，从而最大限度地让他们依托乡村旅游，帮助实现身份的转变和素质的提升。

调研发现，铜川市乡村旅游发展历程短，虽然协会类组织比较多，但是在发挥作用上仍旧不如人意。铜川市政府相关部门应加强这方面的工作，尽快使各协会组织真正发挥作用。为做好这方面的工作，政府应该在经费、办公地址、办公设施、人员培训等方面开始着手。

（三）乡村旅游地生命周期探索阶段地域

陕西省乡村旅游发展初始地区包括延安、榆林两市，这两个市的乡村旅游发展处在旅游地生命周期的探索阶段。根据调研结果对其进行总结、分析、研究，发现存在以下问题：①政府主导作用需加强，制度要完善，规范化管理需提上日程。②高端产品少，游客在旅游目的地停留时间比较短。③空间布局需完善。④基础设施保障能力差，大型接待能力不足。⑤口碑相传是获取信息的主要渠道，营销手段单一。⑥服务质量、技能较差，满意度不高。⑦自身管理机构需健全。

针对以上问题，笔者分别提出以下适应性管理方案。

1. 针对政府主导作用需加强，制度需完善，以及规范化管理等问题的适应性管理方案

从产业结构上看，支撑延安市经济全局的主要是石油工业，这种长期主要依靠能源的特色经济，无形中弱化了旅游业的地位和重要性，但是也存在着财源结构过分单一的风险。近些年，延安市将发展旅游产业摆上经济工作的重要日程，从政策、资金、规划等多方面给予了大力支持，依托其独有的旅游资源，旅游业连续多年保持快速增长的势头。但是由于对培育旅游业为支柱产业的认识不到位，旅游宣传促销力度不足，与旅游业快速发展不相适应的矛盾进一步明显，严重制约和影响了延安市旅游产业的发展与壮大。在乡村旅游方面，延安市起步较晚，但发展很快。延安市红色旅游持续快速发展也为乡村旅游发展创造了机遇，政府部门应该抓住这一机遇，积极推动乡村旅游的发展，有效地解决农民的就业和增收问题。当地政府要依法管理、强化监督、规范乡村旅游市场秩序、积极完善相关制度，加强乡村旅游目的地及旅游项目的监管力度，营造健康的乡村旅游市场，对不具备安全因素的目的地和项目决不批准其经营，对无证经营的坚决取缔，对乡村旅游接待设施特别是高危设施，必须严格检查，并建立安全救护保障设施。另外，应建立完善的乡村旅游投诉网络，畅通投诉渠道，快速解决投诉问题。目前，延安市组建了旅游行业行风监督检查员队伍，出动检查次数多，但是检查对象以导游员、旅行社、景区、宾馆为主，如果能拓展到乡村旅游方面，会对乡村旅游的规范化发展起到推动作用。

榆林市经济发展是第一产业弱、第二产业强、第三产业滞后的格局，政府亟须形成合理的产业结构，以推动经济进一步持续健康发展。基于此，榆林市需要加大第三产业的发展力度。在第三产业中，旅游业特别是乡村旅游投资少、见效快，既可以改变经济不平衡发展现状，也可以统筹城乡，增加农民收入。乡村旅游在发展初期自发性强，目的地多分散在农村，位置偏远，管理困难，所以政府在保障乡村旅游健康发展方面作用极大。加大政府指导、投入、管理作用，首先可制定规范乡村旅游经营行为的制度，保证政府有效发挥宏观调控作用，保证乡村旅游经营者接受指导、管理和监督，还可发挥政府在资源配置方面的作用，特别是投融资方面的作用，解决起步资金困难问题。另外，成立权威性强的乡村旅游民间协会组织，旅游、工商、卫生、公安、消防、税务、质监、物价、协会等相关部门，并各司其职，形成政府或者协会的管理合力，强化乡村旅游经营者合法经营、诚信经营的意识，提高乡村旅游的信誉度，促进其健康发展。在发展初期政府可强力参与，通过制定和实施规划确定乡村旅游开发的范围、规模、形式、容量等，做到适度开发，尽量避免在榆林黄土高原或者沙漠过渡地带生态脆弱地区的乡村旅游开发对乡村旅游资源造成破坏，通过财税和金融手段激励乡村旅游经营者保护乡村旅游的灵魂——“乡村性”。

2. 针对高端产品少，游客在旅游目的地停留时间比较短等问题的适应性管理方案

延安市乡村旅游发展时间短，尚处于开始阶段，产品开发、基础设施建设正在完善中，这是游客在延安市停留时间短的主要原因。延安市乡村旅游游客来自省内外，客源地多样化，所以乡村旅游的需求是多样的，消费亦呈多元化、层次化。特别是对一些远道而来的游客而言，高端化的乡村旅游产品是他们最想体验的。因此，开发适销对路的旅游产品极为重要。当地应该推出“旅游套餐”满足不同人群需求，实行分类经营，细分市场，靠特色和个性吸引不同阶层的游客。据统计，近年来，单位组织的红色旅游团队多，这些团队消费能力强，在参观杨家岭等红色旅游景区后，也想品尝当年红军吃过的小米粥、南瓜菜，也想体验住窑洞，但是这个吃和住不是当年的吃和住了，在档次、卫生、口感、服务、营养等各个方面有很高的要求。另外，来延安市的自驾游游客人数呈上升趋势，这些游客大部分是经过延安前往榆林、内蒙古或者宁夏的，也有一部分游客想用自驾的方式体验当年“毛泽东转战陕北”“斯诺奔赴延安”“陕甘边革命纪念地”“延安保卫战”等一系列战争线路，但相应的接待体系和服务体系还不够完善，在很大程度上制约了其发展。自驾游游客非常期望在自驾途中能找到合适的乡村来停车、休息、用餐。乡村旅游正好可以满足该需求。如果延安市能够将自驾游宿营地建设与乡村旅游目的地建设有机结合，不但会留住游客，延长乡村旅游游客的停留时间，还会极大地促进延安市自驾游、乡村旅游的快速发展。洛川是中国苹果之乡，原农业部和陕西省把洛川苹果作为全国第一品牌、全省聚焦点来抓。洛川旅游围绕 50 万亩苹果园及独特的民俗风情，以进果园摘苹果、务农事和去农家、拉家常、农家菜制作、吃农家饭、体验百姓生活为主的乡村旅游产品也很受喜欢。如果再添加一些项目，如以农家花馍制作品尝、农家手工艺制作、农家果园劳动、农家秧歌表演、篝火晚会等为主题，在特定地段建设乡村教育基地（如教育农场、学童农园、生态教育实验室等），会进一步提升产品的体验性、休闲性、参与性、娱乐性等，可提高产品附加值，延长游客停留时间。延安市还可以打造“塬川牧歌”产品，让游客当一回牧羊人，穿一件羊皮坎肩，吼一嗓延长梆子，品落日余晖下的牧归画面，尝边塞特色食品，欣赏陕北川塬的独特风貌——鸟儿天上飞、人在地上追、羊儿草中卧、歌声清风随，使人仿佛置身童话国度。另外，窑洞作为陕北的特色，是延安市乡村最常见的民居建筑，可开辟窑洞旅游专线，将延安市、榆林市等陕北地区保存完好的窑洞群落，如米脂的杨家沟、佳县的吴旗镇民居群落、延川的千年古窑和碾畔窑洞民俗馆、刘家大院、延安市郊万花乡花园屯厦子窑、土窑等串联成线，也是很有吸引力的乡村旅游线路。

榆林市乡村旅游发展时间较短，初级产品多，远远不能满足一大批具有较高消费能力游客的需求。这些游客对游玩、用餐的环境、服务、营养等非常挑剔，但是榆林市乡村旅游产品还停留在初级阶段，远远不能满足其要求。所以榆林市应该尽快实施乡村旅游的升级换代工作，打造一批高端的乡村旅游目的地。建设观光度假型旅游名镇名村，围绕山水风光和田园生态，建设回归自然型生态休闲农庄，围绕果蔬采摘、春种、秋收等农事活动，建设农事农趣体验型特色农业观光园，建设购物观光及参与互动型民俗风情园。在做好神木县陕北民俗文化大观园、横山县白界乡新开沟村、佳县任家畔乡等乡村旅游目的地的同时，还要做好“边塞大漠风光，黄土黄河风情”乡村旅游品牌。在建设中，要将餐饮功能与娱乐功能相结合。例如，增大厨房操作间的面积，扩大就餐空间，划出一部分做演艺、演示用，游客一边吃饭，一边欣赏陕北民歌，或者欣赏剪纸艺术等。另外，一定要充分考虑卫生问题，配置盥洗和卫生间，尽可能使客用卫生间和家庭用的卫生间分开设置。最好将自用的传统陕北窑洞民居的旱厕，改为水厕或者将旱厕设置在远一些、隐蔽一些的地方。在民宿窑洞家庭宾馆的设计建造过程中，也要考虑高端性和舒适性。

3. 针对空间布局不完善的适应性管理方案

发展特色、高端的乡村旅游，除乡村特有的建筑、家庭生活氛围及本地农林牧副渔生产场所等特性外，还必须依靠自然景观、人文景观及生态环境，所以在布局乡村旅游空间时，必须和当地特有的旅游资源相结合，这样才能长久发展。

延安市地处陕北黄土高原，有黄土高原独具的风韵，有“华祖圣地黄帝陵”的尊荣，有“革命圣地延安”的盛誉，还有“黄河壶口瀑布”自然景观的胜境和深厚历史文化底蕴的“黄土民俗风情”。这些以“两圣两黄”为主体的人文、自然景观、民俗风情足以使世人称奇叫绝。延安市旅游资源具有丰富性、至高性、唯一性、垄断性，已形成了以市区红色旅游文化为龙头和核心的旅游区域。南部黄帝旅游文化区、东部黄河旅游文化区、北部黄土风情旅游文化区和中北部红色旅游文化区，以及遍布延安市山山水水的自然生态绿色旅游文化区的“五大板块”，形成了延安市旅游的大格局和框架。其主要旅游产品简称为“两圣两黄一绿”，其中的绿指以延安市万花山、延长县翠屏山、子长县龙虎山、志丹县九吾山（马头山）等为代表的自然生态绿色旅游产品。围绕延安市旅游五大板块，特别是在绿色板块中布局乡村旅游发展地，使乡村自然风光、人居生态环境与人文历史相互交融，将会吸引更多的游客。这种紧紧围绕景区布局的乡村旅游目的地的发展模式是各地乡村旅游发展起始阶段最主要的模式，可以与景区客源、资源共享、互补，达到共赢共建的效果。另外，结合自驾游、窑洞游等旅游方式，选择条件好的乡村成线状建设布局一批露营旅游目的地，这样会在提高游客重游率、延长停留时间方面起到很大的作用。

榆林市乡村旅游的布局和延安市差别比较大，一方面受地形地貌的影响，另一方面是由旅游资源禀赋、乡村旅游资源分布情况决定的。榆林市可围绕有一定基础和潜力的风景名胜景区实施乡村旅游的项目开发和基础设施建设。例如，对镇北台、红石峡景区、靖边县统万城景区、米脂杨家沟景区、姜氏庄园景区、佳县白云山景区、神木红碱淖旅游区、横山波罗堡影视旅游基地等进行布局，借助其客源与基础设施进行建设和经营。榆林市周边比较平坦，可围绕榆林市建设环城游憩带，开发周边具有条件的村庄。另外，榆林市经济发展南北部县区差距较大（榆阳区、神木、府谷、横山、靖边和定边为北六县，资源丰富，绥德、米脂、佳县、吴堡、清涧和子洲为南六县，资源相对贫乏），现在南北差距有继续拉大的趋势。北六县经济好，但是由于采矿等原因，环境破坏严重。南六县经济发展较为缓慢，但却是乡土文化保留比较好的县区，适宜发展乡村旅游，可以通过发展乡村旅游带动当地经济发展，增加财政收入，从而缩小与北部县区的差距，实现区域经济的协调发展。榆林市在乡村旅游目的地空间布局上，应更多地选择南六县来实施，还应考虑在一些大型能源基地附近选择条件好的村镇建设乡村旅游目的地，接待大型能源矿的企业员工，为这些常年离家、辛勤工作、收入高的能源工人提供乡村旅游休闲娱乐餐饮等产品，使他们能就近享受“家”的温暖。

4. 针对基础设施保障能力差，大型接待能力不足等问题的适应性管理方案

在延安市乡村旅游的实地调研中，乡村旅游经营者的建议主要集中在基础设

施建设方面。延安市旅游发展委员会对农家乐的起步提出了“有特色的农家饭菜、干净的卫生环境、有水冲厕所、有文化氛围”四条标准，但是经过几年发展，这个标准已经远远不能满足游客的需求，对于一些远道而来的旅游团、单位团体，只要人数稍多，就无法接待。据报道，2013年“五一”黄金周期间，井家湾村“农家乐”每天爆满，应接不暇，停车、吃饭等不能满足游客的需求，更不用说体验度假，引起了游客极大的不满，造成了很大的负面影响。旅游基础设施建设的滞后与游客大幅度增加的矛盾进一步加大。从设施建设方面看，厕所、停车场、游客服务中心等接待设施不配套，旅游景区环境差等问题，表明延安市乡村旅游业的吃、住、行、游、购、娱六要素严重滞后。从旅游交通看，铁路方面车次少、速度慢；公路方面，干线网络虽然已经形成，但是通往乡村旅游目的地的路况差、不畅通问题严重。这些都成为制约延安市乡村旅游发展的突出问题，需要尽快解决。

通过实地调查得知，制约大多数地域乡村旅游发展的瓶颈是基础设施。以公路交通为例，榆林市公路网络设施比较好，但是由于榆林市是能源矿产资源富集区，煤炭外运压力大，交通特别是公路交通不畅，极大地影响了乡村旅游目的地的可进入性。在榆林市实地调研行程中，笔者乘坐的车辆经常和大型油罐车、运煤车相向或者并排行驶，既危险，行驶速度也慢，影响人们前往乡村旅游目的地的热情。所以只依靠现有的基础设施不能满足榆林市乡村旅游的发展。榆林市有着雄厚的经济实力和大量的民间资本，具有投资乡村旅游业发展的能力和条件，关键是如何有效引导民间投资，加大投入，推动乡村旅游的大发展。政府应加大乡村交通等基础设施建设的投资力度，完善乡村交通、电力、水利、垃圾污水处理、网络通信建设，为乡村旅游发展提供基础保障。还需要采取有效措施，拓宽乡村旅游发展融资渠道，充分借助各方力量推动乡村旅游发展，形成一定的激励机制，按照谁投资、谁经营、谁受益的原则，引导社会各方尤其是民间资本聚集乡村旅游产业，为经营户或者民俗文化村、民宿等提供建设改造资金，为乡村旅游的发展提供充足的资金保证。通过星级评定的方法，督促经营户加大硬件投入力度，可以借助新农村建设的各种涉农资金，引导金融机构支持乡村旅游项目，鼓励能矿资源型企业参与乡村旅游资源开发，改善乡村旅游发展环境，充分利用乡村公路建设资金，通过新建和改造等途径建设旅游专线，打通断头路，构建区域乡村旅游交通环形通道，消除“煤旅争路”的现象，提高乡村旅游目的地的可进入性。

5. 针对口碑相传是获取信息的主要渠道，营销模式单一等问题的适应性管理方案

乡村旅游发展初期依靠口碑相传尚可，但要快速发展，走规模化、集群化、

产业化、系列化发展道路的时候，必须充分发挥媒体宣传引导作用，积极运用广播、电视、报纸等媒体，宣传、通报乡村旅游市场情况，及时有效地为公众游客出行提供实用信息。延安市乡村旅游目的地应增设旅游咨询电话，及时提供信息咨询服务，对单位团体旅游、自驾游等游客进行引导。处于探索阶段的网络营销，须由政府主导，给予资金、技术、人力等支持，尽快建设延安市乡村旅游网，做到信息完整、预定方便、引导及时、网页更新快等，发展智慧旅游，充分利用 4G 互联网技术，引导远道而来的游客快速便捷地找到乡村旅游目的地。另外，在延安市大型旅游宣传（如在凤凰网等 100 多家网站推出的“到延安过大年”）活动中，可添加乡村味道。每年都有一些党和国家领导人前往延安革命老区和老区人民一起共度新春佳节，延安市可借这个机会举办“和延安百姓一起过大年”活动，吸引游客在普通百姓家里吃年夜饭，看腰鼓，扭秧歌，唱信天游等，提高延安市乡村旅游的知名度。另外，由陕西省旅游发展委员会主办的“秦岭与黄河对话”大型宣传活动，每年都有多家媒体对其进行报道，可在报道中添加乡村味道，提高延安市乡村旅游知名度。

乡村旅游目的地的不可移动性决定了宣传促销是吸引客源的关键措施，对于榆林这样刚刚开始发展旅游的地域来说，营销更重要。榆林市在乡村旅游营销时应实施规避策略，规避黄土漫天、能源重化工基地污染严重的形象，按照实际情况塑造长城脚下、黄河岸边、封山育林、防沙治沙、三北防护林、山清水秀、经济繁荣的乡村旅游形象。榆林市地处三省（区）交界处，将晋陕蒙接壤区作为营销的主体，以主导品牌为主角，共同促进区域旅游产业的发展。榆林市已经与西安、咸阳、延安、鄂尔多斯、银川等城市搭建了西部帝王陵旅游联盟平台，推进区域旅游合作，可利用这一平台，带动榆林市乡村旅游业的快速发展。另外，还可利用大众媒体进行营销，在高速公路、机场、火车站等人口流动量大的地区设置固定广告牌，提高重要乡村旅游点的知名度；在本地及周边的宾馆、饭店放置宣传画册、旅游地图、折页、区域自驾游攻略等，扩大顺访游客规模；利用目标客源地的晚报、晨报、广播、电视、互联网等传媒，有针对性地进行旅游宣传促销；举办大型专题活动集中宣传，重点区域巡回宣传，有效扩大榆林市乡村旅游的知名度、美誉度和影响力，推动榆林市乡村旅游业有序、快速、健康发展。

6. 针对服务质量、技能较差，满意度不高等问题的适应性管理方案

延安市在提高旅游服务水平，增强服务意识，完善服务技能方面做了很多工作，近些年非常重视对旅游人才的选拔培养工作，以此提升延安市旅游软实力。但是在乡村旅游人才培养方面，做得比较少。这些培训不能只针对大型景区，还应向乡村旅游倾斜，加快乡村旅游目的地知识输入，解决从业人员文化水平较低，对外界旅游感知不敏感等问题；加强职业技能培训，提高农民素质，大力推广适

用技术；引进先进的农、牧、林品种，做好就业人员的岗前培训；培养一批有专业技术、文化素养的合格从业者，提高乡村旅游服务质量和技能水平，接待好来自全国各地的旅游者。

榆林市乡村旅游发展被当地一位经营户称为“摸着石头过河”，这种状况难免会出现喜忧参半的结果。如果带领大家“摸着石头”的理论知识丰厚，认知能力强，见多识广，那么就会带领大家顺利走上乡村旅游的康庄大道。这样的人才是需要培养的。调研过程中发现，榆林市乡村旅游人才缺乏，这不但制约榆林市乡村旅游健康发展，也成为不能为游客提供高端产品的主要原因之一。榆林市旅游业应该在政府引导下，一方面加大经营户的培养，另一方面制定优惠政策，引进一批乡村旅游创业人才和经营管理人才。培训工作可与榆林学院、榆林职业技术学院等高等院校联合举办各类培训班，提升本土乡村旅游行业综合服务和管理水平，加强乡村旅游从业人员的岗位技能培训，强化其服务意识，培养榆林市本土特色文化传承人，拟定民间艺术保护和传承规划，培养民间艺术传承人，有效抵御外来文化入侵，保护原有文化的纯真性，使榆林市乡村旅游走可持续发展之路。

7. 针对自身管理机构不健全问题的适应性管理方案

延安市乡村旅游发展的时间较短，发展地域不平衡，开发所需资金短缺。延安市乡村旅游发展模式可以采用“政府+公司+乡村旅游协会+旅行社”模式。政府负责整体规划和基础设施建设，优化发展环境；公司负责经营管理和商业运作；乡村旅游协会负责组织农户参与提供住宿、导游、土特产品的制作等，并负责协调政府、公司与农户的利益；旅行社负责开拓市场，组织客源。延安市也可以采用“协会+经营户”的模式，由协会组织集资，开展建设、培训、市场开拓等工作。不管哪种模式都离不开协会的参与。协会的参与，能够使社区居民有效参与旅游服务业，提供旅游就业机会和分得利益，也可最大限度地利用当地的资源。

榆林市应尽快、尽可能地在乡村旅游目的地成立、健全乡村旅游民间管理组织，充分发挥社区党支部、居委会、乡村旅游协会、乡村旅游合作经济组织的作用，克服乡村旅游经营分散性带来的弊端。社区组织、乡村旅游协会、乡村旅游合作经济组织共同协作，既能克服乡村旅游的分散性弱点，开展品牌建设和营销，还能从旅游地的整体利益和长远利益出发，在控制开发规模、保护旅游资源、协调利益关系、改变旅游地农民在外来企业面前的弱势地位等方面发挥重要作用，进而有助于保障乡村旅游的有序发展，促进乡村产业结构优化。榆林市高西沟村是“全国农业旅游示范点”和“省级休闲农家明星村”，村里成立的旅游合作社，制定了规章制度，56户经营户统一标准，统一收费，并接受村委会监督，同时还对开展旅游接待的村民进行定期培训，不断提高他们的服务能力，村民参与乡村旅游发展的积极性很高，乡村旅游发展得很好，游客留得住、玩得好，村民也得到了很多实惠。

二、效应因素

发现、诊断乡村旅游效应方面存在的问题，本书在第三章第二节进行了详细的说明。根据适应性管理理论与实践经验，本书针对这些问题提出以下对策：通过强化可持续乡村旅游发展理念，完善政策体系，建立合理机制等措施来规避问题；提高全社会特别是规划师、开发商、经营者、管理者及游客的旅游文化素质和道德素质，加强社会监督，实现乡村旅游的可持续发展；多层面提高经济效益，开发体验性高的乡村旅游产品，提高重游率；加强自然环境的保护，使用环保的交通工具，使用太阳能等新兴能源解决污水、垃圾等处理问题；减少旅游漏损，加快本地产业链的建设，推行“产业链本地化”，即在满足游客吃、住、行、游、购、娱需求中尽可能利用本地原材料和人力资源，以乡村旅游业为龙头优化配置相关产业，在本地生产和销售产品；实现最大限度的当地参与，使旅游收益最大限度地留在本地，有效安置当地居民的就业；做到“经营者共生化”，外来经营者和本地经营者通过提供不同等级和类别的旅游产品，吸引不同的旅游市场，互相依存，避免同质化的恶性竞争；加快产业结构调整，科学规划、积极引导、加强管理，对旅游者和旅游经营者加强宣传教育，使他们树立生态环保意识；对乡村旅游资源采取梯度开发策略，本着“保护第一、开发第二”的原则，让乡村居民参与乡村旅游经营，保证其经济利益；重塑乡村文化形象，凸显乡村优势，培养乡村居民对乡土文化的认同感和自豪感。

三、环境因素

关于环境因素方面的问题，乡村旅游研究者多运用可持续发展理论估算乡村旅游目的地的环境容量，并根据研究结果给出相应的调控措施，以维护当地乡村旅游业的可持续发展。将乡村旅游承载力控制在临界值之内有两个基本要求：首先，要保护当地的自然生态环境，不能危及环境的恢复能力，并不意味着取消所有的旅游活动，而是应根据环境的承受能力进行适当调整，在此基础上还能够有效保证游客的游览质量；其次，要保护当地居民的正常生活不受影响，进入当地的游客数量、旅游资源的开发程度、旅游活动的内容及对由此产生的各方面的影响不得超出当地居民的承受能力，不能损害当地居民正常生活的权利。当旅游者的数量或者旅游活动超越了当地的环境容量时，经济、社会、环境及旅游者自身利益等方面的负面影响会相继出现。正确运用旅游承载力理论合理控制乡村旅游发展方向和发展程度，做到在自然环境不被破坏和人们正常生活秩序不受影响的情况下，享受乡村旅游发展为乡村带来的正面效应。

在环境适应性管理方案中将陕西省分为 3 个地区：①陕南地区，包括汉中市、安康市、商洛市。②关中地区，包括宝鸡市、杨凌区、咸阳市、西安市、渭南市。③陕北地区，包括铜川市、延安市、榆林市。这样划分的原因是，陕南地区、关中地区、陕北地区乡村旅游资源的禀赋大同小异，就乡村旅游发展所带来的人文历史、自然环境因素的影响大致是相同的。陕南地区自然资源为秦巴山地，历史人文资源多为古镇、移民文化等，共同物产如茶叶、中药、油菜、山货等比较多。关中地区自然环境为秦岭北坡、关中平原、渭河沿岸，人文历史文化多为古都、古镇、古墓等，自然环境多为温泉、果树种植等。陕北地区人文历史文化资源多为红色文化、陕北风土人情、大庄园等，自然环境多为黄土高坡、窑洞等。在调研中发现，乡村旅游环境的保护也呈动态，随着发展阶段的不同、淡旺季情况不同及地域的不同而各不相同。针对其人文历史文化与自然环境在乡村旅游发展中的问题，结合各市乡村旅游发展处在旅游地生命周期阶段的情况，依据调研结果进行总结、分析、研究，对问题进行诊断、发现、筛选，发现问题，结合适应性管理理论与实践经验，分别提出方案。

（一）关中地区乡村旅游发展环境因素方面的问题与适应性管理方案

关中地区乡村旅游环境包括关中地区乡村自然生态环境和人文历史文化环境两个要素。其中，自然生态环境要素包括关中地区的水系、大气、地貌、土壤和生物等，人文历史文化环境要素包括关中地区的建筑、聚落、服饰、语言、精神风貌和当地居民对旅游者的态度等。在实地调研中发现，关中地区的水系、土壤自身净化能力比陕南、陕北地区要好一些，因为关中地区水系发达，自我消化、恢复能力强。但是该地区空气的自身净化相对较差，因为关中平原人口多，加之工业发达，空气污染较严重。另外，该地区属于盆地类型，夹在秦岭山脉和黄土高原之间，空气流动性差，污染物长时间排不出去。关中地区乡村旅游发展速度快，周末、节假日等时段，前往秦岭北坡的车辆塞满了西沣路，原来驾车半个小时的路程需要行驶两个多小时，汽车废气给周围环境带来了极大的空气污染。如果周边空气不能得到有效保护，会对周边乡村旅游目的地可持续发展带来严重的后果。要解决这个问题，必须从改善乡村旅游交通方式入手，开通前往乡村旅游目的地的公交线路，增加车辆，缓解交通压力，使游客顺畅进出。还可以考虑开通从村镇前往一些登山点、垂钓点、娱乐点的电瓶车，方便游客游玩。

调研发现，关中地区乡村旅游活动的开展，有利于乡村文化的挖掘、传承和保护，如袁家村、北郭村等地。但没有规划、缺乏指导的乡村旅游却给乡村人文历史文化带来了冲击，一些地域走进去显然就是“城中村”，建筑、街道、民俗风情已经看不到原来的影子。这些问题的解决，需要从更高层面来做。关中地区乡村旅游发展已经进入一个新的阶段，乡村旅游经营者基本完成原始积累，现在有能力、有基础、有条件做更高层次的乡村旅游发展规划、景区规划、保护规划等，既要涉及环境，更要涉及人文历史文化。科学制定乡村旅游开发规划和环境保护规划，实际的开发和经营应以这些规划为指导，古老民居、街道，依照原样进行修缮，古老的民俗文化，也要有效传承，发扬光大。

（二）陕南地区乡村旅游发展环境因素方面的问题与适应性管理方案

陕南地区以山地、古民居、特色文化为主进行乡村旅游的开发，环境脆弱，生态平衡恢复极慢，有些甚至不能恢复，造成永久的伤害。由于乡村旅游消费对“钱”“闲”等要求很低，游客素质参差不齐，当地管理机制和管理队伍尚不健全。另外，当地村民只看到游客带来的经济效益，对游客做什么不闻不问。某些不负责任的乡村旅游者随手将塑料瓶、塑料袋、罐头盒等丢弃到山沟或者田间果园；一些露营者选择乡村公共场所进行露营，燃烧后的燃料棒、用过的包装盒、吃剩的食物残渣随处堆放，这些都对山区的生态环境造成了极大破坏。对一些经营者缺乏相关管理和制约，导致不负责任地堆放、倾倒废弃物的现象时有发生；还有一些无意识的、考虑不周全的垃圾填埋处理方法，也对生态环境造成污染。这些都要采取措施予以纠正。一方面，要教育游客，告诉他们山区生态环境的脆弱性；另一方面，对经营户要加强管理和引导，用各种办法规范他们的行为。政府部门要加大投资，做好基础设施建设和垃圾回收处理等工作，游客自身产生的垃圾，可予以废物利用，开发沼气，做清洁燃料等，实现能源的多级利用。在人文历史文化方面，首先要做好古镇、古街、古建筑的保护工作，陕南地区乡村旅游重要目的地之一是古镇、古街、古建筑乡村旅游目的地，随着乡村旅游的发展，一些人赚钱后开始大动土木、拆旧建新，但是作为不可再生的古建筑一定要加强保护。不论经济条件如何改善，都不主张兴建非本地风格、非本地取材的建筑，也不主张翻新改造与山地风貌匹配的青石板小道、小街坊等，即使改造，也要请专家学者进行论证，做好规划，做好方案，做到建筑单体与建筑系统的兼顾、物质遗存与文化精神遗存的兼顾、村落自身与外部生态环境的兼顾，以便保护原生态的东西，持续吸引乡村旅游游客。例如，聘请安康市当地文化馆或者学校老师、土专家、民俗专家，整理撰写安康市传统文化资源和特色民俗文化，深入挖掘乡村文化内涵；聘请专业人士编制乡村文化旅游产品专项规划，挖掘本地居住文化、农耕文化、民俗节庆文化、移民文化、商旅文化等资源；认真分析乡村习俗、风情、服饰、建筑、农耕等丰富多样的乡村传统文化的沿革，提供真实、深刻表征本土文化的乡村旅游产品，形成乡村文化旅游产品体系。如此，既有助于游客对当地文化的深度体验，又可以使游客在心理上形成对当地文化的尊重。另外，建立、健全乡村文化保护与传承机制，保证乡村文化保护与传承的真实性、完整性、延续性和稳定性，通过各种方式树立当地居民的文化自信心，提高当地人的文化素质，自觉抵御乡村旅游给本地带来的不利影响。

（三）陕北地区乡村旅游发展环境因素方面的问题与适应性管理方案

陕北地区自然环境非常脆弱，恢复生态平衡的能力更差一些，特别是在煤炭石油等重化工工业的影响，以及塌陷区、人为的地质灾害区不断增多的情况下，这种只能给少数村镇带来收益而且收益率不高的乡村旅游，如果带来严重的环境污染，会遭到当地村民或者政府部门的强烈抵制。所以，在陕北地区乡村旅游发展过程中，该地区的自然、人文历史文化等环境保护显得更为重要。在保护方面，一方面要利用行政手段加强对经营户、游客的管理，另一方面要用经济手段，如税收政策，罚款、押金、奖励等，进行严格管理。另外，在人文历史文化的保护方面，一定要加强对传统文化、民俗文化价值的宣传。例如，以陕北养育了大批共和国伟人，陕北腰鼓进北京、去上海、赴国外演出，陕北民歌、信天游经常在中央电视台获奖等人们喜闻乐见的方式进行宣传，激发当地居民对所在地域和地方文化的自尊、自爱和自豪感。对游客要加强尊重接待地社会文化和风俗习惯的宣传教育，为保护文化的多样性出力。另外，在关注民俗文化展示的同时，要有效防止人文历史文化的过度商业化。当地应经常举办一些大型的自娱自乐的乡村文化旅游活动，积极发挥传统文化在陶冶村民情操、健身强体、丰富精神生活、引导村民树立正确价值观和审美观等方面的作用，提升文化的自觉认同感、强烈的传承感；提升腰鼓、剪纸、信天游等乡村旅游活动品位，实行预约制度，提高文化的含金量，控制旅游高峰期的游客接待量，由追求量大向追求质高转变。只有这样，经济、文化才能得到双收益，才能得以继承以至发扬光大。

四、其他因素

在提出需求供给、效应、环境方面的适应性管理方案以后，乡村旅游发展过程中游客行为给乡村旅游的社会、经济、文化带来了负面影响，这种影响是不分阶段、不分城市区域的。针对陕西省各个地市总体情况，结合适应性管理理论与实践经验，诊断、发现问题，并提出方案。

国外研究者认为乡村旅游涵盖生态旅游的范围，是生态旅游的一种形式，在提出游客的适应性管理方案时，必须借助生态旅游的相关理论作为指导。生态旅游理论认为，生态旅游者保护性旅游行为是指带有环境意识的旅游行为过程，这种行为在吃、住、行、游、购、娱六个环节中都很注意保护，强调的是旅游与保护的和谐统一，并非着重偏向于某一方面。在适应性管理方案上，要求乡村旅游游客在吃住方面要入乡随俗，不吃野生与珍贵的动植物，不宿营在生态脆弱区；在行与游方面，尽量徒步或利用对环境无害的交通工具，游按照线路走，尊重自然，尊重当地文化；在娱与购方面，娱乐时不大声喧哗，不到生态保护核心区，不恐吓动物，不购买野生动物制品；在责任心方面，要有促进环境保护和社区经济发展的责任感；在品位性方面，从追求自身最大愉悦到追求理解自然、尊重文化基础上的生态美；在旅行结束时，该带走的东西一定要带走，不该带走的东西一定要留下。

乡村旅游游客管理是乡村旅游管理中最难做的环节，生态旅游理论认为，对旅游者的教育可以缓解某种不良行为，但是不可能在乡村旅游者入村、入园的时候给他们办“学习班”，所以最好的方式就是竖立警示牌。警示牌要竖立在屋前屋后一些比较醒目的地方，可在田间地头、鱼塘山坡等地竖立警示牌以起到提示作用。警示牌上的内容首先应该是中央精神文明建设指导委员会办公室联合原国家旅游局出台的《中国公民国内旅游文明行为公约》，甚至可以将破坏行为的处罚方式也一并公示，让游客明白在乡村旅游过程中什么可以做，什么不可以做，做了什么会受到什么样的处罚等，从而有效约束游客的行为，从一点一滴把乡村旅游游客培养成真正的生态旅游者。另外，可以联合旅行社导游，在带领团队进入乡村旅游目的地时，讲解当地的自然与人文历史文化知识，让游客了解当地自然景区旅游资源的性质、类别、成因与造景机制，应当注意的事项，了解当地的不同文化与风俗习惯，从而不会给当地社区文化带来负面影响。只有做好了游客管理，才能促使陕西省乡村旅游快速、健康、持续发展。

第二节　方案实施与结果监控、评估

在对陕西省十市一区乡村旅游地生命周期阶段划分并提出适应性管理方案以后，将方案反馈给了各市，各市相关部门参考方案制定并采取了措施，进行了相应的改进。在调研中，与一些村组、乡村社区、乡村旅游协会及经营户也建立了联系，就一些具体方案以电话、面对面等形式与他们交流并进行指导，取得了“看得见、摸得着”的成绩。对各市的方案实施与结果进行监控、评估并汇总如下。

一、需求与供给因素

（一）发展阶段地区

1. 西安市

（1）方案实施

在需求与供给适应性管理方案实施方面，西安市按照全球性的旅游目的地完善乡村旅游的功能、结构与业态。作为一个全球性的旅游目的地，西安市近两年在扩大本市市民市场需求的同时，加强了本省其他城市及外省、国外市场的需求，完善了乡村旅游产品供给的功能与结构。从目前来看，在刺激需求方面，完善了乡村旅游网络营销系统，在一些热点地段，竖立了广告牌、路标指示牌，积极开展西安市乡村智慧旅游的建设工作。在交通基础设施方面，西安市在环山路乡村旅游目的地密集地段加开了公交车等，方便游客出行。在产品供给、功能、结构、业态完善方面也加大了力度，增设了乡村酒店、乡村露营地、采摘篱园、生态渔村、休闲农庄、山水人家、养生山吧、民族风苑等，满足不同消费群体、不同年龄段、不同职业游客的需求。另外，在调研中，调研人员为建立长期帮扶关系的西安市临潼区秦俑村制订了完整的适应性管理方案，在产品开发、功能完善方面实施了多项措施，起到了良好的作用。

（2）结果监控与评估

对西安市实施方案的结果进行监控发现，效果较为满意。在管理方面，规范化、制度化、人性化逐步走上正轨；在规划布局方面，正趋向合理；在产品开发方面，精品不断出现。但是面对一些具体地方出现的具体问题，尚需进一步解决。例如，在对西安市临潼区秦俑村实施方案的结果进行监控的过程中发现，秦俑村毗邻兵马俑博物馆，外国游客众多，这些游客中的绝大多数是由旅行社组团前来参观的。由于时间等原因，只有较少一部分外国游客的时间比较充足，行动也比较自由，他们来村里体验陕西地方文化，品尝地方风味餐饮，但是由于语言交流有障碍，印有外国文字的指示牌、菜单等比较少，游客行动不便，满意度不高。

2. 宝鸡市

（1）方案实施

在需求与供给因素方面，宝鸡市按照区域性的旅游目的地完善乡村旅游的功能、结构与业态。在不断开拓西安市、本市市场的同时，借助关中—天水经济区中心节点城市的区位优势，在相邻省内城市和相邻外省城市进行宣传，特别是在甘肃省兰州市、天水市进行宣传，吸引外省游客，扩大客源目的地，稳定客源市场。按照方案，挖掘西府民俗资源，丰富乡村旅游内涵，使吃、住、行、游、购、娱富于特色；乡村旅游商品不但工艺精湛，而且质量上乘，如生产、销售具有国际、国内知名度很高的凤翔泥塑、马勺脸谱[①]、面塑等工艺品，不但有效解决了游客人均消费低、旅游购物消费能力差等问题，而且丰富了乡村旅游内涵，提高了乡村旅游经营者的收入。在规划方面，科学设计，合理布局，生态施工，注重环保，取得了良好的社会、经济、文化效益。

① 2014 年国家邮政局选中了凤翔民间工艺品泥塑马，作为壬午年生肖邮票的主图。另外，还有凤翔县民间艺人王剑设计制作的社火马勺脸谱，登上中国邮票，邮票主图分别取材于凤翔县民间艺人王剑设计制作的风、雨、雷、电四神和青龙、白虎、朱雀、玄武四灵民间社火马勺脸谱图案。

（2）结果监控与评估

对宝鸡市实施方案的结果进行监控发现，效果很满意。在管理、规划布局、产品开发、市场营销方面均有明显改观，特别是有些建议提出后，很快能够得到落实。例如，乡村旅游目的地标示牌，经营村庄的指示牌等及时更换，更加明显、光亮、耀目，方便了游客的出行。但是面对一些地方出现的具体问题，尚需进一步解决，如新开发的乡村旅游目的地，城镇化、趋同化趋势明显，差异性较差，这样会影响游客的重游率。

3. 汉中市

（1）方案实施

在需求与供给适应性管理方案实施方面，汉中市在满足西安市及相邻省份游客需求方面做了很多工作，力求让远道而来的游客能感受到不虚此行，积极提高与西安市、安康市、商洛市乡村旅游产品的差异性，在“山”“水”“绿”“香”“米”方面下功夫。在需求方面，在不断开拓西安市、汉中市市场的同时，依照设计方案，积极开发陕北市场，利用京昆高速、包茂高速连接汉中市与延安市、榆林市的有利条件，用“山”“水”“绿”“茶”“米”吸引黄土高坡的游客，取得了一定成效，扩大、稳定了客源目的地。在乡村旅游商品方面，立足本地原生态山货特产，有效解决了游客人均消费低，旅游购物消费能力差等问题，取得了良好效益。

（2）结果监控与评估

对汉中市实施方案的结果进行监控发现，效果比较满意，在管理、规划布局、产品开发、市场营销方面均有明显改观。特别是有些建议提出后，实施快，见效快。例如，在乡村旅游商品供给方面，乡村旅游目的地新增了销售点、销售品种，而且在包装、质量、产地标示等方面做了很多工作，增加了经营者的收入，满足了游客的需求。但是其他方面的一些问题也开始显现，如随着游客数量的快速增长，从业人员的服务水平低、技能差等问题显现出来，需要尽快着手解决。

4. 安康市

（1）方案实施

在需求与供给适应性管理方案实施方面，安康市依照方案，做了很多工作。在需求方面，宣传力度不断增强，特别是在节会举办、网络营销方面做了很多工作。在产品开发方面，按照方案，既吸收了汉中市的优势，又参考了商洛市的特色，在“山”“水”“绿”“奇”“特”“古”上做文章，结合秦巴山地自然资源，挖掘奇特的移民文化资源，开发古镇、古建筑等资源，丰富乡村旅游内涵，使乡村旅游产品在结构、功能、业态上有所提升，不但提高了乡村旅游游客的满意度，而且提高了乡村旅游经营者的收入，使安康市乡村旅游呈现淡季不淡的良好发展态势。

（2）结果监控与评估

对安康市实施方案的结果进行监控发现，效果非常满意，特别是在产品开发方面，效果良好。例如，在乡村旅游产品供给方面，以安康市汉滨区县河村为例，调研人员为经营户提出的一些建议得到了迅速实施。县河村以流经村子的黄洋河为依托，在原乡村旅游游客下河游泳等初级戏水产品的基础上，增加了划船、游船、赏竹、游憩步行道、爬山、河岸品茶、观水用餐等项目，不但增加了经营者的收入，而且满足了游客的观光、休闲、康体健身等需求，还增加了游客停留时间，效果非常明显。但是其他方面的一些问题又开始显现，如游客安全管理，合理疏导等，需要做好引导，严加防范。

5. 商洛市

（1）方案实施

商洛市以“西安后花园”“西安第二生活区”等为主导，完善乡村旅游的功能、结构。在需求方面，以各种形式开拓西安市场，稳定客源。在产品开发方面，按照方案，以舒适、物美价廉为主，吸引西安市游客“常回家看看、住住”。在饮食方面，既讲究营养，又重视家常菜的口感，还重视价格合理。在乡村旅游商品方面，重视与日常生活相关的原生态山野产品开发，茶叶、木耳、土鸡蛋、山野菜等日常必需品种类较多，而且价格合理。这些方案的实施，不但有效解决了游客人均消费低，旅游购物消费能力差、停留时间短、重游率低等问题，而且真正回归了乡村旅游产品的本性，在提高乡村旅游经营者收入，满足游客唤起回忆、重温乡村生活、休闲度假方面起到了强有力的作用。

（2）结果监控与评估

对商洛市实施方案的结果进行监控发现，效果显著。特别是定位问题解决了，产品开发等方面的工作就比较好做了。在乡村旅游产品供给方面，需要满足乡村旅游者常回家看看的需求，利用秦岭山地丰富的动植物资源，开发一年四季不同形式的乡村旅游产品，在“家”产品打造上，注重氛围、环境、感觉、设施、设备等，游客停留时间、重游率得到有效提升。但是其他方面的一些问题，如价格、乡村土特产品质量等又显现出来，需要制定相应措施，严格管理。

6. 杨凌区

（1）方案实施

在需求方面，在关中特有的“乡土”“乡情”上下功夫，增加逛庙会、耍社火、品关中特色饭、住关中特色房（房子一边盖）等项目，不断开拓本省市场的同时，着力做好农业科技园、种植园、养殖园等科普、教育、学习、购物旅游项目，用“高”“精”“奇”“异”“质”吸引全国游客，取得了一定成效，提高了知名度，拓展了客源目的地。在乡村旅游商品方面，价格较以前有所降低，刺激了游客购买欲，取得了良好效益。

（2）结果监控与评估

对杨凌区方案实施的结果进行监控发现，效果很好，解决了以前农业科技园、种植园、养殖园产品单一的问题，既满足了乡村旅游者科普、教育、学习、生态购物的需求，又满足了游客体验、休闲、娱乐的需求，游客停留时间、重游率得到有效提升。但是其生态旅游商品价格还是偏高，影响了游客的旅游购物热情。需要进一步拓展货源，增加供应。另外，旅游产品还比较单薄，需要进一步完善。例如，可与相邻的周至县哑柏镇、青化镇（全国著名猕猴桃、花卉苗木供应基地，种植猕猴桃 30 000 亩，苗木花卉 20 000 亩）等地合作，开发苗木花卉游、采摘游等。

（二）起步阶段地区

1. 咸阳市

（1）方案实施

咸阳市围绕西咸一体化、关中一天水经济区重要纽带城市进行乡村旅游布局，既与西安市乡村旅游发展进行对接，又走差异化道路，弥补西安市乡村旅游发展不足之处，成效显著。咸阳市将袁家村规划为全国性的乡村旅游目的地来发展，在产品供给、功能、结构、业态完善方面成绩显著。袁家村乡村旅游发展已经走在了陕西省的前列，其中乡村酒店、乡村露营地、采摘篱园、休闲农庄、关中民族风苑、特色购物等设施建设布局合理，可以满足不同地域、不同消费群体、不同年龄段、不同职业游客的需求。

（2）结果监控与评估

对咸阳市实施方案的结果进行监控发现，效果较为满意，特别是对袁家村实施方案效果来看，游客满意度大幅提高，在全省范围较早地实现了管理者、投资者、经营者、消费者的多层面满意，实现了社会、经济、文化的多丰收。但是对咸阳市整体乡村旅游发展的效果来看，尚不如意。

2. 渭南市

（1）方案实施

在政府管理方面，相关政策的制定有条不紊地进行着；在规划布局方面，各方面齐心协力，并聘请专家学者；在产品开发方面，根据本地自然条件，深入挖掘陕西东府民俗资源，一方面加强老产品的改造升级，另一方面开发高等级、上规模的新产品。

（2）结果监控与评估

对渭南市实施方案的结果进行监控发现，效果比较好，不管是在管理方面，还是在规划布局、产品开发方面都有很大的进步。但是在人才培养、技能培训，以及标准化服务方面还存在着很多问题，需尽快解决，以便迎接下一轮的乡村旅游高潮。

3. 铜川市

（1）方案实施

铜川市围绕自身人文自然环境、区位条件，以作为关中到陕北的重要通道、重要纽带城市进行乡村旅游空间布局与产品开发。在需求与供给方面，一方面加大对西安市场的宣传、开发，另一方面加大对陕北市场的宣传开发，还加强了对省外前往延安等地进行革命传统教育的红色旅游的宣传。以照金镇乡村旅游目的地建设为例，选择刘志丹、谢子长等老一辈无产阶级革命家战斗过的陕甘边革命根据地，将关中地区、陕北地区红色旅游连片发展，吸引了大批游客前往。

（2）结果监控与评估

对铜川市实施方案的结果进行监控发现，效果较满意。在管理方面，政府不但完善了乡村旅游管理相关的政策，而且在操作实施方面也进行了详尽说明，保证了铜川市乡村旅游规范化发展。在规划布局方面，一方面倾听专家学者的合理化建议，一方面倾听当地社区村民的建议，兼顾各方利益，科学规划，保障发展。在产品开发方面，打造了许多精品。按照此方案进一步发展，铜川市乡村旅游将走上一条持续、快速、健康发展的道路。但是在发展中发现的一些细节问题，尚须进一步解决。

（三）探索阶段地区

1. 延安市

（1）方案实施

在需求与供给适应性管理方案实施方面，延安市依靠本地人文自然环境特色，围绕红色旅游景区、环城市带进行乡村旅游空间布局与产品开发。在刺激市场需求方面，充分利用各种宣传平台，包括节庆、网络、电视、报纸等。一方面加大对陕西省省内市场的宣传、开发，另一方面，加强对省外前往延安等地进行革命传统教育的红色旅游的宣传，在主要路段竖立路牌、路标，引导游客前往乡村旅游目的地。在产品开发方面，加强自然、民俗资源和红色资源的利用，加强露营地的建设，不仅满足了游客品尝陕北风味的要求，而且满足了游客参与体验陕北风情的梦想，还满足了游客体验战争年代红军战士生活的念想，游客的满意度有了显著提高，吸引了大批游客。

（2）结果监控与评估

对延安市实施方案的结果进行监控发现，效果比较满意。在管理方面，政府重视，支持力度大；在规划布局方面，科学合理；在产品开发方面，新产品、新形式不断出现，呈现后来居上的大好局面。但是在快速发展的同时，也出现了很多具体问题，主要表现在基础设施供给不仅不能满足游客需要，还不能满足环境保护的需要，需要尽快加以解决。

2. 榆林市

（1）方案实施

在需求与供给适应性管理方案实施方面，榆林市依靠本地人文自然环境特色，在环城市带及景区进行乡村旅游布局开发，同时在一些大的采矿、采油区进行乡村旅游目的地的开发。在刺激市场需求方面，榆林市走在了前列，建设了智慧旅游平台，网络营销手段的利用，不但使陕西省省内市场得到快速开发，而且使与本市接壤的外省客源市场也得到了有效开发，吸引了很多宁夏回族自治区、山西省、内蒙古自治区的游客。另外，榆林市还加强了对延安市红色旅游的宣传，利用这一资源吸引游客前往本市乡村旅游目的地，使本市乡村旅游有了稳定的客源，对本市乡村旅游的持续发展起到了促进作用。

（2）结果监控与评估

对榆林市实施方案的结果进行监控发现，效果较为满意。在管理方面，政府依照方案下了很多功夫，一方面制定政策，进行规范化管理；另一方面加大扶持力度，增加资金投入，加强基础设施建设，还聘请专家学者做顾问，为发展建设献策。在规划布局方面，依据方案，在采矿区、采油区建设乡村旅游目的地。在产品开发方面，综合型高档次产品不断出现，这些措施都取得了显著成效。但是由于诸多条件的限制，也出现很多问题，亟须解决。

二、效应因素

乡村旅游效应主要表现在政治、经济、文化效应方面，不但可以增加村民收入，而且可以促进村民就业，对城镇化、新农村建设也有一定的推进作用。但是如果乡村旅游不健康的发展，也会给当地自然生态环境和人文社会环境带来极大的危害。

在乡村旅游效应适应性管理方案实施方面，陕西省十市一区的管理者、经营者及游客的基本理念在慢慢转变，在重视乡村旅游带来的正面效应的同时，也非常重视其负面效应。在政府层面，一方面强化管理措施，用制度规范治理经营户、游客的行为，同时进行宣传教育，提高全社会特别是规划师、开发商、经营者、管理者及游客的文化素质和道德素质。另外，加强和完善社会监督体系，保证乡村旅游的可持续发展。在对长期跟踪研究的乡村旅游目的地进行回访、调研时，笔者发现一些地方按照方案做了很多工作，实施结果非常好，基本上实现了社会政治、经济、文化的双丰收。大多数乡村旅游目的地在想方设法赚钱的同时，拿出资金，投资自然环境的保护。例如，购买、使用环保交通工具，用太阳能、沼气等新兴能源解决热水、做饭、取暖等问题，用新能源净化污水、处理垃圾等。另外，在减少旅游漏损方面，做好本地产业链的规划建设，推行“产业链本地化”，不但实现本地村民参与、就业，增加本地村民收入，而且做到物尽其用，减少污染和浪费，实现了乡村旅游的政治、经济、文化综合效益最大化。有些地方动员本地居民继承和发扬本地特色文化，并适当进行加工开发，不但丰富了本地居民的文化活动，也增加了游客的观赏点，有利于重塑乡村文化形象，凸显乡村优势，培养乡村居民对乡土文化的认同感和自豪感。

三、环境因素

将陕西省分为3个地区进行环境因素方面适应性管理方案实施：①关中地区，包括宝鸡市、杨凌区、咸阳市、西安市、渭南市；②陕南地区，包括汉中市、安康市、商洛市；③陕北地区，包括铜川市、延安市、榆林市。

（一）关中地区

1. 方案实施

关中地区的西安市、咸阳市、宝鸡市、渭南市、杨凌区，根据其乡村旅游自然生态环境和人文历史文化环境两方面进行了适应性管理。在自然环境方面，乡村旅游目的地垃圾、污水影响已经得到初步治理，但关中地区雾霾非常严重，保护“蓝天白云”方面做的工作比较多。在方案实施方面，联系政府部门，开通了多条乡村旅游目的地的公交线路，增加车辆，缓解交通压力，使游客顺畅进入，方便出来。另外，一些乡村旅游村镇开通了从村镇前往登山点、垂钓点、娱乐点的电瓶车，方便游客游玩。在一些环境脆弱地区，竖立提示牌、警示牌，规范游客行为，避免危害环境的行为发生。在乡村旅游目的地的人文历史文化环境保护方面，对发展地进行科学规划，将年代久远的古建筑进行挂牌保护，强调修旧如旧；古老的街道，依照原样进行加固，不允许拆掉原有的青石板，只允许稍加改造。对一些富有地方特色的民俗风情，在演出时，尽量保持原汁原味，避免过度商业化，以便传承。

2. 结果监控与评估

对关中地区城市实施方案的结果进行监控发现，效果不太满意。虽然乡村旅游地破坏环境行为有所减少，且正在好转，但问题依然存在。虽然乘坐公交车的游客有所增加，但乘坐私家车前往的游客仍旧很多，大气污染依旧严重。另外，在古村、古镇、古街道的保护中，由于保护措施与当地居民提高经济收入的方式有冲突，毁坏的现象时有发生。这些都需要进一步调研，分析原因，提出解决方案。

（二）陕南地区

1. 方案实施

陕南地区乡村旅游产品与人文历史文化、自然环境紧密相关，自然生态与人文历史环境脆弱，需要采取措施，严格保护。陕南三市，按照方案在加强对经营者、游客立法约束的同时，着力解决游客带来的问题。一方面对游客破坏生态平衡的行为绝不姑息；另一方面由旅游接待者、经营者提前对游客进行生态教育，还在一些醒目的地方竖立标示牌、警示牌、管理处罚牌等。在污水、垃圾治理方面，在规划开发时即完成环评报告，开工期间同时修建垃圾、污水处理设施。在人文历史文化方面，在规划开工建设前，对古镇、古街、古建筑建档、分类，然后进行挂牌保护，哪些可以动，哪些不可以动，怎么动，都一目了然。

2. 结果监控与评估

对陕南地区实施方案的结果进行监控发现，效果很满意。在对游客进行生态教育以后，特别是竖立标示牌、警示牌、管理处罚牌以后，效果良好，乱采果实、乱捕野生动物的人少了，乱扔垃圾、乱排污水的人少了，更多古镇、古街道、古建筑等得以保护。一些土专家、民俗专家整理撰写了很多安康市特色民俗文化，进一步建立、健全了乡村文化保护与传承机制，保证乡村文化保护与传承的真实性、完整性、延续性和稳定性。但是监控发现，仍有个别经营者经营一些国家明令禁止的野生动植物产品，仍有个别游客偷摘、偷带野生动植物产品；还有一些当地居民在思想上不能认识自己所住的古村、古镇、古街道的历史文化价值，为了生活方便，随意改造、翻新甚至毁坏。这些都需要进一步调研，提出解决方案。

（三）陕北地区

1. 方案实施

陕北地区最吸引游客的是红色文化、特色民俗、黄土高坡。但是陕北地区自然环境非常脆弱，相对于发展乡村旅游所取得的经济收益，自然、人文历史文化等环境保护显得更为重要。政府部门制定了严格的针对经营户、游客管理方面的措施，对经营户进行相关培训，在村镇显著位置竖立标示牌、警示牌。这些方案的实施有效地遏制了经营者、游客破坏环境的行为。在人文历史文化的保护方面，加强了对传统文化、民俗文化价值的宣传，增强了陕北地方文化的自尊、自爱和自豪感。在为游客展示的同时，本地经常举办一些大型的自娱自乐的乡村文化旅游活动，减少了商业化成分，使其可以原生态地得到传承、发扬、光大。

2. 结果监控与评估

对陕北地区实施方案的结果进行监控发现，效果较为满意。经营户、游客保护自然环境的自觉性很高，标示牌、警示牌起到了非常显著的作用。另外，陕北本地居民经过长期先进文化的熏陶，本身素质就比较高，对古镇、古街道、古建筑等有特别的保护意识，对本地民俗文化有着极强的自豪感，所以古建筑得到保护，民俗文化得到真实和完整的传承。但是监控发现，仍有一些问题需要解决，需要进一步调研，提出新方案。

四、其他因素

（一）方案实施

此方案的实施主要是针对游客及游客行为的。方案要求从乡村旅游游客的行为、意识、观念等方面进行教育与规范，在吃、住、行、游、购、娱六个环节中注意保护生态环境，强调的是旅游与环境保护的和谐统一。在实施方案时，主要采取发传单，口头说明，竖立游客行为规范牌、注意事项、文明旅游公约等方式、方法。

（二）结果监控与评估

对本方案实施的结果进行监控认为，虽然实施起来难度相当大，但有一定的作用。例如，对游客的教育很难开展，一方面，乡村旅游游客比较分散，很难集中教育学习；另一方面乡村旅游游客自认为来自城市，素质高，不愿意接受说教。此外，有些游客认为来山村就是采摘或购买山珍、野味的；到广阔的天地就是随意、放松的。他们从思想上、观念上、行为上放任自己，其某些行为给乡村环境带来了破坏。但是，从监控的细微处可以看到，乡村旅游游客正在慢慢向生态旅游者转变，可能需要较长的时间，但是一定能实现。

第三节　方 案 调 整

一、需求与供给因素

（一）发展阶段地区

1. 西安市

对西安市乡村旅游需求与供给因素适应性管理方案制订、实施结果的监控与评估来看，效果虽然较为满意，但是尚须调整的部分仍旧存在。在管理方面，政府管理应该实施干预调节型模式，随着大西安的建设，原来的规划布局已经不适应西安市市民对乡村旅游的需求，需要加快西安市东、西、南、北郊区，以及西咸新区、泾渭新城等地的乡村旅游目的地的空间布局规划建设。另外，还应重视一些微观方面的问题，如加强从业人员的培训，包括服务技能、旅游基础知识、语言、跨文化交际、涉外礼仪礼节等，不但能接待好中国游客，也要做好接待外宾的准备，以适应西安市全域性乡村旅游目的地的建设。

2. 宝鸡市

对宝鸡市乡村旅游需求与供给因素适应性管理方案制订、实施结果的监控与评估来看，效果很满意，但是尚须调整的部分仍旧存在。在管理方面，政府管理应实施干预调节型模式。随着丝绸之路经济带的建设，关中—天水经济区建设的进一步加强，从西安出发途径宝鸡前往天水、兰州或者西宁甚至新疆乃至中亚五国的自驾游游客不断增多，宝鸡市现有的规划布局及旅游产品已经不适应西安市、宝鸡市及相邻省份城市居民对乡村旅游的需求。对此，需要结合露营旅游，尽快增加西安到宝鸡，再到天水交通廊道的乡村旅游目的地建设，方便游客便捷地前往目的地游玩。在产品开发方面，需要完善更多功能，增加更多业态。在旅游商品开发方面，走集约化、商品化、标准化道路。另外，需要着力解决新开发乡村旅游目的地的城镇化、趋同化现象。

3. 汉中市

对汉中市乡村旅游需求与供给因素适应性管理方案制订、实施结果的监控与评估来看，效果比较满意。在管理方面，政府管理应实施干预调节型模式。随着汉中市乡村旅游产品营销力度的加强、范围的拓展，汉中市现有的规划布局及旅游产品已经不再适应陕北两市、西安市、相邻省份城市居民对乡村旅游的需求。因此，需要结合露营旅游，尽快增加西安到汉中，再到成都或者甘南等地自驾游交通廊道的乡村旅游目的地建设。另外，由于游客数量增速很快，要加大对基础设施的投入建设，避免发生油菜花花海节等节庆期间“一床难求”的现象，还要加大从业人员服务水平、技能的培训，提高游客满意度。

4. 安康市

对安康市乡村旅游需求与供给因素适应性管理方案制订、实施结果的监控与评估来看，效果非常满意。在管理方面，政府管理应实施干预调节型模式。随着安康市定位“西安后花园”以来，安康市乡村旅游人数增长很快，安康市应尽快在规划布局上下功夫，在产品开发、功能完善上也要下功夫。另外，还必须加大对基础设施的投入建设，增加基础设施供给，特别是改善可进入条件，提高经营户基本的接待、卫生条件。

5. 商洛市

对商洛市乡村旅游需求与供给因素适应性管理方案制订、实施结果的监控与评估来看，效果显著。在管理方面，政府管理应实施干预调节型模式。在需求与供给适应性管理方案实施方面，商洛市定位为“西安后花园”“西安第二生活区”，吸引了很多游客。但是在产品开发方面，仍旧走普通乡村旅游产品的路子，游客并没有回家的感觉。商洛市应该在价格、接待设施的布局、氛围、环境、感觉等方面着手，打造“家”的乡村旅游产品。另外，还需要加强对乡村土特产品质量的监管，制定相应措施，保证质量。

6. 杨凌区

对杨凌区乡村旅游需求与供给因素适应性管理方案制订、实施结果的监控与评估来看，效果比较理想。在管理方面，政府管理应实施干预调节型模式。由于杨凌区乡村旅游的游客来自全国各地，乡村旅游需求比较复杂，在产品开发、功能完善上也要下功夫。因此，杨凌区不但要做好农业科技园、种植园、养殖园等乡村旅游产品，而且要满足游客体验、休闲、娱乐的需求，要将“农”与“学”、

“看”与“玩”紧密结合。另外，还要挖掘关中民俗资源，开发“赏花、采摘、放风筝、春播、植树、农家乐”等乡村旅游产品，满足游客了解中国农业发源地风土人情的需求。

（二）起步阶段地区

1. 咸阳市

对咸阳市乡村旅游需求与供给因素适应性管理方案制订、实施结果的监控与评估来看，效果较为满意。政府管理应实施集约型管理模式。随着西咸一体化、西咸新区、西咸地铁干道的建设，咸阳市乡村旅游业规划布局已经不能满足西安市、咸阳市及省外游客的需求，需要重新布局规划。在产品供给方面，以袁家村为示范点，打造精品，着力完善功能、结构、业态，以满足不同地域、不同消费群体、不同年龄段、不同职业游客的需求，这样才可以与西安市乡村旅游产品竞争，吸引更多的游客。

2. 渭南市

对渭南市乡村旅游需求与供给因素适应性管理方案制订、实施结果的监控与评估来看，效果较为理想。在管理方面，政府管理应实施集约型管理模式。从乡村旅游业快速发展及渭南市道路建设情况来看，在规划布局方面，要认真研究，一方面做好现有产品的转型升级规划，另一方面在新开发的景区周边进行布局，同时沿着连霍高速公路渭南段、西禹高速公路渭南段进行布局，特别是在开发韩城市乡村旅游产品规划方面要加快速度。在人才培养、技能培训方面，也需要制定详细规划。

3. 铜川市

对铜川市乡村旅游需求与供给因素适应性管理方案制订、实施结果的监控与评估来看，效果较为满意。在管理方面，政府管理应实施集约型管理模式。随着西铜新高速的通车，铜川市被纳入西安市一小时生活圈，这对铜川市发展乡村旅游有着极其重要的作用，在位于秦巴山地的商洛市、安康市作为“西安后花园”的同时，铜川市已成为“西安前花园”。另外，铜川市处于关中与陕北，以及关中与宁夏、内蒙古等省区的交通咽喉之处，随着陕北、铜川红色旅游的快速发展，前往宁夏、内蒙古等地自驾游游客的快速增长，铜川市现有的规划布局及旅游产品已经不适应西安市、省外城市居民对乡村旅游的需求，需要结合露营旅游，规划、布局新的乡村旅游目的地。在产品规划开发初期，避免城镇化、趋同化现象。

（三）探索阶段地区

1. 延安市

对延安市乡村旅游需求与供给因素适应性管理方案制订、实施结果的监控与评估来看，效果比较好。政府管理应实施集约型管理模式，强化管理和引导。随着延安市旅游业的快速发展，乡村旅游人数增长很快，在节假日经常出现“一床难求”的局面，现有基础设施、旅游产品已经不能满足游客的需要，需要尽快规划布局新的乡村旅游目的地，增加基础设施、旅游产品的供给。另外，在人才培养、技能培训方面也要加强。

2. 榆林市

对榆林市乡村旅游需求与供给因素适应性管理方案制订、实施结果的监控与评估来看，效果不错。随着榆林市经济的快速发展，人们对休闲娱乐活动需求呈快速增长态势；随着本地城市、矿区人口的快速增加，出游人数增加也很快。鉴于几方面情况，榆林市现有的规划布局已经远远不能满足需求。在做好原有乡村旅游目的地建设的同时，应当加快榆林市环城游憩带及临近采矿、采油区乡村旅游目的地的建设。另外，在方便游客进行乡村旅游方面，要高质量建设乡村旅游网络平台、智慧旅游平台，基本做到网络畅通，信号覆盖面积大。

二、效应因素

在许多学者的研究中，乡村旅游在社会主义新农村建设、城镇化、促进农民就业、转化村民观念等效用方面被无限扩大，在调研中发现，这些是片面的、不切实际的认识。据统计，中国 2010 年乡村数量约 260 万个，乡村人口 6 亿左右，发展乡村旅游的乡村约 8.5 万个，从业人员大约 2000 万人。乡村旅游效应被无限夸大的时候，人们往往只看成绩，而忽视其他方面的问题，这样更容易给当地自然生态环境和人文社会环境带来危害。在方案调整意见征求过程中，当地管理人员提出了很多意见和看法。所以在乡村旅游适应性管理效应方案的调整中，主要以采取有力措施减少负面效应为主。首先从管理者开始，一方面要科学规划，严格管理，不能为了经济效益而盲目发展；另一方面经营者也要转变观念，不能为了赚钱，游客的什么需求都满足。游客不能为了满足自己的需求，不顾自然环境与人文社会环境的限制，什么都做。要达到乡村旅游经济效益、社会效益、生态效益的协调发展，需要从宣传教育、社会监督、人员培训等方面加强。

三、环境因素

环境因素方面适应性管理方案调整仍分为关中地区、陕南地区、陕北地区进行分析。

（一）关中地区

对关中地区乡村旅游环境因素适应性管理方案制订、实施结果的监控与评估来看，效果不太满意。在环境管理方面，政府管理应实施集约型管理模式，强化管理和引导。在调研中发现，关中地区乡村旅游目的地环境破坏仍然比较严重，乡村旅游带来的噪声、废气、生活垃圾、废水等污染物情况依旧严重，在执行原定严管重罚、宣传教育方案的同时，应该引入先进技术，发展低碳乡村旅游，尽可能延长产业链，用科技手段实现乡村产品废弃物最低化，对游客产生的废弃物回收利用，发展沼气等产业，变废为宝。在人文历史文化方面，针对发展乡村旅游造成的古村、古镇、古街毁坏现象比较严重的问题，继续采取挂牌保护等办法的同时，在有财力、有能力的情况下，政府加大投资，甚至可以采用购买、维修、保护的办法予以保留；对一些民俗文化，指定非物质文化遗产继承人，给予他们经济方面的援助，保护民俗文化。

（二）陕南地区

对陕南地区乡村旅游环境因素适应性管理方案制订、实施结果的监控与评估来看，效果很好。在环境管理方面，政府管理应实施集约型管理模式，严格管理。陕南作为中国南水北调最重要的水源地，当地政府非常重视自然环境保护，在调研中发现，在实施方案时，政府部门做得很好，将环境保护放在了第一位，取得了显著成效。但是作为环境脆弱的山地，经营户偷偷将废水排到山沟或者挖渗井排到地下，游客将垃圾随手抛到山沟，经营户提供野味，游客偷猎、偷带野生动植物的现象时有发生。对这种情况在执行原定严管重罚、宣传教育方案的同时，还应强化规划，强制修建垃圾、废水处理系统，划定核心保护区，采取措施，禁止人员出入。在人文历史文化方面，陕南地区有效地保护了古村、古镇、古街，以及民俗文化。

（三）陕北地区

对陕北地区乡村旅游环境因素适应性管理方案制订、实施结果的监控与评估来看，效果比较满意。陕北自然环境非常脆弱，需要多方案、多渠道、多途径、多方位、多管齐下进行有效保护。在调研中发现，在方案实施过程中，政府、经营者、游客能够互相配合，遵守规则，有效防范了环境破坏事故的发生。但是由于基础设施建设投入的不足，导致一些问题的发生。陕北两市作为能源化工大市，财力雄厚，政府应该在建设初期进行资金帮扶，高水平、高规格地搞好基础设施建设。另外，也可采用经营户、游客缴纳环境保护基金的方式、方法，解决环境保护设施建设资金不足的现状。在人文历史文化方面，由政府投入资金，对古镇、古街道、古建筑、古民俗等进行修缮、保护和传承。

四、其他因素

对乡村旅游其他因素适应性管理方案制订、实施结果的监控与评估来看，效果比较满意。因为乡村旅游游客构成比较复杂，游客素质参差不齐，通过发传单、口头说明、竖立游客行为规范牌等形式来要求游客做到保护生态环境是比较难的。要做好这一点，一方面要加强宣传教育，培养更多的乡村生态旅游者，加强对游客破坏环境行为的严管重罚；另一方面采取“圈护”等措施，减少破坏。

在对陕西省十市一区乡村旅游适应性管理方案实施情况调研反馈的信息中发现，乡村旅游发展在土地所有权、经营权上存在问题，如有些乡村旅游经营者随意侵占无主河滩地、山边荒滩地、沟坝地，曾是长期困扰西安市长安区乡村旅游经营的最大问题之一。有些租地经营者投资巨大，经营良好，但是由于签订租地合同时存在瑕疵，也由于没有处理好与当地村民的利益关系，最后导致经营关门的事情有好几起。另外，早期利用滩涂荒地经营“农家乐”项目的手续不全，缺乏监督，后期政府又开始介入管理，也给经营户带来了一定损失。从反馈回来的解决方案中，多数人认为在乡村旅游发展中，土地流转问题需要政府按照相关规定，规范土地管理，正视已有乡村旅游经营者的权益，为他们补办手续，规范引导，提高经营者的积极性，为经营者提供一个安全可靠的良好环境。

第四节　陕西省乡村旅游适应性管理框架

基于旅游地生命周期理论，结合乡村旅游相关理论与实践最新研究成果，总结陕西省乡村旅游发展现状与存在问题，根据陕西省十市一区乡村旅游目的地阶段划分及适应性管理方案制订、实施、监控、评估情况，提出陕西省乡村旅游适应性管理框架。

一、需求与供给因素

（一）发展中地区

1. 西安市

（1）产品需求与供给

调整产品结构，完善产品功能，增加更多业态，满足不同需求，解决产品单薄、重复购买频率较低、停留时间比较短、人均旅游消费偏低、旅游购物消费力较差等问题。西安市可开发一些有特色的果园和菜地（不需要高科技），游客如果愿意，可以使用经营户提供的劳动服装及工具（可租用）参加一些农业劳动；经营者可安排员工带领、陪同，有教有学，在劳动过程中告知游客当地风土人情、历史传说等，提升游客的游玩兴趣。另外，还可结合当地的地域特征、关中特色的民俗文化，开发一些具有地方特色、高品质的乡村旅游项目，提高游客的参与性、娱乐性、休闲性。

（2）市场营销策略

市场营销应从 3 个方面进行：①强化网络营销。以 2014 年中国“智慧旅游年”的开展为契机，围绕“2014 中国智慧旅游年”主题，改造、提高或者整合西安市乡村旅游现有网站，加快推动西安市乡村旅游在线服务、网络营销、网上预订、网上支付等智慧旅游服务，提供乡村旅游目的地的地理位置、行车线路、家庭旅馆详情、特色项目报价、联系方式，以及本地的气候、风土民情、相关政策及游客留言、评价文章，把这些内容放在本地网站中并积极链接到一些浏览量大、点击率高的网站进行宣传，同时可以与有影响力的网站、论坛联合举办活动，吸引游客并更好地宣传自己。②通过旅行社等旅游中间媒介进行营销。乡村旅游目的地应该更好地利用旅行社为自己招揽游客，旅行社的经营者大都集中在城市，乡村旅游游客营销目标亦是城市居民，旅行社有招揽游客的渠道，在借助旅行社营销时，应价格优惠，利益共享，改变“靠天吃饭、淡季太淡、上路拦车”的局面。③其他形式。乡村旅游营销活动可在成立行业协会后采用“请进来”“走出去”的方式。借鉴日本的乡村旅游营销经验，走进城市，召开研讨会，向市民广泛宣传，发放宣传册[16]，邀请旅行社经营者、旅游专家学者、市民免费走进乡村旅游目的地，免费体验产品，进一步扩大影响，提高营销效率。

（3）基础设施需求与供给

在可进入性方面，政府交通部门增加往返公交车的投入，在假日、双休日推出乡村旅游公交专线，实现直达往返；在乡村旅游目的地集中地域（环山路、西沣路）建设停车场、公共厕所；在一些主要路段设立明显的路线、路标、指示牌等。在乡村旅游目的地基础设施供给方面，应该先进行规划：①室内设施要齐全，采光、照明条件要好，厨房、厕所设计要干净整洁，易于保持卫生。②注重院内绿化。③规划时必须有上下水管道的设计，最好规划有污水处理系统。④规划停车场。⑤建立统一的垃圾掩埋处理场。⑥在一些主要路段设立较为明显的路线、路标、指示牌。⑦规划购物场所及相关设施。⑧根据情况，选择性地规划建设乡村博物馆、家庭旅馆、汽车旅馆、露营地、演出馆、体育馆等，满足不同游客的需求。

（4）空间布局

随着西安城市建设的发展，原来的规划布局已经不适应西安市民对乡村旅游的需求，需要尽快增加西安市东、西、南、北郊区，以及西咸新区、泾渭新城等地的乡村旅游目的地的空间布局规划建设。空间布局不但要关注地域布局，而且要根据不同地域，规划不同的乡村旅游产品。

（5）人才培养

乡村旅游人才培养至关重要，有些人认为乡村旅游业对人才的要求可以不严格，这是错误的认识。因为乡村旅游业是一个购买和消费同时进行的行业，是人们放松身心、愉悦精神的活动，如果管理不好、服务水平低，将招致游客的不满，甚至投诉。调研中发现的乡村旅游服务水平和技能满意度很低，就是最好的例证。高质量的管理和服务人才需要切实可行的人才培养计划。县乡村级政府部门应制订人力资源培训计划。从业人员上岗前，必须接受培训，参加体检，持有健康证明。培养方式可以采用“请进来、走出去”的办法，一方面邀请专家授课，另一方面外派从业人员学习。西安市大专院校多，西北大学、陕西师范大学、西安外国语大学云集了国内众多的旅游教育专家，可聘请其做专职或兼职教师，也可选送人员去院校培训。培训内容不但要有旅游方面的基本知识，而且应该有基本技能的培训，包括普通话、外语（有外宾的地方）、厨艺、交际、礼仪等。

（6）政府管理

政府管理应实施干预调节型模式，从宏观和微观两个方面进行。在宏观方面，政府应加强对经营户的管理、扶持、引导，如规范经营准许证制度、经营规章制度等；引入国内外的先进管理经验，如日本政府帮助经营户成立全国性的、地方性的行业自律委员会、行业协会（必须是经营户直接参与自主决策）、行业研讨会（论坛形式）等，对其经营卫生、环保、设施等作规范认证等[159]。在微观方面，政府应加强对从业人员的培训；在重要交通路口设置醒目的路标、指示牌等；利用税收在村中建立统一的垃圾、污水处理中心、停车场；对使用太阳能、沼气等无公害能源进行技术指导，防止生态环境遭到破坏，避免引起其他非经营者的不满，从而使“农家乐”能够健康有序地发展。

（7）经营户自身管理

参照日本的全国性农业观光协会，农业观光论坛（每年轮流在东京、大阪、名古屋等大中城市举行）[160]，成立西安市市级、区县级、乡镇村级行业协会、行业论坛等自治组织，健全自制组织。利用行业协会、行业论坛在经营户之间、经营户与政府之间架起沟通的桥梁，维护经营者的利益，自主解决经营中存在的问题。在论坛上，经营户可提出自己在各种计划实施过程中出现的问题，大家集思广益，共同协商、讨论，提出解决方案。这种有经营户广泛参与的管理办法，有利于调动广大经营户的积极性，便于管理。笔者认为这些行业委员会、协会的日常事务就是对开发项目、经营项目、经营价格进行软管理和协调，所以下设办公室必须有旅游信息中心、旅游接待中心、旅游宣传促销中心等，经常收集当地经营户可以提供住宿和旅游活动的家庭信息，进行统一营销，这样就可以解决经营户分散经营、恶性竞争、无品牌等问题。行业委员会、协会和论坛的运作资金可以采取收会费、募捐、利用国家扶贫资金等形式筹集，负责人可以选举有管理能力、正直、有企业家精神的人担任，员工可以由经营户兼职或者轮流做义工。

2. 宝鸡市

（1）产品需求与供给

调整、完善产品结构、功能。以关中西府民俗风情为核心，做大、做强融合人文资源、自然风光和乡村生活三位一体的有异于西安市、咸阳市乡村旅游产品的乡村旅游产品品牌。在农家饭上，有精工细作的臊子面、擀面皮、鹿羔馍、马蹄酥、豆花泡等西府美食；在农家商品上，有西府剪纸、刺绣、皮影、木版年画、枕头猪、泥塑马、泥塑羊等西府特有的手工艺产品；在活动内容上，有精心组织的社火、踩高跷、舞龙耍狮等西府民间活动，做好“五园一村”乡村旅游产品，满足乡村旅游游客的各种需求。

（2）市场营销策略

市场营销应从 3 个方面进行：①强化网络营销。以 2014 年中国“智慧旅游年”的开展为契机，围绕“2014 中国智慧旅游年”的主题，建设宝鸡市专业乡村旅游网站，或者在宝鸡市文物旅游网显著位置添加乡村旅游链接网址。另外，尽快推出宝鸡市乡村旅游手机智慧网络平台，全方位提供乡村旅游目的地的地理位置、行车线路、家庭旅馆详情、特色项目报价、联系方式及本地的气候、风土民情、相关政策及游客留言、评价文章等信息，以便帮助游客顺畅地找到目的地。②通过旅行社等旅游中间媒介进行营销。西安市的一部分旅行社会定期组织旅游团前往宝鸡、天水、兰州等市旅游，如果将乡村旅游产品加入旅游活动计划，一方面游客人数会大增，另一方面会形成淡季不淡的局面。③其他形式。可走进宝鸡市的乡村旅游客源地城市，向市民广泛宣传、发放宣传册等，吸引游客。

（3）基础设施需求与供给

在可进入性方面，宝鸡市政府交通部门应在假日、双休日推出乡村旅游公交专线，实现西安到目的地的直达往返。平时做好相应长途公交车、火车站至乡村旅游目的地零换乘公共交通系统，在一些主要路段设立明显的路线、路标、指示牌等。在乡村旅游目的地基础设施供给方面，参考西安市。

（4）空间布局

西安到宝鸡共有四条主要交通通道，即西宝高速、西宝公路南线、西宝公路中线、西宝公路北线。几条线路上都有景区，且各具特色。这些线路是西安通往天水的重要交通廊道，应该根据实际情况，布局开发一些各具特色的乡村旅游目的地，满足前往天水、兰州、西宁等地自驾游游客、旅游团队游客体验、露营、用餐的需求。完善七彩凤县、凤鸣岐山、佛教扶风、雪域太白、神奇麟游、绿色千阳、草原陇县这些与众不同的县域旅游品牌，使宝鸡市乡村旅游产品的空间布局做到“一县一景、一县一品、一县一特”，满足不同游客的需求。

（5）人才培养

乡村旅游人才培养对宝鸡市乡村旅游可持续发展至关重要。随着宝鸡市乡村旅游业的不断发展壮大，市、县、镇（乡）、村级政府部门应制订切实可行的人力资源培训计划。培养方式最好采用“请进来、走出去”的办法，一方面邀请专家授课，另一方面外派从业人员学习。可聘请宝鸡文理学院相关旅游专家学者做专职或兼职教师，也可选送人员到校培训，培训内容包括旅游方面的基本知识、基本技能，如普通话、厨艺、交际、礼仪等。

（6）政府管理

政府管理应当实施干预调节型模式，但是对于地域不同、经营时间长短不同的乡村旅游地应区别对待。对位于宝鸡市关中平原地带、经营历程长的乡村旅游目的地，应多做指导、扶持等管理工作，而对于一些位于秦岭山地的或新建的乡村旅游目的地，在指导规划、建设的同时，应该严格管理，避免环境污染等问题的发生。另外，宝鸡市政府部门还应多组织对从业人员的培训。宝鸡市乡村旅游目的地比较分散，政府相关部门应在重要交通路口设置醒目的路标、指示牌等，组织村中完善、建设统一的垃圾、污水处理中心及停车场，对使用太阳能、沼气等无公害能源、低碳乡村旅游活动的开展进行技术指导和奖励。

（7）经营户自身管理

宝鸡市北郭村乡村旅游协会成立较早，运营模式先进，适合在宝鸡市乡村旅游目的地进行推广。宝鸡市应成立市级、区县级、乡镇村级行业协会等自治组织，利用协会自主解决经营中存在的问题。

3. 汉中市

（1）产品需求与供给

汉中市乡村旅游游客大部分是远道而来的，他们期望体验高品质的乡村旅游产品，所以在供给上应该满足这一需求。挖掘文化特色，提升品位和档次，满足观光、体验需求；借助秦巴山水，满足休闲、避暑、健身、娱乐、探险、猎奇的需要，建设销售原生态乡村旅游产品，如茶叶、腊肉、橡子凉粉、藤编、蜂蜜、菜籽油等的旅游商品超市，满足游客购物需求。

（2）市场营销策略

市场营销应从以下几个方面进行：①做好网络营销。建设乡村旅游专业网站，利用手机平台，为远道而来的游客提供乡村旅游目的地的地理位置、行车线路、家庭旅馆详情、特色项目报价、联系方式以及本地的气候、风土民情、相关政策等方面的信息，方便游客出行。②通过旅行社等旅游中间媒介进行营销。前往汉中市参观、考察、学习的旅游团队很多，应尽量利用旅游中间媒介吸引他们前来用餐、体验。③其他形式。利用“油菜花节”“花海节”等节庆机会，召开研讨会、宣传会等，进一步扩大影响，提高营销效率。

（3）基础设施需求与供给

汉中市由于地形比较复杂，可进入性较差，政府交通部门应该做好基础设施方面的工作。在现有景区推出的旅游专线的基础上，整合公共交通资源，联合部分景区，在假日、双休日推出公交专线，实行直达往返。在公共交通枢纽地带，在相关火车站开通运营乡村旅游目的地的公共交通，实现零对接，方便游客往来。另外，汉中市的一些乡村旅游目的地地处山区，基础设施比较差，政府应该利用扶贫资金、新农村建设资金，做好垃圾处理厂、污水处理厂等基础设施建设。在新建乡村旅游目的地基础设施时，应注重：①电力、通信等基础设施建设。②接待基础设施建设，室内设施要齐全，采光、照明条件要好，厨房、厕所要干净整洁。③规划时必须有上下水管道的设计，最好规划有污水处理系统。④必须规划停车场。⑤在一些主要路段设立较为明显的路线、路标、指示牌。⑥购物场所建设。

（4）空间布局

根据汉中市各地的农业特色并结合地理特点、人文景观、资源优势合理布局。汉台区、南郑县围绕中心城区和“一江两岸”景带发展城郊田园风光类、特种养殖类休闲观光农业。城固县做好橘园项目，西乡县做好樱桃沟和茶园两个精品乡村旅游目的地。洋县做好梨园、华阳—长青古镇品牌，勉县依托武侯祠、武侯墓两大知名景点发展休闲乡村旅游。留坝县做好古栈道漂流、高山草甸旅游等休闲观光农业品牌。宁强县依托羌州文化和青木川古镇，突出民俗风情类休闲观光农业。略阳县依托嘉陵江纵贯县境并形成广阔水域和悠久历史文化的资源优势，开发以观光游憩、休闲度假为主，集水上娱乐、森林探险、农业观光、地貌欣赏、商务会议为一体的综合休闲乡村旅游区。镇巴县应发掘巴山民歌、陕南号子、汉中曲子、镇巴唢呐等秦巴风俗文化，形成产业。佛坪县继续开发山茱萸旅游项目，继续做好汉台花卉基地、褒河鲜鱼一条街及天台山、南湖、红寺湖、黎坪森林公园等旅游风景区周围农家乐。

（5）人才培养

汉中市乡村旅游发展速度快，旅游接待人才缺口大。有些地方由于地处偏远，方言重，接待、交流都成问题，所以汉中市乡村旅游人才培养更为迫切和重要。汉中市市、县、镇、村级政府部门应制订切实可行的人力资源培训计划。汉中市一些乡村旅游目的地距离城市较远，培养方式宜采用“请进来”的办法，可邀请专家、乡村旅游发达地区实践经验丰富者授课。如果经费充足，可以以县、镇为单位选派优秀从业人员前往汉中、西安或者成都等地学习、参观，培训内容不但要有旅游方面的基本知识（包括普通话、厨艺、交际、礼仪等），还需要有产品开发、环境保护、经营方式等，以解决服务质量、技能、开发实践等问题。

（6）政府管理

政府管理应该实施干预调节型模式，但是汉中市乡村旅游目的地分布分散，经营方式多变，应该依据地域、经营时间、经营方式、自然条件不同等区别对待，还应该依据乡村旅游发展中的不同环节进行不同程度的管理。对于汉中市全域来说，由于整个发展基础较差，管理上应以指导、扶持、推动等为主，但是在自然人文生态环境保护方面，应该严格管理，严管重罚，避免环境污染等问题的发生。另外，汉中市市政府还应多组织对从业人员的培训。汉中市乡村旅游目的地比较分散，政府相关部门应该在重要交通路口设置醒目的路标、指示牌等，组织村中完善、建设统一的垃圾、污水处理中心及停车场，对太阳能、沼气等无公害能源的使用、低碳乡村旅游活动的开展进行技术指导和奖励。

（7）经营户自身管理

汉中市乡村旅游目的地比较分散，政府管理费时费力，所以自身协会管理更为重要。因此，成立汉中市市级、区县级、乡镇村级行业协会，利用行业协会架起沟通经营户与政府之间的桥梁，维护经营者的利益，这样政府省钱、省力，问题也能及时解决，是一举多得的好事情。协会款项来源，可以用协会基金，汉中市扶贫款、生态保护移民款也可支持协会的活动。

4. 安康市

（1）产品需求与供给

安康市与汉中市一样，乡村旅游游客大部分是远道而来的，他们期望体验高品质的乡村旅游产品，所以在供给上应该满足这一需求。安康市在挖掘文化特色的时候，要注意和汉中市、商洛市的差异性，要更加注重陕南特色古民居、古街区、古码头的开发利用，借助秦巴山水，移民文化，瀛湖龙舟竞赛、紫阳民歌、旬阳龙灯、安康汉调二簧、汉阴秧歌、旱船、高跷、小场子、闹花灯等，古村镇建筑文化，包括牌坊、庙宇、残碑、四合院等，提升品位和档次，满足观光、考察、学习、体验、猎奇、避暑、健身、娱乐、探险等旅游需求；建设原生态乡村旅游保健产品——富硒产品系列、蚕桑系列产品、腊肉、藤编、蜂蜜、菜籽油、汉剧脸谱面具、安康剪纸、挑花绣、皮影、根雕、棕叶扇、紫阳石版雕画等旅游商品超市，满足购物需求。

（2）市场营销

市场营销应从 3 个方面进行：①做好网络营销（同汉中市）。②通过旅行社等旅游中间媒介进行营销，如前往安康、湖北武当山的旅游团队很多，尽量利用旅游中间媒介吸引他们前来用餐、体验。③其他形式。还可以利用“龙舟节”“油菜花节”“采茶节”等节庆机会，召开民俗文化研讨会等，扩大影响。

（3）基础设施需求与供给

安康市地处秦巴山地，公路交通不便，但是铁路交通便捷，西安到安康乘坐火车仅需 3 个多小时，且每日有多趟列车往返，政府交通部门应该借助这个有利条件，开通安康火车站与乡村旅游目的地的直达往返公交车，方便游客往来。安康市通村道路路况差，且弯多、弯急、坡度陡，建设标准不高，需要及时养护。另外，安康市一些乡村旅游目的地地处山区，各种基础设施也比较差，政府应该利用扶贫资金、新农村建设资金，做好垃圾、污水等基础设施建设。在新建乡村旅游目的地基础设施时，应注重：①医疗、文化等公共设施建设。②电力、通信等基础设施建设。③接待基础设施建设，特别要重视厨房、厕所设计，避免厕所与猪圈连通。④必须规划停车场，要保证安全。⑤在一些主要路段设立较为明显的路线、路标、指示牌。⑥购物场所及设施建设。

（4）空间布局

安康市在乡村旅游空间布局规划上，不但要做好“一山（南宫山）、一湖（瀛湖）、一城”的布局，而且要结合“秦巴风情、汉水神韵、金州美食、绿色安康”等特色，打造巴山生态休闲游、汉水风情体验游、秦岭森林度假游等精品乡村旅游线路，形成瀛湖流水、平利长安、毛坝田园、岚河风情、紫阳茶山等六大特色乡村旅游带，吸引西安市及周边省市的游客。另外，还要利用从西安前往武当山自驾游游客逐渐增多的趋势，在此交通廊道布局规划乡村旅游目的地，以满足露营旅游、就餐、停车、休息的需求。

（5）人才培养

安康市是移民城市，方言多，许多村民受生活习惯、小农经济、小生产者的意识影响，思想观念落后，给乡村旅游发展带来了诸多问题。针对这些问题，安康市应该做好乡村旅游实用人才培训工作，主要从普通话、人际交往、思想观念、管理能力、业务水平、操作技能等方面进行综合素质的培训，可采取集中培训与分散教学相结合的方式，送教下乡，进村入户，利用村民的空闲时间对其进行培训，并分为传统面授和现代远程两种方式进行，充分借助当地相关教育资源，如安康学院、安康职业技术学院等高校相关专业优势开展培训。另外，可选派优秀从业人员前往安康、西安等地学习，然后再让他们做老师，培训其他从业者。

（6）政府管理

政府管理应该实施干预调节型模式。安康市与汉中市一样，乡村旅游目的地分布分散，经营方式多变，应该依据地域、经营时间、经营方式、自然条件不同等区别对待，还应该依据乡村旅游发展中的不同环节进行不同程度的管理。具体操作模式同汉中市。

（7）经营户自身管理

安康市与汉中市一样，乡村旅游目的地比较分散，政府管理费时费力，所以协会自身管理更为重要。2005 年 9 月 5 日，安康市宁陕县广货街镇生态旅游农家乐协会正在成立，会上讨论通过了协会章程、工作制度和选举办法，选举产生了 5 名协会会长和正副秘书长。这是安康市最早成立的乡村旅游协会组织，在本地乡村旅游的发展中起到了很大的作用。借鉴此做法，安康市成立市级、区县级、乡镇村级行业协会，解决乡村旅游发展中的问题。

5. 商洛市

（1）产品需求与供给

商洛市乡村旅游以西安市为主要客源地，游客主要以休憩、养生为主，所以在供给上应该满足这一需求。结合商洛市自然条件，在产品供给上以“天然氧吧”“绿色健康”“快乐无限”为主，将绿色丛林、湛蓝河水、缤纷花朵、姹紫嫣红的群山、色彩斑斓的山鸟、古镇小街、古建筑、村庄庭院融合，让游客完全放松身体，舒畅在其中。适当挖掘当地文化特色，提升品位，提升档次，但是以不喧嚣为原则，使居住者、经营者、旅游者与自然、文化、环境和谐共生，娱心悦体。另外，还要建设销售原生态乡村旅游产品（如中药材、茶叶、腊肉、木耳、核桃、藤编、蜂蜜等）的旅游商品超市，满足购物要求。

（2）市场营销策略

市场营销应从 3 个方面进行：①做好网络营销。以 2014 年中国“智慧旅游年”的开展为契机，建设乡村旅游专业网站，利用手机平台，与古城热线、华商网合作，将旅游目的地与导航系统等联系起来，为远道而来的游客提供乡村旅游目的地的地理位置、行车线路、家庭旅馆详情、特色项目报价、联系方式以及本地的气候、风土民情、相关政策等，方便游客出行，充实游客关心的吃、住、行、游、购、娱等方面的内容，丰富网站的内容，搭建乡村旅游目的地与各地游客的沟通桥梁。②通过旅行社等旅游中间媒介进行营销。前往安康、汉中、武当山旅游的团队多经过此处，尽量吸引他们前来用餐、体验。③其他形式。与《华商报》《三秦都市报》《西安晚报》，安康、关中、陕北等地的多家报刊合作，进一步扩大影响，提高营销效率。

（3）基础设施需求与供给

商洛市虽然地形复杂，但是距离西安较近，路况也比较好。政府应该开通乡村旅游目的地公交线路。另外，在公共交通枢纽地带，如火车站，开通运营乡村旅游目的地的公共交通，实现零对接，方便游客往来。在新建乡村旅游目的地基础设施时，采取与汉中市、安康市相同的措施。

（4）空间布局

商洛市乡村旅游空间布局在做好现有乡村旅游目的地的同时，不宜过多增加。如果再进行布局，宜采用“点、线结合”的方式。这个“线”是西安通往安康、汉中、湖北等地的交通线，能够满足过路自驾游游客、旅游团队的用餐、休息等需求。新规划布局的乡村旅游目的地，在“点”的选择上，要以基础设施、自然生态条件、人文历史社会条件优越的地方为主，适当雕琢，即可使用，不宜选择需要大改大造的地方，一是要保持宁静氛围，二是要保持原汁原味，三是为了保护环境，做好“一江清水送北京”的工作。

（5）人才培养

商洛市乡村旅游人才水平高，服务质量好，技能强。这与当地政府部门把标准体系建立、应用作为提升城市品牌的做法有很大关系。但是随着乡村旅游进一步发展，产品的升级换代，对从业人员整体素质也有了较高要求。商洛市应继续做好各个层次的旅游人才培养工作。商洛距离西安较近，可以与西安市大专院校联合开展人才培养，有计划、有步骤地提高乡村旅游人才素质，如联合院校，做院校实践教学基地，减少企业培训成本；举办各种学术、行业交流活动，通过论坛、讲座等形式，促进乡村旅游从业人员与国内外专业人员的交流。

（6）政府管理

政府管理应该实施干预调节型模式。商洛市乡村旅游发展水平较高，政府管理应以指导、扶持等为主。由于商洛市地处南水北调的核心位置，在自然人文生态环境保护方面，政府部门应该持续监控、严格管理、严管重罚，避免环境污染等问题的发生。一定要在各村建设统一的垃圾、污水处理中心及停车场，制止污染环境的行为并解决任何形式、任何途径的环境污染问题。

（7）经营户自身管理

商洛市乡村旅游自身管理亟须加强，乡村旅游协会等组织可以鼓励当地社区居民以各种形式参与旅游开发决策，以便综合众人意见，使旅游开发符合民意，避免行政手段的干预，以保证得到居民的积极配合。这样居民就会自觉地保护当地资源，保持环境卫生，有利于商洛市乡村旅游的可持续发展。

6. 杨凌区

（1）产品需求与供给

作为农业高新技术产业示范区，杨凌区乡村旅游产品的供给应是高品位的，应多开发名优产品。在高科技的种植、养殖、加工生产环节，增加观赏性、知识性、参与性、趣味性。将高新农业、民俗旅游、艺术农业等相结合，提高旅游品位和档次，提高乡村旅游的技术含量，提高游客的购物欲望和消费能力。

（2）市场营销策略

市场营销应从 3 个方面进行：①强化网络营销。以开展 2014 年中国“智慧旅游年”开展为契机，围绕“2014 中国智慧旅游年”的主题，建设杨凌区乡村旅游网站，方便游客寻找适合自己的乡村旅游目的地。②通过旅行社等旅游中间媒介进行营销。来杨凌区观光、学习、考察、春游、接受教育的游客很多，这些游客大多数是以单位组织或者以旅行社组团的方式出游，所以借助旅行社进行营销，有利于扩大客源。③继续做好节庆营销。在一年一度的“农高会”上，利用各种形式宣传杨凌区的乡村旅游，以扩大其在全国的影响力。

（3）基础设施需求与供给

杨凌区面积虽小，但在国内的知名度比较高，基础设施非常完善，交通、家庭旅馆均可满足游客的需要。目前只需要实现乡村旅游目的地公交系统与火车站、长途汽车站的直接转乘即可。在新建乡村旅游目的地规划时需做好：①院内绿化。②规划停车场。③在一些主要路段设立较为明显的路线、路标指示牌。④根据情况，规划建设中国农业博物馆、露营地、演出馆、体育馆等，满足不同游客的需求。

（4）空间布局

随着西安城市建设的快速发展，原来的规划布局已经不适应西安市市民对乡村旅游的需求，需要尽快增加西安市东、西、南、北郊区、西咸新区、泾渭新城等地的乡村旅游目的地的空间布局规划建设。空间布局不但要关注地域布局，而且要根据不同地域，规划不同的乡村旅游产品。

（5）人才培养

杨凌区不但在第一产业、第二产业上能为社会提供最好的产品，还应在第三产业上也能提供优质产品，起到示范带头作用。杨凌区第三产业有一、二产业作依托，硬件没有问题，剩下的就是人才等软件问题了。杨凌区虽然有众多高水平的农林牧副渔业专家，但是中、小学文化程度人口占到总人口的 80.31%。这对劳动密集型的乡村旅游业来说，特别是对于需要提供高品质乡村旅游产品的杨凌区来说是需要尽快弥补的。弥补的方式是充分利用区内雄厚的农业科技、人才和教育优势，对乡村旅游从业人员进行系统的培训。培训不但有旅游基础知识，还必须结合杨凌区实际，使经营者能够掌握一门以上的实用技术，这样杨凌区乡村旅游发展会在短时期内再上一个新台阶。

（6）政府管理

政府管理应实施干预调节型模式，应从宏观和微观两个方面进行。在宏观方面，一方面加强对经营户的管理、扶持、引导，如规范经营许可证制度、经营规章制度等；另一方面引入国内外先进的管理经验，如日本政府帮助经营户成立全国性的、地方性的行业自律委员会、行业协会（必须是经营户直接参与自主决策）、行业研讨会（论坛形式）等，对其经营卫生、环保、设施等作规范认证等。在微观方面，政府应加强对从业人员的培训，在重要交通路口设置醒目的路标、指示牌等，利用税收在村中建立统一的垃圾、污水处理中心及停车场，对太阳能、沼气等清洁能源的使用进行技术指导，防止生态环境遭到破坏，从而使“农家乐”能够健康有序的发展。

（7）经营户自身管理

杨凌区应该尽早改变乡村旅游协会的“五无”状态，以乡村旅游协会为依托，统筹、协调高新农业示范园区、养殖园、种植园及崔西沟村等不同形式乡村旅游发展。这样既可以避免杨凌区乡村旅游产品单一的问题，又可以照顾各方利益，还能调动经营户的积极性，有利于杨凌区乡村旅游的可持续发展。

（二）起步阶段地区

1. 咸阳市

（1）政府管理

政府管理应该实施集约型管理模式。咸阳市政府相关部门对乡村旅游发展做了很多工作，扶持、打造了著名的袁家村乡村旅游目的地。但是要做到布局合理、规范有序、全面发展，政府还要强化管理，在标准制定、严格监管、扶持引导方面需要发挥作用，如“农家乐”服务标准、乡村旅馆标准、采摘标准、购物标准等需要政府制定。另外，其他方面的问题，如交通、旅游地的宣传及对农民进行培训等，当地政府也要起主导作用。

（2）基础设施需求与供给

袁家村作为省市级乡村旅游示范基地，基础设施建设良好，但其他乡村旅游目的地基础设施比较差，可进入性、接待设施等不能满足游客需求，经营户期望改善，但缺乏资金，投融资困难，需要政府协调。以村集体或者政府为主导，一方面加大招商引资力度，另一方面协助乡村旅游经营户成立公司、旅游协会组织等，解决融资、营销、物资采购、人才吸引等方面的问题。

（3）产品需求与供给

咸阳地处关中平原腹部，平地多，北部有一些浅山，但距离城市比较远，总体可发展地域地形差异小，乡村旅游产品同质化比较严重。在做发展布局规划时，应筛选具有特色和开发价值的乡村，在产品内容上，经营户、社区、投资者及政府要结合当地资源、环境特色，做好农事体验、关中印象体验、采摘、森林探险等乡村旅游活动。另外，结合咸阳市历史悠久的养生保健文化、中医医疗资源、丰富的温泉资源，打造养生主题的乡村旅游产品。

（4）空间布局

随着大西安、西咸新区、泾渭新城等区域组合建设，咸阳市与西安市多地域重叠交织，咸阳市乡村旅游空间布局应该有新的突破，以满足大西安城市建设的需要。借助国家 2014 年 1 月新批准成立的国家级西咸新区中国特色新型城镇化建设地带、渭北高原农业地带，借助咸阳市“一城两区三带”的文物旅游空间，沿渭河、沣河两岸的亲水空间布局，满足西安市西郊、北郊、西咸新区居民的乡村旅游需求。利用三原县、泾阳县地处关中与铜川、陕北交通廊道的便利，布局乡村旅游目的地。另外，咸阳市果树种植面积大，果树品种多，花期长，可开发赏花游产品。

（5）市场营销策略

市场营销应从两个方面进行：①强化网络营销。咸阳是首批创建国家智慧城市试点市，可以借助智慧城市的创建和发展来推进咸阳市“数字、网络、智能、便捷乡村旅游”的构建。在构建过程中，首先对文化水平普遍不高的乡村旅游经营者进行培训，协助做好这方面的工作。②走进西安市、咸阳市，向市民广泛宣传、发放宣传册，利用两地大众媒体进行宣传，扩大影响。

（6）人才培养

咸阳市乡村旅游发展呈快速增长态势，人才需求也将激增，所以人才培养应该集中在项目策划与开发方面进行。另外，对从业人员要加强农技、烹饪、食品卫生、安全生产、诚信等方面的培训。由于智慧旅游的需求，简单的计算机操作等也要纳入培训当中。培训可借助咸阳师范学院、咸阳职业技术学院等院校的旅游系来完成。

（7）经营户自身管理

咸阳市在新建乡村旅游目的地初期应成立乡村旅游协会，协会更容易和村民沟通，有利于调动大家的积极性，有利于管理，从立项、开发到决策管理，协会应自始至终发挥作用。

2. 渭南市

（1）政府管理

政府管理应该实施集约型管理模式。渭南市乡村旅游管理方面的政策尚不健全，对长远发展不利。应强力推进政府主导，利用政策法规、管理条例，解决乡村旅游发展所带来的环境问题。加强对自然生态、人文建筑、旅游消费等方面的保护和维修，从政策层面整合渭南市乡村旅游资源，实现统一规划、统一开发、统一管理、统一促销和统一保护的资源共享模式。

（2）基础设施需求与供给

渭南市首先要改变乡村旅游发展中交通线路不便、基础设施不配套、环境状况不佳、专门的旅游公交专线少、道路指南和路标不明显、建设标准低等问题，改善经营户卫生设备滞后、水冲厕所普及率不高的现状。另外，还要利用新农村建设的有利时机，做好乡村旅游目的地生态建设、绿化和村容整治等工作。

（3）产品需求与供给

渭南市不断创新乡村旅游发展方式，扩大乡村旅游与文化、商贸、农业、山水、自然、民俗的融合发展，走出了一条因地制宜发展特色乡村旅游之路。华阴市大力开发夜间美化项目，增添乡村旅游夜游氛围。渭南市农业用地量较大，租给市民，做“市民小菜（果）园”等专题旅游，提供游客参与和体验农业生产和农村生活的机会。挖掘历史遗迹和古代建筑群，坚持“一山一品、一河一品、一村一品、一街一品”的基本思路，强调旅游产品的差异性、互补性，满足游客的需求。

（4）空间布局

渭南市下辖两个县级市，旅游业发达，应该重点考虑。华阴市在规划中要做好“南山北水中文化”的旅游空间布局，沿山、沿堤、沿峪建设乡村旅游目的地，发展以避暑、休闲、采摘、游泳、探险等为主的旅游项目。韩城市要做好以党家村为中心的乡村旅游发展布局。渭河、黄河沿岸应开发亲水型、采摘型的乡村旅游目的地。

（5）市场营销策略

市场营销应从 3 个方面进行：①强化网络营销。渭南市乡村旅游目的地特别分散，可借助网络营销解决这一问题，推进渭南市“数字、网络、智能、便捷乡村旅游”的构建。②凝练统一的宣传口号，并走进西安市、渭南市，利用两地大众媒体进行宣传，扩大影响。③中央电视台在黄金时段播出的“最美村官”公益广告中，采用了渭南华阴老腔来做片头宣传，渭南市要利用好这个免费的机会做好宣传，扩大影响。

（6）人才培养

渭南市乡村旅游业发展时间短，人才问题比较突出，因此建立人才培养、激励、引进机制尤为重要。应充分利用临近的渭南师范学院、渭南职业技术学院等高等院校以及教育局、劳动局、扶贫办等一些部门的下属教育设施，对一些乡村旅游经营户业主、从业人员进行业务培训，提高乡村旅游从业人员的素质和服务水平。

（7）经营户自身管理

渭南市乡村旅游目的地比较分散，所以协会更显重要。协会工作要落到实处，名副其实，不但要协调农户之间的利益，对经营户负责，而且要对游客负责，还要起到政府与经营户之间沟通桥梁的作用。

3. 铜川市

（1）政府管理

政府管理应该实施集约型管理模式。铜川市政府要在政策制定、规划开发、宏观指导、市场监管、形象宣传、政策激励、体制机制创新等方面发挥决定性作用，严格执行、积极推进，以《铜川市“十二五”乡村旅游发展专项规划》为指导，以活动为引领，以项目建设为统领，加快景区基础设施建设，带动乡村旅游发展，推进休闲养生旅游目的地城市建设。

（2）基础设施需求与供给

铜川市道路、电力、通信基础设施完善，但是乡村旅游基础接待设施差，基础设施建设投入严重不足。铜川市应借助资源型城市转型以及被纳入大西安半小时经济圈为契机，按照《铜川市“十二五”旅游产业发展思路》的要求，做好乡村旅游基础设施建设，完善吃、住、行、游、购、娱接待设施，使铜川市乡村旅游走上健康持续快速发展之路。

（3）产品需求与供给

铜川市可兴办“农家乐”“陶家乐”“农家山庄”“红色小院”等乡村旅游差异性产品，因地制宜地建设一批避暑胜地、养生康吧、休闲果园、休闲农庄、山地氧吧、民俗风园等多种新态势的乡村旅游目的地；做好以体验、休闲、养生、观光为核心，集旅游观光、避暑度假、参与体验、会议、商务、修学功能于一体的多元化产品结构，做到春夏秋冬四季都有可开展的乡村旅游活动，吸引不同层次、不同季节的游客群。

（4）空间布局

根据西安市“半小时生活圈”“后花园”的定位，铜川市首先要在靠近西安市区方向选择一批有特色的村庄布局一些乡村旅游目的地。另外，按照铜川市旅游“421”发展战略，在照金香山、玉华宫、药王山、陈炉古镇四大景区周边布局乡村旅游目的地。

（5）市场营销策略

市场营销应从3个方面进行：①强化网络营销。做好网络旅游资讯发布、旅游信息查询、网络预订、在线购买等业务，广泛使用电子杂志营销、E-mail营销、团购网上营销等新型营销手段，拓展旅游市场。针对自驾游游客，将铜川市的资源分布、地图、美食、交通等信息以短信、彩信、手机微博等方式传递并推广，扩大信息的受众范围，提升铜川市旅游的知晓度。②通过旅行社等旅游中间媒介进行营销。西安市等地前往照金镇接受爱国主义教育的团队很多，这些游客大多是以单位、学校包车或者以旅行社组团的方式出游，所以借助旅行社进行营销，有利于扩大客源。③走进西安市、铜川市，向市民广泛宣传、发放宣传册，利用两地大众媒体进行宣传，扩大影响。

（6）人才培养

铜川市乡村旅游在人才培养方面措施得当，收效显著。从业者实践操作技能强，特别是厨艺很好，但在产品开发、市场营销方面的素养亟须提高。这方面培训可采用课堂教学与实践教学相结合的方式进行。课堂教学方面，铜川距离西安较近，可以选择西安市大专院校旅游相关专业老师来培训；实践方面，从业者可前往西安市乡村旅游目的地、袁家村等地参观学习。

（7）经营户自身管理

铜川市乡村旅游协会类组织比较多，应在推动乡村旅游方面发挥作用。首先要解决好经费、办公地址、办公设施问题；其次在从人员的选用、培训等方面开展工作；还要做好监督管理工作，以便发挥其应有的作用。

（三）探索阶段地区

1. 延安市

（1）政府管理

政府管理应该实施集约型管理模式。延安市乡村旅游起步较晚，发展很快，但政府在政策制定、规范化管理方面落后于实际发展。延安市应该强化政府管理作用，依法管理，强化监督，规范乡村旅游市场秩序，营造健康有序的乡村旅游市场。

（2）产品需求与供给

延安市乡村旅游客源地多样化，需求是多样的，消费亦呈多元化、层次化，需实行分类经营，细分市场，靠特色和个性吸引不同阶层的游客。应开发不同的

“旅游套餐”满足不同人群需求。提供露营旅游产品，满足自驾游游客停车、休息、用餐等需求。

（3）空间布局

位于大城市远郊区和周边地区的旅游地，空间调整采用的主要手段是提高旅游区资源的质量[65]。遵循这条原则，延安市有“两圣两黄一绿”为主体的人文、自然景观，形成“五大板块”的旅游格局和框架。延安市乡村旅游一方面围绕“五大版块”布局，一方面在延安市城市周边绿色板块中布局乡村旅游发展地，使乡村自然风光、人居生态环境与人文历史相互交融，提高旅游区资源的质量，形成高端乡村旅游产品。按照延安市自驾游、窑洞游等旅游沿线，布局建设一批既有乡村旅游特点又能满足露营旅游的目的地。

（4）基础设施需求与供给

延安市乡村旅游基础设施建设应首先满足基本吃、住、行、游、购、娱的条件，着力解决基础设施建设滞后与游客大幅度增加的矛盾，从厨房、住宿、厕所、停车场、土特产品店、游客服务中心、医疗站、通信基站、电力、标示牌、路标等基本配套设施开始，一样一样地做好。另外，该市可进入性差、交通不畅等问题严重，也需要尽快解决。

（5）市场营销

市场营销应从 3 个方面进行：①强化网络营销。由政府主导，给予资金、技术、人力等支持。发展智慧旅游，充分利用互联网技术，引导远道而来的游客快速便捷地找到乡村旅游目的地。②通过旅行社等旅游中间媒介进行营销。全国各地前往延安市接受爱国主义教育的团队很多，这些游客大多数是以单位、学校包车或者以旅行社组团的方式出游，所以借助旅行社进行营销，有利于扩大客源。③开设旅游咨询电话，及时提供信息咨询服务，要对单位团体旅游、自驾游等游客进行引导。积极运用广播、电视、报纸等媒体，宣传、通报乡村旅游市场情况，及时有效地为公众游客出行提供实用信息。

（6）人才培养

延安市旅游发展委员会牵头成立的培训工作领导小组，应该对乡村旅游目的地经营户实行“村不漏家、家不漏人，素质技能全才型人才”培养的要求，加强职业技能培训，提高农民素质，培训从业人员，大力推广适用技术，培养一批有专业技术、有文化素养的合格从业者，提高乡村旅游服务质量和技能水平，接待好来自全国各地的旅游者。

（7）经营户自身管理

延安市乡村旅游发展时间较短，在此情况下，乡村旅游协会应发挥更大的作用。协会应在与政府沟通方面，整体规划和基础设施建设方面，负责组织农户参与提供住宿、导游、土特产品制作方面，以及在培训、市场开拓等方面发挥更大的作用。

2. 榆林市

（1）政府管理

政府管理应该实施集约型管理模式。榆林市在改变经济发展格局中，应推动乡村旅游发展，加大政府指导、投入、管理作用，尽快制定各项政策，以便管理和监督，还可发挥政府投融资方面的作用，解决起步资金。榆林市自然环境脆弱，应着力保护环境。

（2）产品需求与供给

榆林市乡村旅游初级产品多，但高端乡村旅游产品需求旺盛，不能满足游客需求。榆林市需尽快完善乡村旅游产品功能、结构与业态。充分利用自然资源，挖掘人文历史资源，建设观光、度假、休闲、农事农趣体验、参与互动等不同形式的乡村旅游产品，在产品开发中一定要考虑高端性和舒适性。

（3）空间布局

榆林市乡村旅游首先需围绕镇北台、红石峡景区、靖边县统万城景区、米脂杨家沟景区、姜氏庄园景区、佳县白云山景区、神木红碱淖旅游区、横山波罗堡影视旅游基地等进行布局；为平衡南北发展差异问题，还可在矿产资源少，但环境保护好的绥德、米脂、佳县、吴堡、清涧和子洲南六县布局。另外，还需在一些大型能源基地附近选择条件好的村镇布局乡村旅游目的地，以满足不同群体的乡村旅游需求。

（4）基础设施需求与供给

榆林市乡村旅游基础设施建设也应首先满足基本吃、住、行、游、购、娱的条件，从基础的厨房、住宿、厕所、停车场、土特产品店、游客服务中心、医疗站、通信基站、电力、标示牌、路标等基本配套设施开始，一样一样地做好。另外，还需要完善乡村交通、电力、水利、垃圾污水处理、网络通信建设等。

（5）市场营销策略

市场营销应从 3 个方面进行：①强化网络营销。建设榆林市乡村旅游专业网站，由政府主导，给予资金、技术、人力等支持。发展智慧旅游，充分利用互联网技术，引导远道而来的游客快速便捷地找到乡村旅游目的地。②通过旅行社等旅游中间媒介进行营销。榆林市已经与西安、咸阳、延安、鄂尔多斯、银川等城市搭建了西部帝王陵旅游联盟平台，旅行社团队较多，可利用旅行社进行宣传、引导。③利用大众媒体进行营销。利用宣传画册、旅游地图、折页、区域自驾车攻略等宣传，利用目标客源地的晚报、晨报、广播、电视、互联网等传媒和出租车、公共汽车等交通工具进行宣传促销。

（6）人才培养

榆林市乡村旅游发展晚，应科学借鉴发达地区经验，可直接跨越探索阶段而进入发展阶段。取得这个跨越需要有一定理论知识，认知能力强，见多识广的人带领大家来完成。榆林市政府应当担此重任，一方面选派人才出去学习、参观，另一方面引进一批乡村旅游创业人才和经营管理人才，并培养榆林市本土特色文化传承人，保护原有文化的纯真性。

（7）经营户自身管理

榆林市要积极推广高西沟村旅游合作社管理模式，以其规章制度为蓝本，完善民间组织管理制度，健全全市乡村旅游协会组织，克服乡村旅游的分散性弱点，改变旅游地村民在外来企业面前的弱势地位，维护旅游地的整体利益和长远利益。

二、效应因素

政府预见性的干预是在旅游大规模开发前制定发展与保护措施，以最小的代价获取最大的旅游收益[161]。在制定乡村旅游发展规划时，应注意城市文化流带来的冲击，应有预见性、前瞻性，严格依据《旅游规划通则》（GB/T 18971—2003）等相关标准进行规划。日本制订了较多的办法与细则保护古村镇，如 1975 年将“传统的建造物群”专门列入该国《文化财保护法》条例中规范保护，而且行政上予以一定的费用补助[162]。借鉴其管理经验，在规划前期做旅游资源调查时，应对原有古民居、古街道、古树木等文化物质遗存进行编号统计，挂牌保护。对于旧民居、旧街区的改造，应邀请这方面的专家参加，修旧如旧，凸显古镇特色。

原国家旅游局局长邵琪伟特别强调乡村旅游规划的重要性[1]。规划时，既要注重经济效益，又要重视社会文化效益，要把保护放在首位；鼓励村民参与，倾听他们想法，减少村民反感情绪和冲突行为，实现最大限度的当地参与，有效安置当地居民的就业，使旅游收益最大限度地留在本地，减少旅游漏损，即推行“产业链本地化”，做到“经营者共生化”；积极保护当地地方文化，激发村民对本土文化的认同感和自豪感，自觉抵制游客带来的不良习气和影响；必须协调好与非经营户之间的关系（如提高雇用村民的工资，经营户出资积极参与村子的基础建设，让其他村民享受到乡村旅游带来的好处，普遍受益会使社区居民变得更主动、热情、好客、友善，给游客留下当地民风淳朴的印象）；采用环保交通工具，采用太阳能等新兴能源；对旅游者和旅游经营者加强宣传教育，使他们树立生态环保意识。

三、环境因素

对乡村旅游目的地的环境容量进行计算并据此采取措施，可操作性、可实施性都比较差。所以视具体情况来解决这个问题。

中西方经营者对乡村旅游认知差异巨大，不同的国家和发展阶段，旅游所承载的功能不同。在发展中国家，旅游更多的是一种产业，旅游业是促进国家经济发展的手段。而在发达国家，旅游更多的是一种服务功能，旅游经营主要是满足居民旅游休闲的途径。国内农家乐主要是一种农业生产的替代生计[164]。作为生计，国内乡村旅游经营者首先考虑经济收益，往往忽视环境容量、环境保护问题，认为游人越多越好，导致乡村旅游目的地环境承载力严重超负荷，环境问题频发。

（一）关中地区环境因素适应性管理方案

关中地区虽然自然环境自我消化、恢复能力强，但是空气的自身净化能力差一些，所以发展公共交通，减少汽车带来的空气污染、噪声污染很重要。关中地区的赏花、采摘、租种地等乡村旅游产品多，要做好对土壤的保护。由于乡村旅游游客人数众多，产生的垃圾、污水也非常多，乡村旅游目的地必须有垃圾、污水处理设施。另外，为了接待更多游客，大量新建或者改建村庄，改扩建一直进行，使古街区、古民居破坏严重，所以更高层次的乡村旅游科学发展规划、保护规划等更显重要，既要涉及环境，更要涉及人文历史文化（该保护的保护，该修的也要修旧如旧），古老的街道要依照原样进行加固或稍加改造，古老的民俗文化也要有效传承并发扬光大。

（二）陕南地区环境因素适应性管理方案

政府部门要加大投资，搞好基础设施建设，做好垃圾、污水回收处理等工作；对于经营户，用制度来约束，严管重罚，使其遵守环境保护条例；对于游客，说服教育，告诉他们山区生态环境的脆弱性，自觉规范行为，减少污染行为。另外，还要科学规划，做好古镇、古街、古建筑的保护工作；聘请专家，整理撰写传统文化资源和特色民俗文化，利于传承；树立当地居民的文化自信心，提高当地人的文化素质，自觉抵御乡村旅游给本地带来的不利影响。

（三）陕北地区环境因素适应性管理方案

利用行政手段加强对经营户、游客的管理；用经济手段，如利用税收政策，通过罚款、押金、奖励等方式进行严格管理；政府部门利用雄厚的财力完善基础实施，高水平、高质量建设垃圾、污水处理系统。另外，在人文历史文化的保护方面，加强对传统文化、民俗文化价值的宣传，激发当地居民对所在地域和地方文化的自尊、自爱和自豪感，防止人文历史文化的过度商业化；尽量控制旅游高峰期的游客接待量，减少对环境的破坏。

四、其他因素

其他因素适应性管理框架主要是做好游客的工作。首先是宣传教育，通过警示牌、宣传册、影像资料教育游客要爱护环境，保护环境，让游客明白在乡村旅游过程中，什么可以做，什么不可以做，做了什么会受到什么样的处罚等，有效约束游客的行为；其次要慢慢培养游客做乡村生态旅游者，乡村旅游客源相对稳定，如果游客中生态旅游者居多，乡村旅游的负面影响将会大大减少。另外，旅行社的导游在接待团队过程中，应向游客讲解注意事项，让游客了解当地的不同文化与风俗习惯，不但可以减少环境破坏，也可减少给当地社区文化带来的负面影响。

第五节　给予相关部门的建议

现今，陕西省乡村旅游进入了关键阶段，需要政府相关部门通力合作，科学管理，促进其健康、持续发展。在此，笔者对旅游管理部门、农业管理部门、乡镇企业管理部门等相关部门提出以下建议。

一、健全机构，科学管理

国家级层面，2010 年，原农业部与原国家旅游局签署了合作框架协议，共同推进休闲农业与乡村旅游发展。陕西省省级层面，应该积极响应，陕西省旅游发展委员会、陕西省农业厅、陕西省林业厅、陕西省交通运输厅、陕西省中小企业促进局（省乡镇企业局）等应该互相配合，共同促进陕西省乡村旅游的可持续发展。参照陕西省旅行社协会、陕西省酒店管理协会等协会组织形式，成立官方或者半官方的陕西省乡村旅游协会组织，协会的运作要以经营者（农户和休闲农业园区园主）、旅行社、相关学者等为主体，以陕西省旅游发展委员会、陕西省农业厅、陕西省林业厅、陕西省交通运输厅、陕西省中小企业促进局（省乡镇企业局）等联合支持为保证，以促进陕西省乡村旅游科学化、规范化发展为己任，架起经营户与政府之间、与游客之间的桥梁，促进陕西省乡村旅游快速、稳步、健康、持续发展。

二、相互配合，共促发展

乡村旅游目的地不同于其他旅游目的地，其具有跨部门、跨行业的特殊性。政府相关管理部门相互配合、共同扶持，在乡村旅游发展过程中的作用非常重要。政府相关部门应承担在乡村旅游发展过程中依靠市场和分散农户自身无法完成的事项。陕西省旅游发展委员会等旅游相关部门应在陕西省乡村旅游空间规划布局、产品开发、统筹发展、市场营销、游客组织、最低保护价、减免税收等方面做好工作，促进全省协调发展。陕西省农业相关部门，应着力解决相关农业扶持政策的配套，在项目立项、用地、建设等方面给予积极协助。特别是在用地方面，为实现乡村旅游规模化经营，应完善政策，根据依法、自愿、有偿的原则，优先支持乡村旅游经营户土地流转。在资金方面，陕西省中小企业促进局（省乡镇企业局）要做好指导乡村旅游经营业主（经营户、休闲园区）的直接融资和间接融资工作，发展乡村旅游经营户业主信用担保业和建立融资担保机制，加强引资、融资工作，建立多元化的投资渠道，解决资金问题。林业厅在乡村旅游目的地建设中，在绿化、美化环境等工作中做好指导工作。另外，对一些坐落在林间、山坡、山地等的乡村旅游目的地，应积极协助其做好防火、减灾等工作。交通部门应加强乡村旅游目的地交通基础设施建设工作，针对一些大型的乡村旅游活动，或者在一些节假日，增加临时客运列车、公交车等公共交通，为游客提供往返便利。

三、示范带动，规范经营

陕西省乡村旅游发展不均衡，各地服务质量参差不齐。乡村旅游产品存在于乡村，服务城市市民，经营主体多为当地村民，由于村民素质参差不齐，又缺乏统一标准，服务质量差异巨大，直接影响了游客满意度。陕西省应尽快制定操作性强、可实施的乡村旅游产品质量标准和服务标准，健全乡村旅游质量标准体系。相关部门可在省内选择不同类型、不同模式的乡村旅游目的地，高标准、规范化建设，然后在全省推广，带动陕西省乡村旅游健康发展。在服务质量标准推广的同时，避免产品的同质化，挖掘各地不同文化特色，开发特色产品，既满足游客对高质量旅游服务的需求，又满足游客对产品多样化的需求。

四、发布信息，合理引导

乡村旅游具有明显的季节性、周期波动性，周末、小长假、节假日的乡村旅游、近郊游、“一日游”人数常常爆棚，经常出现“一床”难求、车辆拥堵、游客滞留现象。不但造成了旅游环境承载力过量问题，而且在需求高峰时期服务质量下降，最终导致游客体验愉悦度降低。陕西省旅游相关部门应及时发布信息，引导乡村旅游者在时空上合理流动，以便平衡供需，防止突发状况的出现。

五、凝练品牌，扩大营销

陕西省乡村旅游发展过程中，旅游部门、农业部门应相互配合，打造陕西省乡村旅游目的地品牌形象。农业部门提供各地农业特色、乡村特色等给旅游部门，旅游部门根据旅游业特点，确定各地乡村旅游品牌，在营销手段上给予乡村旅游经营者一定的指导和帮助，提高营销的覆盖面，吸引更多游客。这样不但可以减少景区之间的过度竞争和低层次竞争，而且可以分散游客客流，提高游客的愉悦度，促进陕西省不同地域乡村旅游业的发展。

六、区域协调，平衡发展

陕西省十市一区乡村旅游发展由于政府管理、扶持力度及人文自然条件不同，各地发展差异大。西安市、宝鸡市、汉中市、安康市、商洛市、杨凌区乡村旅游目的地处于旅游地生命周期发展阶段，咸阳市、渭南市、铜川市乡村旅游目的地处于旅游地生命周期起步阶段，延安、榆林两市乡村旅游目的地处于旅游地生命周期探索阶段。基于此，陕西省相关部门应从资金、政策等方面着手，积极促进起步阶段、探索阶段地区乡村旅游快速发展，引导陕西全省乡村旅游平衡发展，稳步前进。

本章小结

本章是第四章内容的延伸，在陕西省乡村旅游地生命周期阶段分析研判的基础上，构建了其适应性管理框架。在旅游地生命周期理论、乡村旅游发展理论、适应性管理理论、旅游地理学相关理论等理论基础上，针对陕西省乡村旅游发展中存在的问题，借鉴国内外相关理论研究与实践经验，依照适应性管理理论的基本方法——循环圈，以及各阶段的任务和内容，首先对处于不同旅游地生命周期阶段的陕西省十市一区乡村旅游目的地存在的问题进行诊断，结果发现，在需求与供给方面，处于发展阶段地区的西安市、宝鸡市、汉中市、安康市、商洛市、杨凌区存在 9 个方面的问题，起步阶段地区的咸阳市、渭南市、铜川市存在 8 个方面的问题，探索阶段地区的延安市、榆林市存在 7 个方面的问题。效应方面存在的问题基本相同，主要表现在过分重视乡村旅游发展的经济、文化正面效应，忽视其带来的一系列负面效应。在环境因素方面，陕西省乡村旅游发展给陕南秦巴山地、关中平原、陕北黄土高原不同地域带来的自然生态、人文历史环境破坏问题各不相同。陕南秦巴山地主要问题是对山区动植物自然生态环境的破坏，给古镇、古街区、古民居、古建筑等带来的破坏；关中平原主要问题是水系、大气、地貌、土壤遭受污染，建筑、聚落等遭受破坏；陕北黄土高原主要问题是垃圾、污水污染，陕北独特民俗文化保护问题等。针对诊断问题从需求与供给、效应、环境及其他因素方面提出适应性管理方案，将管理方案反馈给陕西省十市一区相关部门，并在实践中实施方案。在实施过程中对方案实施效果进行监控和评估，根据监控结果提出调控对策，如此循环往复，进行陕西省乡村旅游适应性管理方案的动态反馈分析与调控，最后架构了陕西省不同生命周期阶段城市、不同地域的乡村旅游需求与供给、效应、环境及其他方面的适应性管理框架，并就陕西省全域乡村旅游发展给出了建议。本章内容提升了本书的实践性，理论阐述也有所提高，实现了理论与实践相结合、理论指导实践的研究目的，有利于促进陕西省乡村旅游健康、有序、快速、持续发展。

第六章　结论与展望

第一节　基 本 结 论

本书将适应性管理理论引入乡村旅游可持续发展战略管理研究中，以陕西省十市一区为案例，在对其乡村旅游发展历程、现状、存在问题、显著特征等综合分析、评价的基础上，研判其所处的生命周期阶段，构建了陕西省十市一区以及陕南、关中、陕北不同人文自然生态环境下的乡村旅游适应性管理框架。全书的主要研究结论如下。

一、陕西省乡村旅游可持续发展面临许多问题

陕西省乡村旅游在快速发展的同时，也存在许多问题，主要有：①乡村旅游给陕西省乡村传统文化带来巨大的冲击，许多乡村出现了传统文化异化、地域特色消失等不良现象。②陕西省乡村旅游目的地区域内的生态环境恶化问题日益凸显，乡村旅游发展与生态环境保护之间的矛盾也日趋尖锐。③乡村旅游给陕西省乡村社会结构带来了负面影响，直接表现为农村社会结构变化及家庭结构的变化，打破了乡村和谐的社会环境，从而带来了一些社会问题，使乡村社区矛盾和冲突不断。④陕西省乡村旅游多样化需求与乡村旅游产品体系、结构、功能单一的矛盾，与基础设施供给不足的矛盾等不断显现。⑤利益共享的矛盾。政府、开发商、经营者、非经营者在乡村旅游开发利益分配上存在较大矛盾，开发商、经营者在乡村旅游发展中获得不菲的经济收入，但非经营者及村民获得经济利益有限。这种利益分配原则，不能满足多元化利益相关者的利益诉求，导致众多社会问题的出现。⑥标准化管理与乡村旅游产品特色的矛盾，政府部门制定了多项政策，对客房、院落、餐饮、接待、服务等进行标准化、规范化管理，建筑、餐饮、住宿有向城中村发展的趋势，导致乡村旅游产品失去独具特色的传统文化、乡村习俗与乡村社会特征。

二、陕西省乡村旅游发展的非均衡性

近十年，陕西省乡村旅游发展取得了显著成绩，十市一区乡村旅游发展均处于快速增长阶段。但是由于政府管理、扶持力度不同，人文自然条件不同，各市

区乡村旅游发展差异较大。其中，西安市、宝鸡市、汉中市、安康市、商洛市、杨凌区乡村旅游发展已经达到了较高程度，产品的功能、结构较完整，客源市场稳定，接待人数持续增长。咸阳市、渭南市、铜川市、延安市、榆林市乡村旅游发展速度很快，接待人数快速增长，但是产品功能、结构尚不完整，与发展速度不协调。另外，单个城市内部乡村旅游发展不均衡，如咸阳市袁家村、宝鸡市北郭村等，不但在本市，在陕西省省内其发展程度也很高。

三、陕西省十市一区乡村旅游目的地处于不同生命周期阶段

基于陕西省十市一区乡村旅游游客流、客源结构、游客行为、旅游满意度、当地居民态度、产品功能结构业态等特征，构建了陕西省乡村旅游目的地生命周期阶段的评价体系。通过对各种因素的综合分析、评价、研判，本书认为西安市、宝鸡市、汉中市、安康市、商洛市、杨凌区乡村旅游目的地处于旅游地生命周期的发展阶段，咸阳市、渭南市、铜川市乡村旅游目的地处于旅游地生命周期的起步阶段，延安、榆林两市乡村旅游目的地处于旅游地生命周期的探索阶段。

四、不同生命周期阶段陕西省乡村旅游目的地适应性管理框架

陕西省十市一区乡村旅游适应性管理框架，包括政府管理、产品供给与需求、基础设施供给与需求、市场营销、人才培养、空间规划布局、环境效应等差异较大。发展阶段的政府管理宜使用干预调节型管理模式，而探索、起步阶段宜使用集约型管理模式。发展阶段的适应性管理主要集中在产品供给与需求、自身管理、市场营销等方面，起步阶段的适应性管理主要集中在基础设施供给与需求、产品供给与需求、人才培养、自身管理等方面，探索阶段的适应性管理主要集中在政府管理、政策制定、空间规划布局、基础设施供给、人才培养、市场营销等方面。

五、陕西省不同地域乡村旅游目的地适应性管理框架

陕西省不同地域（陕南、陕北、关中）自然生态环境、人文历史环境差异较大，在发展乡村旅游时，适应性管理框架差异大。陕南秦岭地区、陕北黄土高原地区社会—自然生态系统脆弱。当前，在乡村旅游成为一种潮流时，两地乡村旅游发展与环境承载能力之间的矛盾凸显。要科学合理地解决这一矛盾，适应性管理理论的动态性、综合性很契合。把两地社会—自然生态—乡村旅游视为一个整体，制定完善的政策，合理配置空间资源，协调内部发展，并秉持保护第一的原则，有效应对乡村旅游给社会、自然生态带来的压力，延长旅游地生命周期。在人文历史环境方面，陕北地区适应性管理框架应关注非物质文化遗产的保护。在人文历史环境方面，陕南地区适应性管理框架应关注古镇、古建筑、古码头等有

形物质文化遗产的保护。关中地区自然环境、人文历史环境的旅游承载力较强，可以规模布局，积极发展。

六、陕西省乡村旅游可持续发展的可行性

陕西省乡村旅游发展的负面影响可通过适应性管理方案的实施降到最小。在适应性管理方案实施过程中，要求适应性管理方案是动态的、不断调整的、反复的最优决策。陕西省乡村旅游处于快速发展时期，需要对发展过程中存在的问题及时予以监控，以便发现问题，及时调控实施方案，做到有效管理，使陕西省乡村旅游持续、快速、健康、稳步发展。

七、对我国其他地区乡村旅游目的地适应性管理的示范性

陕西省地形复杂，乡村旅游发展历程较长，产品功能、结构、业态健全，模式多样。本书针对多种形态、地域、模式、阶段设计的乡村旅游目的地的适应性管理框架比较科学合理，我国其他地区乡村旅游的适应性管理方案构建可借鉴本书的研究成果依次进行，有利于促进我国乡村旅游持续、快速、健康发展。

第二节　创新之处

本书将适应性管理理论引入乡村旅游管理研究中，以陕西省十市一区为例，依据旅游地生命周期阶段的特征对其进行了综合分析、评价、比对，研判其生命周期阶段，针对不同阶段、不同城市、不同问题、不同地域构建适应性管理框架，其主要创新点如下。

一、思路创新拓展了理论研究视野

本书根据陕西省乡村旅游发展新态势，进行了研究视角和研究思路上的创新，将旅游地生命周期理论、乡村旅游发展理论与适应性管理理论纳入同一个研究框架之中，进行交叉领域的多学科综合研究，建立了三者之间的关系。在综合评价、分析研判陕西省十市一区乡村旅游目的地生命周期阶段的基础上，将适应性管理的动态性与陕西省乡村旅游快速发展变化的特性紧密结合起来，构建适应性管理框架，具有一定的理论与实践创新性，对丰富、拓展、深化旅游地生命周期理论、乡村旅游发展理论、适应性管理理论体系有一定的积极作用，对指导、促进陕西省乡村旅游稳步、健康、持续发展也有一定的积极作用。

二、创新性提出了旅游地生命周期阶段研判的综合评估体系

旅游地生命周期阶段研判一直是困扰旅游地生命周期理论实际应用的难点之一。本书首次将因子分析模型引入旅游地生命周期理论，并设计了具体运作模式，为科学研判旅游地生命周期阶段提供了理论支撑。首先选取关键性指标，建立因子分析模型；其次确定综合评价标准，根据调查数据及指标量化规则，利用SPSS 19.00数据分析软件进行数据处理，得出定量结果；最后结合定性分析，得出评价结果。基于此，在对有关陕西省乡村旅游游客行为特征、社区居民态度、供给系统和环境承载力等进行实地调研的基础上，构建了陕西省乡村旅游目的地生命周期阶段的综合评价体系。笔者采用定性与定量相结合、实地调研与评价相结合的方法进行研究。本结论为相应的具体适应性管理方案与对策提供了理论依据，并据此制定与实施更加有效的适应性管理方案，以最优化的方案促进陕西省乡村旅游的可持续发展。本书结合定性与定量进行综合评价用以研判旅游地生命周期阶段的方法，比单一的定性研究更加深入、科学，为研究旅游地生命周期阶段提供了理论依据，在理论评价体系和方法运用上均有一定程度的创新，值得借鉴和应用。

三、首次系统构建了陕西省乡村旅游适应性管理框架

陕西省的乡村旅游发展历程短，尚无完整理论体系作指导，一直在实践中摸索前行，存在的问题较多。本书结合国内外相关研究成果，首先将陕西省乡村旅游目的地进行地域划分、生命周期阶段划分；其次根据不同地域、不同生命周期阶段存在的需求与供给、效应因素、环境因素及其他因素方面的问题提出适应性管理方案；然后在各市（区）实施方案，对各市（区）的实施结果进行监控、评估；最后调整方案，构建其适应性管理框架。在框架构建的最后环节，根据适应性管理基本方法——循环圈的要求，设计了陕西省乡村旅游发展动态反馈方法和渠道，建立了陕西省乡村旅游适应性管理方案的动态调控机制。在实践应用层面，这是第一次进行的相关研究，具有一定的创新性。本书的研究结果对提升陕西省乡村旅游发展水平，使其尽快转型升级，减少乡村旅游的负面影响，延长其生命周期有着很大的作用；也有利于在乡村旅游发展新态势下指导、推动陕西省乃至我国乡村旅游快速、稳步、健康、持续发展。

第三节　研究不足与展望

回顾本书的研究内容和结论，虽然取得了一些成绩，但是还有很多不足。同时，希望本书的研究结论能够起到抛砖引玉的作用，为以后同类型的研究奠定一定的基础，有助于同类型研究项目的深入开展。

一、研究的不足之处

1. 数据的有限性

旅游地生命周期阶段的划分需要大量的数据和指标，但是乡村旅游在陕西省还是一个新兴的旅游项目，政府旅游主管部门对乡村旅游游客人数、旅游收入等数据统计不全、不准确等问题很突出；由于目的地比较分散，经营户独自经营，规模较小，实地考察、调研、数据采集难，也给数据的准确性带来了问题。

2. 时间的有效性

适应性管理方案是动态的、不断调整的、反复的最优决策过程。在陕西省十市一区乡村旅游管理方案制定并付诸实施的过程中，应该做好方案实施与结果监控与评估，这是一个比较漫长的过程，最少需要两年以上的时间。本研究因每个城市制订并实施方案时间的影响，有些城市的方案只实施了一年，时间比较短，所以监控、评估的效果会有一些偏差，直接影响了适应性管理方案的调整，进而影响了适应性管理框架的构建。

3. 内涵的薄弱性

乡村旅游适应性管理的内涵应该是极为丰富的。本书虽然基于旅游地生命周期理论，对陕西省乡村旅游目的地从政府管理、产品需求与供给、基础设施需求与供给、空间规划布局、市场营销、人才培养、自身管理等方面进行了框架构建，有一定的效力和作用，但在实践应用中发现，与适应性管理的丰富内涵尚不能严格对称。

二、研究展望

1. 深化理论研究，丰富旅游地理学、乡村旅游及适应性管理理论体系

本书从旅游地生命周期理论出发，从乡村旅游的需求与供给因素、效应因素和环境因素及其他因素的角度，运用旅游地理学、文化地理学、旅游学中的相关

理论及适应性管理理论等，研究陕西省乡村旅游适应性管理理论与方法。下一步的研究，有望拓展至我国乡村旅游的适应性管理理论与方法，构建我国乡村旅游适应性管理理论与方法框架，促进我国乡村旅游持续、快速、健康发展。在以上研究的基础上丰富完善旅游地理学、乡村旅游及适应性管理理论体系。

2. 提高科学性

本书依据乡村旅游目的地生命周期阶段划分的影响因素提出了定性和定量指标，改善了以往按照定性指标划分的争议性和不确定性。但是指标的划分、阶段特征的描述、阶段特征的全方位研究等存在一定的问题和争议，因此在今后的研究中，还需在乡村旅游研究视域中完善生命周期阶段概念模型与指标系统，探索新的评价方法，以提高准确性、科学性。

3. 加强实践指导性

乡村旅游开发在对乡村旅游地旅游资源进行开发利用的同时，涉及如何进行社会经济文化及自然资源和环境的保护、社会利益平衡与经济可持续发展的协调统一，适应性管理理论无疑能提供有力的指导。在今后的研究中，针对案例的选择而言，应该更微观一些，观察得更仔细一些，设计的方案更实际一些，这样有利于发现问题，提出方案，实施方案，监控与评估，调整方案，构建框架，并以此为点，示范带头，达到以点带面，全面指导，共同发展。将研究的可操作性与实践指导性、实用性放在首位，构建陕西省乡村旅游适应性管理框架，为陕西省乃至中国乡村旅游可持续发展找到一个持久的解决方案。这是本书扩展与深化的必然要求。

本 章 小 结

本章为本书的总结部分，对全书整体进行了梳理，总结了基本结论、创新之处，阐述了本书研究的不足与今后研究的方向，针对陕西省乡村旅游发展提出了建议。

附　　录

附录一　陕西省乡村旅游管理者访谈提纲

尊敬的女士（先生）：

您好！我是西安财经学院教师，为研究需要特作此问卷调查。调研基于旅游地生命周期理论的陕西省乡村旅游适应性管理对策问题。本人郑重承诺，问卷完全用于学术研究，不会做与研究无关之用，对个人信息和企业信息绝对保密，不会对您个人和您的家庭和生活、工作带来任何不利，请放心按照您自己的情况和看法填写，感谢您的支持和帮助。

性别：□男□女　　年龄：　　管理部门：　　职业：

1. 贵地的农家乐成立于（　　）年。

2. 贵地经营的农家乐共有（　　）村（镇），（　　）家。

3. 贵地农家乐经营方式是（　　）。

A．家庭独自经营

B．国有企业

C．私有企业

4. 贵地在兴办农家乐的时候是否为经营户组织投资贷款？（　　）

A．是　　B．否

如果是，是从什么主体得到的？（　　）

A．政府　　B．企业　　C．集体

5. 贵地政府或管理部门给予农家乐的支持主要体现在哪些方面？（　　）

A．税收及相关费用　　B．优惠的政策

C．技术（如培训）　　D．其他

6. 贵地管理部门是否协助农家乐经营户成立协会或行会（如农家乐协会，旅游协会等）？（　　）

A．是　　B．否

7. 贵地是否制定了乡村旅游农家乐经营的相关政策？

A．是（　　年　　月　　日　　章　　条）

B．否

8．贵地乡村旅游农家乐经营有淡旺季吗？（　　）

A．有（旺季：　　月；淡季：　　月）

B．无

9．贵地乡村旅游农家乐每年大约接待人数为（　　）。

10．贵地经营的乡村旅游农家乐一年的净收入大约为（　　）元。

11．贵地乡村旅游农家乐能够吸引旅游者的最大特色是什么？（　　）

A．住宿　　B．餐饮

C．娱乐活动　　D．其他

12．您认为贵地现在经营的乡村旅游农家乐处于（　　）阶段。

A．探索　　B．起步　　C．发展　　D．稳固

E．停滞　　F．衰落　　G．复兴

13．您认为贵地能给旅游者留下深刻印象的旅游纪念品是什么？

14．您认为旅游者在贵地乡村旅游农家乐停留期间应当注意什么问题？（您的意见或建议）

15．您认为贵地政府及相关行政管理机构应对乡村旅游农家乐提供哪些支持和服务？

16．请将你们发展乡村旅游农家乐的相关资料提供给我一些。

感谢您的支持！

西安财经学院

附录二　陕西省乡村旅游经营业主访谈问卷

尊敬的女士（先生）：

您好！我是西安财经学院教师，为研究需要特作此问卷调查。调研基于旅游地生命周期理论的陕西省乡村旅游适应性管理对策问题。本人郑重承诺，问卷完全用于学术研究，不会做与研究无关之用，对个人信息和企业信息绝对保密，不会对您个人和您的家庭和生活、工作带来任何不利，请放心按照您自己的情况和看法填写，感谢您的支持和帮助。

调查会占用您一点宝贵的时间，对于您的支持和配合，表示由衷的感谢。

1．您的农家乐成立于（　　）年，促使您经营农家乐的原因是什么？

2．您经营的农家乐共有（　　）间客房，（　　）个床位。

3．农家乐经营方式是（　　）。

A．独自经营　　B．与其他主体共同经营（如企业）

4．您在兴办农家乐的时候是否得到投资贷款？（　　）

A．是　　B．否

如果是，是从什么主体得到的？（　　）

A．政府　　B．企业　　C．集体

5．当地政府或管理部门给予农家乐的支持主要体现在哪些方面？（　　）

A．税收及相关费用　　B．优惠的政策

C．技术（如培训）　　D．其他

6．您是否接受过关于经营农家乐的培训？（　　）

A．是　　B．否

7．您经营的农家乐是否从属于某个协会或行会（如农家乐协会，旅游协会等）？（　　）

A．是，从属于（　　）　　B．否

8．您是否听说过汉中市关于农家乐经营的相关政策？（　　）

A．是　　B．否

9．您经营的农家乐有淡旺季吗？（　　）

A．有（旺季：　　　　）　　B．无

10．农家乐淡季和旺季的价格（住宿、餐饮等）会有变动吗？（　　）

A．有（变动情况：　　　　）　　B．无

11．在农家乐的淡季，您一般从事什么工作？（　　）

A．农业活动　　B．非农业活动

12. 您的农家乐每年大约能接待（　　）。

A. 300 人以下　　B. 300～500 人

C. 500～1000 人　　D. 1000 人以上（大概　　）

13. 您经营的农家乐一年的净收入大约为（　　）。

A. 5000 元以下　　B. 5000～10 000 元

C. 10 000～30 000 元　　D. 30 000 元以上

14. 经营农家乐是您主要的收入来源吗？（　　）

A. 是　　B. 否

15. 您会将经营农家乐的收入的（　　）投入到房屋的修缮、设备更新和环境改善等方面。

A. 30%以下　　B. 30%～50%　　C. 50%～80%　　D. 80%以上

16. 您认为当地农家乐能够吸引旅游者的最大特色是（　　）。

A. 住宿　　B. 餐饮　　C. 娱乐活动　　D. 其他

17. 您认为游客进入农家乐的交通状况（　　）。

A. 非常便利　　B. 便利

C. 不太便利　　D. 严重阻碍其发展

18. 您的农家乐已经为游客提供的服务有（　　）。（可多选）

A. 住宿　　B. 餐饮　　C. 停车　　D. 洗手间

E. 娱乐　　F. 土特产销售　　G. 导游解说

H. 其他（具体有　　　　　　　　）

19. 如果下一步打算增加服务项目，您打算增加的项目有（　　）。

A. 住宿　　B. 餐饮　　C. 停车　　D. 洗手间

E. 娱乐　　F. 土特产销售　　G. 导游解说

H. 其他（具体有　　　　　　　　）

20. 您认为您现在经营的农家乐处于（　　）阶段

A. 探索　　B. 起步　　C. 发展　　D. 稳固

E. 停滞　　F. 衰落　　G. 复兴

21. 您认为当地什么产品可以作为能给旅游者留下深刻印象的旅游纪念品？

22. 您认为旅游者在农家乐停留期间应当注意什么问题？（您的意见或建议）

23. 您认为政府及相关行政管理机构应对农家乐提供哪些支持和服务？

感谢您的支持！

西安财经学院

附录三　陕西省乡村旅游游客调查访谈表

尊敬的游客：

您好！我是西安财经学院教师，为了促进陕西省乡村旅游发展，为了研究需要作此问卷调查。本调研项目为“基于旅游地生命周期理论的陕西省乡村旅游适应性管理研究”。本人郑重承诺，问卷完全用于学术研究，不会做与研究无关之用，对个人信息和企业信息绝对保密，不会对您个人和您的家庭和生活、工作带来任何不利，请放心按照您自己的情况和看法填写，感谢您的支持和帮助。

性别：□男，□女

年龄：□22 岁以下，□22～60 岁，□60 岁及以上

受教育程度：□大专以下，□大专及本科，□硕博士

平均月收入：□2000 元以下，□2001～3500 元，□3501 元以上

家庭结构：□单身，□已婚但无小孩，□已婚且孩子还未成年，□已婚且孩子已经成年，□其他

职业：□公务员（含教师），□公司职员，□学生，□离退休人员，□企业职工，□商人，□科技人员，□其他

客源地（居住地，工作地）：您来自　　省　　市　　县

旅行方式（交通工具）：

来访形式：□团体，□散客，□家庭

滞留时间：□过夜，□不过夜，天数：

来访目的（旅游动机，可多选）：□洗温泉，□感受农家气氛，□吃农家菜，□疗养，□度假，□休闲，□购物，□垂钓，□健康，□考察，□学习，□走亲访友，□交友，□其他

对旅游目的地的知晓方式：□从亲戚朋友处得知，□电视，□报纸，□网络，□旅行社，□广播电台，□平面广告，□其他方式

您可找到本景区相关的足够的信息：□非常多，□还好，□一般，□否

各项花费（大约）：交通　　住宿　　餐饮　　娱乐　　购物　　购物种类　　门票（景区，公园等）。总花费（大约）：

旅游度假休闲项目（活动项目）满意度：□非常好，□好，□一般，□差

服务：□非常好，□好，□一般，□差

交通：□非常好，□好，□一般，□差

住宿：□非常好，□好，□一般，□差

餐饮：□非常好，□好，□一般，□差

卫生：□非常好，□好，□一般，□差

环境：□非常好，□好，□一般，□差

民俗民风：□非常好，□好，□一般，□差

乡土建筑：□非常好，□好，□一般，□差

乡村游览前后的解说和介绍：□非常好，□好，□一般，□差

乡村生活方式：□非常好，□好，□一般，□差

当地村民整体友好程度：□非常好，□好，□一般，□差

山水田园景观：□非常好，□好，□一般，□差

当地特色的农业资源：□非常好，□好，□一般，□差

自然清新的空气：□非常好，□好，□一般，□差

生活配套设施：□非常好，□好，□一般，□差

食宿的卫生条件：□非常好，□好，□一般，□差

消防和医疗的配备：□非常好，□好，□一般，□差

当地的社会治安：□非常好，□好，□一般，□差

餐饮的特色：□非常好，□好，□一般，□差。

乡村土特产品特色：□非常好，□好，□一般，□差

活动项目的可参与性程度：□非常好，□好，□一般，□差

与周边农民之间的交往：□非常好，□好，□一般，□差

交通的方便程度：□非常好，□好，□一般，□差

交通的价格水平：□非常好，□好，□一般，□差

餐饮的价格水平：□非常好，□好，□一般，□差

住宿的价格水平：□非常好，□好，□一般，□差

门票的价格水平：□非常好，□好，□一般，□差

乡村土特产品的价格水平：□非常好，□好，□一般，□差

适宜不同人群的活动：□非常多，□好，□一般，□否

游客投诉及时受理、合理解决程度：□非常好，□好，□一般，□差

游客在旅游过程中感到安全：□非常安全，□好，□一般，□差

各类标志、标牌醒目，指示明确：□非常明确，□好，□一般，否

停车场、厕所、休憩设施等能满足游客的需求：□非常明确，□好，□一般，□否

对乡村旅游（农家乐）的整体印象：□非常好，□好，□一般，□差

您过去一年中进行过几次乡村旅游：□0 次，□1 次，□2～3 次，□4～6 次，□6～10 次，□10 次以上

您对乡村旅游（农家乐）发展有何建议（政府管理、经营户、景区、娱乐活动项目等）？

感谢您的支持！

西安财经学院

附录四　乡村旅游经营条件调查分析

1. 基本要求

1）亮照经营，明码标价，诚实守信。

2）服务人员有健康证。

3）经过上岗培训，具备相应的业务知识和技能。

4）服务人员着装整洁，能用普通话为游客服务。

5）有危险性的场所和活动项目，防护设施齐备、有效，安全警示标志明显。

6）公共信息图形符号设置符合国家有关标准的要求。

7）能提供交通、游览、购物等信息咨询和寄发信函服务。

2. 住宿要求

1）农家乐住宿接待设施可以农民家庭为单位，每户农家接待床位不宜多于30个。

2）农家乐住宿建筑与周围环境协调，建筑物修缮完好。

3）庭院干净整洁，无污水、污物，无乱建、乱堆、乱放现象，且绿化完好，植物与景观配置得当。

4）家禽、家畜无疫情，并有圈养设施。

5）有专门放置垃圾的设施并保持其封闭。

6）室内通风良好，空气清新，无异味。室内装修符合《住宅装饰装修验收标准》（DB 31/30—2003）的要求。

7）每户农家设有国内长途直拨电话。

8）室内有防蟑螂、老鼠、蚊子、苍蝇等设施。

9）住宿建筑内配备消防设施，每楼层配备的灭火器不少于两支。

10）客房、通道有应急照明设施。

11）客房有相应的防盗设施。

12）客房内配备床、桌、椅、床头柜等配套家具。客房灯光照明充足。

13）客房人均居住面积满足附表1的要求。

附表1　客房人均居住面积

等级	人均居住面积/m^2	备注
一级	6	
二级	8	
三级	10	

14）客房内宜配有电视机，数量满足附表 2 的要求。

附表 2　电视机数量要求

等级	有电视机的客房比例不少于/%	备注
一级	40	
二级	60	
三级	100	

15）客房内宜配有冷暖空调，数量满足附表 3 的要求。

附表 3　空调数量要求

等级	有空调的客房比例不少于/%	备注
一级	40	
二级	60	
三级	100	

16）每个农家设有一定数量的卫生间，卫生间内有洗脸盆、坐式或蹲式厕位、淋浴设备，并配有防滑设施。厕位数量满足附表 4 的要求。

附表 4　厕位配置一览表

等级	厕所配置数量	备注
一级	十床一厕位	
二级	八床一厕位	
三级	六床一厕位	

17）卫生间配备洗衣粉、香皂、洗发水、一次性口杯、卫生纸等用品。

18）卫生间有冷热水供应服务，供水时间满足附表 5 的要求。

附表 5　冷热水供应时间表

等级	连续供应时间	备注
一级	8 小时冷热水供应（6～10 时，18～22 时）	
二级	16 小时冷热水供应（6～22 时）	
三级	24 小时冷热水供应	

19）客房和卫生间每日整理一次，并保持其卫生整洁。床单、枕套、被套等卧具的更换满足附表 6 的要求。

附表 6　卧具更换

等级	卧具更换	备注
一级	一客一换，且更换周期不超过五天	
二级	一客一换，且更换周期不超过三天	
三级	一客一换，应客人要求每日一换	

3. 餐饮要求

1）厨房布局合理，并有良好的通风排烟和消防设施。
2）临近灶台的墙面宜贴瓷砖或其他容易擦洗的墙面装饰材料。
3）厨房内设有专用冰箱，食品贮存生熟分开。
4）厨房配备专用的碗、筷餐具消毒设备。
5）三餐食品原料做到时令新鲜，能提供当地农家特色菜肴。
6）根据客人要求可提供夜宵或加餐服务。

4. 活动项目要求

1）农家所在村附近有一定的自然景观或旅游景点。
2）在本村范围内，农家能提供观赏性和参与性的农村民俗文化活动项目数量满足附表 7 的要求。

附表 7　民俗文化活动项目

等级	数量/项	参考项目
一级	4	赛龙舟、摔跤、跑马、射箭、斗牛、歌会、灯火、农家婚嫁迎娶、节庆礼仪、刺绣、草编、竹编、木雕、石雕、泥塑、农民画等（根据情况增加或减少）
二级	6	
三级	8	

3）在本村范围内，农家能提供参与性的农事活动项目数量满足附表 8 的要求。

附表 8　农事活动项目

等级	数量/项	参与项目
一级	4	耕作、除草、收割、扬谷、脱粒、推磨、施肥、育苗、栽培、纺纱、织布、踏水车、垂钓、捕捞、养殖、放牧、采摘、挤奶、打油菜、吊井水、狩猎等（根据情况增加或减少）
二级	6	
三级	8	

5. 组织管理要求

1）农家所在的村成立相应的机构，负责统一管理农家乐旅游服务和接待工作。
2）农家所在的村设立医务点，配备医务人员，并能提供游客常规药品。
3）农家或农家所在的村宜提供游客贵重物品保管服务。
4）农家所在的村设立旅游服务投诉电话，并在农户接待点向游客公布。

参 考 文 献

[1] 邵琪伟. 在全国乡村旅游现场会上的讲话[EB/OL]. http://www. dxally. cn/Article/oinfo/257. html [2006-08-26].

[2] 中国政府网．全国休闲农业服务信息“进城入户”工程启动[EB/OL]．http://www.gov.cn/jrzg/2011-05/19/content_1867093.htm[2011-05-19]．

[3] 中国政府网．2011 年全国休闲农业年营业收入已超过 1500 亿元[EB/OL]．http://www.gov.cn/jrzg/2012-04/15/content_2114082.htm [2012-04-15]．

[4] 新华网．乡村休闲旅游的新业态及未来趋势[EB/OL]．http://www.xinhuanet.com/ politics/2016-04/30/c_128946230.htm [2016-0-30]．

[5] 胡国香．2013 年我国乡村旅游收入 2800 多亿，3000 多万农民受惠[EB/OL]．http：//www.gov.cn/2014-09/29/content_2758331.htm [2014-09-29]．

[6] 中文互联网数据资讯中心．2014 年中国乡村旅游游客数量达到 12 亿人次占全部游客数量的 30%[EB/OL]．http：//www.199it.com/archives/327501.html[2015-02-04]．

[7] 新华网．农业部：去年全国休闲农业和乡村旅游接待游客超过 22 亿人次.[EB/OL]．http://www.xinhuanet.com//fortune/2016-05/06/c_1118820364.htm [2016-05-06] ．

[8] 中国政府网．去年休闲农业营收超 5700 亿元 [EB/OL]．http://www.gov.cn/shuju/2017-04/12/content_5184995.htm [2017-04-12]．

[9] 中国文化旅游网．2018 年全国旅游工作会议召开 李金早作工作报告[EB/OL]http://www.cctp.net.cn/Item/Show.asp?m=1&d=16905[2018-01-09]．

[10] 华商网．2017 陕西乡村旅游大数据报告：陕南领跑全省[EB/OL]．http://news.hsw.cn/system/2018/0313/967803.shtml[2018-03-13]．

[11] 宝鸡市统计局 2017 年宝鸡市国民经济和社会发展统计公报[EB/OL]．[http://www.bjtjj.gov.cn/html/shitongjigongbao/20180314/1703.html[2018-03-14] ．

[12] 国际在线．宝鸡市副市长李瑛：将乡村旅游打造成为乡村振兴战略的新引擎http://news.cri.cn/20180622/4b593cb2-dde8-7f89-2dfe-ad51fc52b546.html[2018-06-22] ．

[13] 张广瑞，刘德谦，宋瑞．2007 年：中国旅游发展分析与预测[M]．北京：社会科学文献出版社，2007：7-9．

[14] 杨春宇．旅游地适应性管理模式：一个演化博弈的视角[J]．经济管理，2009，31（8）：136-143．

[15] COOPER C，JACKSON S．Destination life cycle：the isle of man case study [J]．Annals of Tourism Research，1989，（16）：377-398．

[16] GETZ D．Tourism planning and destination life cycle [J]．Annals of Tourism Research．1992，（19）：752-770．

[17] DEBBAGE K G．Oligopoly and the resort cycle in the bahamas [J]．Annals of Tourism Research．1990，（17）：513-527．

[18] DIBENEDETTO C A，BOJANIC D C．Tourism area life cycle extensions [J]．Annals of Tourism Research，1993，（20）：557-570．

[19] STANSFIELD C. Atlantic city and the resort cycle background to the legalization of gambling[J]. Annals of Tourism Research，1978，（5）：238-251．

[20] MEYER-ARENDT K J．The grand isle，louisiana resort cycle [J]．Annals of Tourism Research，1985，（12）：449-465．

[21] HOVINEN G R. Visitor cycles outlook for tourism in lancaster county [J]. Annals of Tourism Research，1982，(9)：565-583.

[22] FOSTER D M，MURPHY P. Resort cycle revisted the retirement connection [J]. Annals of Tourism Research，1991，18（4）：553-576.

[23] LUNDTORP S，WANHILL S. The resort lifecycle theory:generating processes and estimation [J]. Annals of Tourism Research，2001，28 （4）：947- 964.

[24] CHOY D J L. Life cycle models for pacific island destinations [J]. Joural of Travel Research，1992，30（3）：26-31.

[25] STRAPP J D. The resort cycle and second homes[J]. Annals of Tourism Research，1988，15（4）：504-516.

[26] PRIESTLEY G，MUNDET L. The post-stagnation phase of the resort cycle [J]. Annals of Tourism Research，1998，25（1）：85-111.

[27] AGARWAL S. Restructuring seaside tourism:the resort lifecycle [J]. Annals of Tourism Research，2002，29 （1）：25-55.

[28] 张文. 对旅游区生命周期问题的看法[M]//孙仲明，等. 旅游开发研究论集. 北京：旅游教育出版社，1990：99-108.

[29] 保继刚，楚义芳，彭华. 旅游地理学[M]. 北京：高等教育出版社，1993：106-113.

[30] 保继刚，彭华. 旅游地拓展开发研究：以丹霞山阳元石景区为例[J]. 地理科学，1995，15（1）：63-70.

[31] 谢彦君. 旅游地生命周期的控制与调解[J]. 旅游学刊，1995，10（2）：41-44.

[32] 覃江华. 旅游地生命周期研究综述[J]. 中南民族大学学报（人文社会科学版），2005，(5)：214-216.

[33] 许春晓. "旅游产品生命周期论"的理论思考[J]. 旅游学刊，1997，12（5）：44-47.

[34] 阎友兵，旅游地生命周期理论辨析[J]. 旅游学刊，2001，16（6）：45-47.

[35] 张惠，周春林，管卫华，等. 基于旅游系统的旅游地生命周期问题探讨[J]. 中国软科学，2004，(11)：142-146.

[36] 保继刚. 旅游生命周期理论与旅游规划[J]. 建筑师，1998，8（5）：41-50.

[37] 邹统钎，郭丽华. 旅游目的地生命周期理论浅议[N]. 中国旅游报，2005-01-19.

[38] 李蕾蕾. 从区域旅游开发的演变探讨一种新的规划观念[J]. 城市规划学刊，1999，(2)：61-64.

[39] 徐红罡. 潜在游客市场与旅游产品生命周期：系统动力学模型方法[J]. 系统工程，2001，19（3）：69-75.

[40] 戴光全，吴必虎. TPC 及 DLC 理论在旅游产品再开发中的应用：昆明市案例研究[J]. 地理科学，2002，22（1）：123-128.

[41] 李建军，吴文智. 基于"P-E"状况分析的旅游地生命周期应用研究[J]. 江西财经大学学报，2006，(4)：50-54.

[42] 吴江，黄震方. 旅游地生命周期曲线模拟的初步研究：Logistic 曲线模型方法的应用[J]. 地理与地理信息科学，2004，09，20（5）：91-94.

[43] 付洪利，汪明林. 反馈闭环系统理论在资源型旅游地生命周期中的应用[J]. 乐山师范学院学报，2006，07，21（7）：98-101.

[44] 李舟. 关于旅游产品生命周期论的深层思考：与杨森林老师商榷[J]. 旅游学刊，1997，12（1）：38-40.

[45] 余书炜. "旅游地生命周期的理论"综论：兼与杨森林商榷[J]. 旅游学刊，1997，(1)：32-37.

[46] CHRISTALLER W. Some consideration of tourism location in Europe：the peripheral regions-underdeveloped countries-recreation areas [J]. Papers in Regional Science，1964，(12)：95-105.

[47] REICHEL A，LOWENGART O，MILMAN A. Rural tourism in israel：service quality and orientation [J]. Tourism Management，2000，21：451-459.

[48] 王琼英，冯学钢. 乡村旅游综述[J]. 北京第二外国语学院学报，2006，(1)：115-120.

[49] FLEISCHER A，FELSENSTEIN D．Support for rural tourism does it make a difference[J]．Annals of Tourism Research，2000，27（4）：1007-1024.

[50] SUGIARTI R，ERNAWWATI D，BIRTLES A．The potential for developing ecologically sustainable rural in Surakarta，indonesia：a case study[J]．ASEAN Journal on Hospitality & Tourism，2003，2（2）：78-90.

[51] TURNOCK D．Prospects for sustainable rural cultural tourism in Maramures，Romania[J]．Tourism Geographies，2002，4（1）：62-94.

[52] HALL D．Rural tourism development in southeast Europe：transition and the search for sustainability [J]．International Journal of Tourism Research，2010，6（3）：165-176.

[53] KNOWD I．Tourism as a mechanism for farm survival[J]．Journal of Sustainable Tourism，2006，14（1）：24-42.

[54] TURNOCK D. Sustainable rural tourism in Romania carpathians[J]. Geographical Journal，1999，165（2）：192-199.

[55] MACDONALD R，JOLLIFFE L．Cultural rural tourism-evidence from Canada[J]． Annals of Tourism Research，2003，（30）：307-322.

[56] REID D，MAIR H，GEORGE W. Community tourism planning：a self-assessment instrument [J]. Annals of Tourism Research，2004，31（4）：623-639.

[57] YING T Y，ZHOU Y G．Community，governments and external capitals in China' s rural cultural tourism：a comparative study of two adjacent villages[J]．Tourism Management，2007，28（1）：96-107.

[58] PARK M，STOKOWSKI P A．Social disruption theory and crime in rural communities：comparisons across three levels of tourism growth [J]．Tourism Management，2009，30（6）：905- 915.

[59] DEVESA M，LAGUNA M，PALACIOS A. The role of motivation in visitor satisfaction：empirical evidence in rural tourism [J]．Tourism Management，2010，31（4）：547-552.

[60] 潘秋玲．现阶段我国乡村旅游产品的供需特征及开发[J]．地域研究与开发，1999，18（2）：60-62.

[61] 保继刚，苏晓波．历史城镇的旅游商业化研究[J]．地理学报，2004，59（3）：427-436.

[62] 邹统钎．中国乡村旅游发展模式研究：成都农家乐与北京民俗村的对比与对策分析[J]．旅游学刊，2005，20（3）：63-68.

[63] 刘聪，张陆，罗凤．乡村旅游开发理念批判[J]．人文地理，2005，6（86）：60-63.

[64] 杨载田，刘沛林．21 世纪的中国乡村旅游产品开发研究[J]．衡阳师范学院学报，2006，27（5）：63-66.

[65] 王云才．中国乡村旅游发展的新形态和新模式[J]．旅游学刊，2006，21（4）：8-8.

[66] 张文祥．阳朔乡村旅游国内外游客需求分析的启示[J]．旅游学刊，2006，21（4）：11-12.

[67] 王兵，罗振鹏．对北京郊区乡村旅游服务满意度的调查与思考[J]．北京联合大学学报（人文社会科学版），2006，4（4）：38-43.

[68] 王昆欣，周国忠，郎富平．乡村旅游与社区可持续发展研究：以浙江省为例[M]．北京：清华大学出版社，2008.

[69] 邵秀英，田彬．古村落旅游开发的公共管理问题研究[J]．人文地理，2010，113（3）：120-123.

[70] 周建明，蔡晓霞，宋涛．试论我国乡村旅游标准化发展历程及体系架构[J]．旅游学刊，2011，26（2）：58-64.

[71] 李萍，王倩，Chris R．旅游对传统村落的影响研究：以安徽齐云山为例[J]．旅游学刊，2011，27（4）：57-63.

[72] 毛峰．“互联网+”时代乡村旅游可持续发展的路径及对策[J]．改革与战略，2016，32（3）：74-77.

[73] 陕西省旅游局．2016 年上半年陕西省旅游经济运行分析[EB/OL]．http：//www．sxta．gov．cn/sxtourgov/proscenium/content/2016-07-19/13099．html [2016-07-19].

[74] 范智军．低碳视角下我国乡村旅游定位与功能构建研究[J]．农业经济，2015，（5）：59-60.

[75] 卢小丽，赵越，王立伟．基于 DEMATEL 方法的乡村旅游发展影响因素研究[J]．资源开发与市场，2017，33（2）：209-213．

[76] 张进伟．基于产业融合的传统农业与乡村旅游互动发展模式[J]．农业经济，2016，（2）：101-102．

[77] 蒙丽琴．建立乡村旅游与民俗文化的良性互动机制研究[J]．农业经济，2014，（3）：105-106．

[78] 石金莲，崔越，黄先开．美国乡村旅游发展经验对北京的启示[J]．中国农业大学学报，2015，20（5）：289-296．

[79] 李孟娣，李洁．浅析乡村生态旅游可持续发展的法律保障[J]．农业经济，2016，（2）：99-100．

[80] 陕西省旅游局．陕西 16 个单位和个人在第二届全国乡村旅游与旅游扶贫工作推进大会上受表彰[EB/OL]．http：//www．sxta．gov．cn/sxtourgov/proscenium/content/2016-08-19/13212.html [2016-08-19]．

[81] 陕西省旅游局．全省乡村旅游与旅游扶贫工作推进大会在大荔召开[EB/OL]． http：//www．sxta．gov．cn/sxtourgov/proscenium/content/2017-04-28/15154．html [2017-04-28]．

[82] 刘焕庆，吴健．全域旅游背景下的延边州乡村旅游可持续发展研究[J]．东疆学刊，2017，34（01）：101-105．

[83] 杨华．日本乡村旅游发展研究[J]．世界农业．2015，（7）：158-161．

[84] 赵爱民，陈晨，黄倩倩，等．日本乡村旅游品牌发展路径及启示[J]．世界农业，2016，（5）：171-175．

[85] 肖静．贵州乡村旅游对农村可持续发展影响及复合发展模式[J]．江苏农业科学，2014，42（2）：405-407．

[86] 杨荣彬，车振宇，李汝恒．社区居民视角下乡村旅游发展模式比较研究：以环洱海地区喜洲、双廊为例[J]．农业现代化研究，2015，（11）：1050-1054．

[87] 贾衍菊，王德刚．社区居民旅游影响感知和态度的动态变化[J]．旅游学刊，2015，（5）：65-73．

[88] 邓辉．生态家园：文化遗产型特色民族村寨发展的有效模式：基于武陵山区彭家寨的调查[J]．中南民族大学学报，2014，9：50-54．

[89] 杨丽君．英国乡村旅游发展的原因、特征及启示[J]．世界农业，2014．（7）：157-161．

[90] 牛阮霞，佟立洲．乡村旅游可持续发展模式如何打造[J]．人民论坛，2016，（11）：75-75．

[91] 马瑛．西安观光农业旅游的开发研究[D]．西安：陕西师范大学，2003．

[92] 刘笑明．西安市观光农业发展与布局研究[D]．西安：西北大学，2003．

[93] 杨永波，李同升．基于游客心理感知评价的西安乡村旅游地开发研究[J]．旅游学刊，2007，（22）：32-37．

[94] 杨骏，庞桂珍，胡粉宁，等．西安周边地区乡村旅游发展的人类学透视[J]．社科纵横，2007，22（4）：3-5．

[95] 谭梦昕，宋保平．基于 ASEB 栅格分析法的乡村体验式旅游开发：以西安汤峪镇官上村农家乐为例[J]．江西农业学报，2008，20（6）：152-154．

[96] 高林安．西安“农家乐”现状与发展思路[J]．安徽农业科学，2010，38（27）：15337-15340．

[97] 张春晖，白凯．乡村旅游地品牌个性与游客忠诚：以场所依赖为中介变量[J]．旅游学刊，2011，26（2）：49-57．

[98] 张洁，李同升．西安市的乡村旅游资源开发与区域效益[J]．经济导刊，2010，（5）：74-75．

[99] 刘晓霞，王兴中，翟洲燕，等．基于城市日常体系理念的农家乐旅游空间功能结构提升研究：以蓝田县为例[J]．人文地理，2011，（5）：138-142．

[100] 张云鹏，邹志荣，王慧，等．乡土文化，绿色之魂，以西安白鹿塬现代农业示范区规划设计为例[J]．西北林学院学报，2011，26（1）：214-218．

[101] 张传时．城郊乡村旅游空间组织与优化研究：以西安市为例[D]．杨凌：西北农林科技大学，2011．

[102] 闵庆文，孙业红．农业文化遗产保护的几个问题：全球重要农业文化遗产“稻鱼共生系统”动态保护与适应性管理研讨会纪要[J]．古今农业，2007，（2）：98-100．

[103] 闵庆文，孙业红．农业文化遗产的概念、特点与保护要求[J]．资源科学，2009，31（6）：914-918．

[104] MIN Q W，HE L，ZHANG D．Agricultural heritage research in China：progresses and perspectives[J]．Journal of Resources and Ecology，2011，2（1）：15-21.

[105] 孙业红，闵庆文，成升魁，等．农业文化遗产地旅游社区潜力研究：以浙江省青田县为例[J]．地理研究，2011，30（7）：1341-1350.

[106] 孙业红，闵庆文，成升魁，等．农业文化遗产的旅游资源特征研究[J]．旅游学刊，2010，25（10）：57-62.

[107] 李文华，闵庆文，孙业红．自然与文化遗产保护研究中几个问题的探讨[J]．地理研究，2006，25（4）：561-569.

[108] 孙业红，闵庆文，成升魁，等．农业文化遗产旅游资源开发与区域社会经济关系研究：以浙江青田“稻鱼共生”全球重要农业文化遗产为例[J]．资源科学，2006，28（4）：138-143.

[109] LEPP A，HOLLAND S．A comparison of attitudes towards state-led conservation and community-based conservation in the village of Bigodi Uganda[J]．Society & Natural Resources，2006，19（7）：609-623.

[110] KOOHAFKAN P，dela CRUZ M J．Conservation and adaPtive management of globally important agricultural heritage systems（GIAHS）[J]．Journal of Resources and Ecology，2009，2（1）：22-28.

[111] KOOHAFKAN P，dela CRUZ M J．Globally important agricultural heritage systems：a shared vision of agricultural，ecological and traditional societal sustainability [J]．Journal of Resources and Ecology，2009，31（6）：905-913.

[112] SUN Y H，MIN Q W，CHENG S K．Residents’attitudes towards tourism in a globally important agricultural heritage systems pilot site：a case study in China [J]．Chinese Journal of Population Resources and Environment，2009，7（1）：37-46.

[113] 郑景明，罗菊春，曾德慧．森林生态系统管理的研究进展[J]．北京林业大学学报，2002，24（3）：103-109.

[114] 孙健．从三个视角看适应性管理与传统管理理念的差异[J]．中国行政管理，2006，（9）：101-103.

[115] 王文杰，潘英姿，王明翠，等．区域生态系统适应性管理概念、理论框架及其应用研究[J]．中国环境监测，2007，23（2）：1-7.

[116] 朱立言，孙健．适应性管理的兴起及其理念[J]．湖南社会科学，2008，（6）：63-68.

[117] 荣玫．适应性管理在我国应急管理中的应用[J]．发展研究，2009，（8）：78-81.

[118] 许士国，赵倩．人工湿地的适应性规划设计[J]．东北水利水电，2010，（1）：49-51.

[119] 杨春宇．中国旅游制度变迁机制及其理论体系构建研究：基于新博弈格局视角[J]．商业经济与管理，2011，12，242（12）：76-83.

[120] 刘小峰，盛昭瀚，金帅．基于适应性管理的水污染控制体系构建[J]．中国人口·资源与环境，2011，21（2）：73-78.

[121] 马赟杰，黄薇，霍军军．我国环境流量适应性管理框架构建初探[J]．长江科学院院报，2011，28（12）：88-92.

[122] 陈娅玲，杨新军．旅游社会-生态系统及其恢复力研究[J]．干旱区资源与环境，2011，25（11）：206-211.

[123] 陈娅玲．陕西秦岭地区旅游社会-生态系统脆弱性评价及适应性管理对策研究[D]．西安：西北大学，2013.

[124] 喻忠磊．基于农户调查的旅游乡村社会-生态系统适应性研究：大秦岭旅游地金丝峡节点的实证分析[D]．西安：西北大学，2013.

[125] BUTLER R W．The concept of a tourism area cycle of evolution：implications for management of resources [J]．The Canadian Geographer，1980，24（1）：5-12.

[126] 徐致云，陆林．旅游地生命周期研究进展[J]．安徽师范大学学报（自然科学版），2006，29（6）：599-603.

[127] 潘顺安．中国乡村旅游驱动机制与开发模式研究[D]．长春：东北师范大学，2007.

[128] 郭华．制度变迁视角的乡村旅游社区利益相关者管理研究[D]．广州：暨南大学，2007.

[129] 张晓慧．基于利益相关者的一体化乡村旅游研究[D]．咸阳：西北农林科技大学，2011．

[130] HOLLING C S．Adaptive environmental assessment and management[M]．New York：JOHN WILEY and Sons，1978．

[131] WALTERS C J．Adaptive management of renewable resources[M]．Mac Millan Publishing Company，NewYork，1986．

[132] KAI N L．Appraising adaptive management[J]．Ecology & Society，1999，3（2）．

[133] HOLLING C S，et al．Final report of the project：resilience of ecosystems，economic systems and institutions [M]．The JOHN D．and CATHERINE T．Macarthur Foundation，2000： 4-12．

[134] PEARCE D G．Tourism development[M]．Harlow：Longman，1989：20-33．

[135] 唐顺铁，郭来喜．旅游流体系研究[J]．旅游学刊，1998，3：38-41．

[136] 张佑印，马耀峰，赵现红．中国一级城市入境旅游流时空演变模式分析[J]．2008，151（2）：90-94．

[137] 李东和，张捷．国内旅游现象空间分异研究进展与展望[J]．人文地理，2009，109（5）：96-100．

[138] 吴晋峰，潘旭莉．入境旅游流网络与航空网络的关系研究[J]．旅游学刊，2010，25（11）：39-43．

[139] 杨兴柱，顾朝林，王群．旅游流驱动力系统分析[J]．地理研究，2011，30（1）：23-36．

[140] 高林安，梅林，刘继生，等．旅游流时空演变下的乡村旅游开发研究：基于蓝田县汤峪镇调研数据[J]．资源开发与市场，2011，27（8）：740-743．

[141] 李振亭，马耀峰，李创新，等．近 20 年来中国入境旅游流流量与流质的变化分析[J]．陕西师范大学学报（自然科学版），2012，40（1）：94-99．

[142] 张广瑞，刘德谦．2009 年：中国旅游发展分析与预测[M]．北京：社会科学文献出版社，2009：5-6．

[143] 徐红罡，吴悦芳，彭丽娟．古村落旅游地游线固化的路径依赖：世界遗产地西递、宏村实证分析[J]．地理研究，2010，29（7）：1324-1334．

[144] 王莹，徐东亚．新假日制度对旅游消费行为的影响研究：基于在杭休闲旅游者的调查[J]．旅游学刊，2009，24，（7）：48-52．

[145] 胡粉宁，丁华，郭威．陕西省乡村旅游资源分类体系与评价[J]．生态经济（学术版），2012，（2）：217-220．

[146] 央广网．陕西乡村旅游接待 1.4 亿人次总收入 158.9 亿元[EB/OL]．http://news.cnr.cn/native/city/20161029/t20161029_523229809.shtml [2016-10-29]．

[147] 陕西政府网．陕西乡村旅游发展水平排名全国第二[EB/OL]．http://www.shaanxi.gov.cn/info/iList.jsp?tm_id=166&cat_id=10001&info_id=610[2016-11-04]．

[148] 第一旅游网．乡村旅游，陕西旅游创新发展的风景线[EB/OL]．http://www.toptour.cn/tabid/66/InfoID/46501/frtid/240/Default.aspx[2011-11-16]．

[149] 搜狐网．盘点 2011 年精彩纷呈的陕西旅游[EB/OL]．http://roll.sohu.com/20120116/n332334391.shtml [2012-01-16]．

[150] 西部网．陕乡村游升温 接待人数占全省国内游近 1/3[EB/OL]．http://news.cnwest.com/content/2013-09/20/content_ 10067976.htm[2013-09-20]．

[151] 陕西省旅游发展委员会．杨忠武局长在全省旅游工作会议上的讲话[EB/OL]．http://www.sxta.gov.cn/proscenium/content/2014-01-22/9554.html[2014-01- 22]．

[152] 旅游中国．中秋小长假陕西接待游客 680 万人次旅游收入 30 亿[EB/OL]．http://www.china.com.cn/travel/txt/2013-09/22/content_30089895.htm[2013-09-22]．

[153] 陕西政府网．陕西乡村旅游多种发展模式齐头并进[EB/OL]．http://www.shaanxi.gov.cn/info/iList.jsp?tm_id=177&cat_id=10001&info_id=3822[2015-08-17].

[154] 西部网．2015 年陕西休闲农业接待游客 8000 万人次 收入 61 亿元[EB/OL]．http://news.cnwest.com/content/2016-04/19/content_13765766.htm[2016-04-19].

[155] 陕西政府网．陕西加快乡村旅游从规模向品牌跨越[EB/OL]．http://www.shaanxi.gov.cn/sxxw/sxyw/73933.htm[2017-03-28].

[156] 华商网．2017 陕西乡村旅游大数据报告：陕南领跑全省[EB/OL]．http://news.hsw.cn/system/2018/0313/967803.shtml[2018-03-13].

[157] 杨新军，李佳．乡村旅游客源结构分析：以西安市上王村农家乐为例[J]．云南师范大学学报（哲学社会科学版），2013，45（1）：25-32.

[158]任国霞，张襄英．杨凌示范区农业劳动力现状及合理利用措施[J]．西北农业大学学报，2000，28（2）：76-79.

[159]王兴中，李九全，潘秋玲，等．中国旅游地理[M]．北京：科学出版社，2013：181-184.

[160]（日）前田勇．現代観光学キーワード事典[M]．1 版．東京：株式会社 学文社，1998：83.

[161]（日）岡本伸之．観光学入門 ポスト．マス．ツーリズムの観光学[M]．東京：株式会社有斐閣，2007：311-333.

[162]李鹏，王秀红．乡村旅游经营者多维目标研究[M]．北京：科学出版社，2011：196-197.

致　谢

在写作本书的过程中，我得到了恩师——东北师范大学地理科学学院刘继生教授的热情指导，也得到了西安外国语大学旅游学院·人文地理研究所王兴中教授、院长潘秋玲教授的热情指导，各位教授为我撰写本书提供了很大帮助，感谢他们！

感谢我的八旬老母，弓着腰天天为我祈福！祈愿我在外调研时能平安、顺利！也感谢我的爱人和儿子，是他们的支持、鼓励、分担、帮助，给予我无限动力，我才能克服年龄、身体、精神、精力等困难，在极度困难繁忙时完成了此书的撰写和校对工作！

感谢我的同学高鑫、梁振民、李汝资、汤春玲、刘国涛等，他们常常鼓励、帮助我做好本书的排版、修改、校对工作，才使我的书稿日臻完善！我要衷心地说一声："谢谢你们，我的好兄弟姊妹们！"

在一线实地调查过程中，我得到了陕西省旅游发展委员会陈梦榆副主任等众多热心朋友的帮助，他们帮助我联系调研、考察点，和我畅谈乡村旅游发展的过去、现在与未来，给我复印了很多资料，为本书的完成给予了巨大的帮助，衷心感谢他们！

我也要感谢提供参考文献的专家、学者，以及陕西省乡村旅游经营者的大哥大嫂们，特别是西安市草堂营村的吴彩琴大嫂、东大永宏垂钓园的张永宏老哥、秦俑村的杨坠来老弟、安康市汉滨区县河镇县河村农家乐经营户原村会计王仁余老先生、汉中市汉台区河东镇花果村的景有智支书（经营户）等人给我提供的各种方便，使我的调研能够顺利进行，感谢他们！

我还要感谢那些素不相识的接受调查、访谈的城市居民、乡村旅游经营者、管理者、游客、专家、学者，他们的无私帮助和合作，使我能够在较短的时间内顺利完成一线调研任务。在此一并感谢!

高林安

2017 年 3 月 18 日于西安财经学院

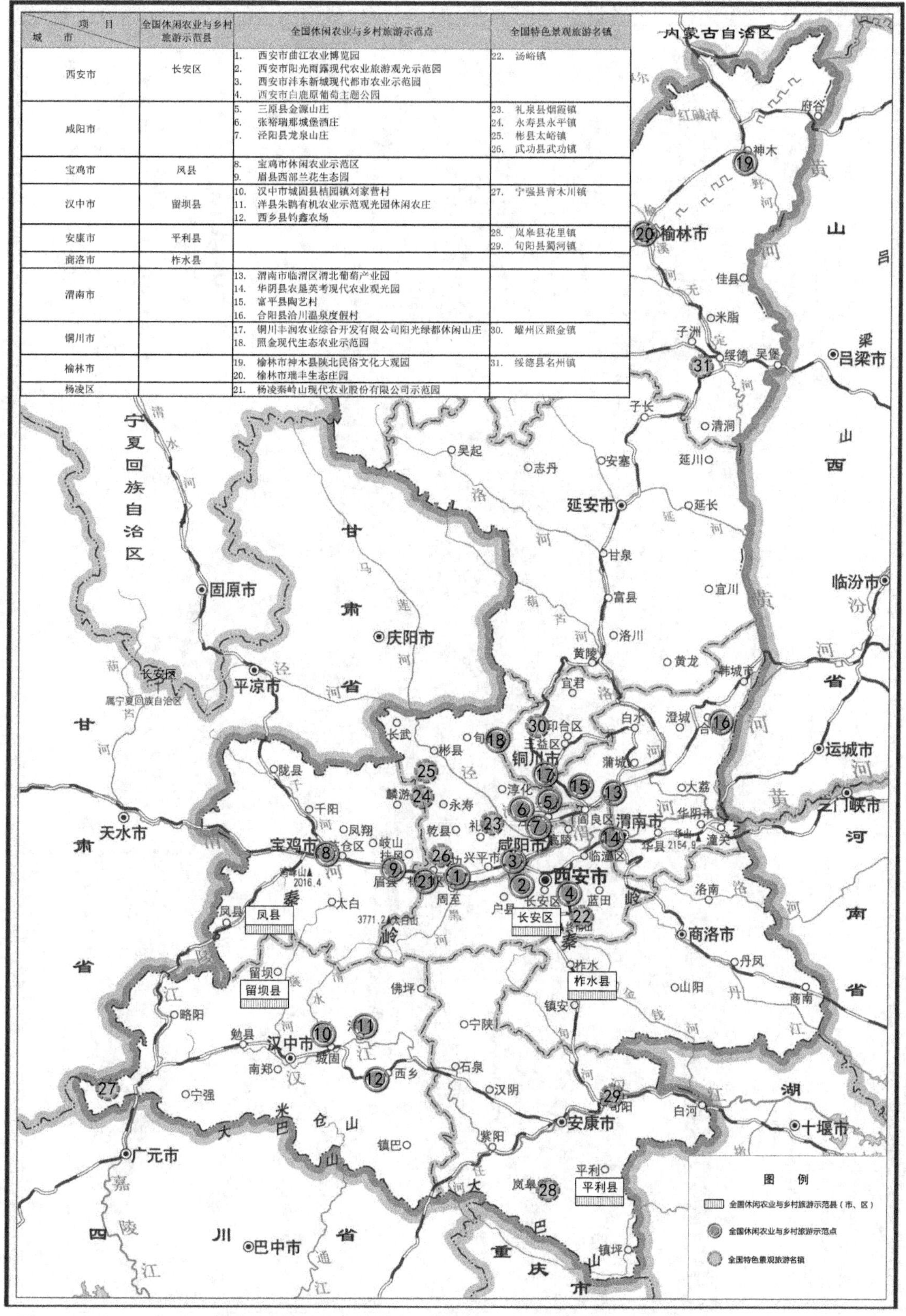

项目 城市	全国休闲农业与乡村旅游示范县	全国休闲农业与乡村旅游示范点	全国特色景观旅游名镇
西安市	长安区	1. 西安市曲江农业博览园 2. 西安市阳光雨露现代农业旅游观光示范园 3. 西安市沣东新城现代都市农业示范园 4. 西安市白鹿原葡萄主题公园	22. 汤峪镇
咸阳市		5. 三原县金源山庄 6. 张裕瑞那城堡酒庄 7. 泾阳县龙泉山庄	23. 礼泉县烟霞镇 24. 永寿县永平镇 25. 彬县太峪镇 26. 武功县武功镇
宝鸡市	凤县	8. 宝鸡市休闲农业示范区 9. 眉县西部兰花生态园	
汉中市	留坝县	10. 汉中市城固县桔园镇刘家营村 11. 洋县朱鹮有机农业示范观光园休闲农庄 12. 西乡县钓鑫农场	27. 宁强县青木川镇
安康市	平利县		28. 岚皋县花里镇 29. 旬阳县蜀河镇
商洛市	柞水县		
渭南市		13. 渭南市临渭区渭北葡萄产业园 14. 华阴县农垦英考现代农业观光园 15. 富平县陶艺村 16. 合阳县洽川温泉度假村	
铜川市		17. 铜川丰润农业综合开发有限公司阳光绿都休闲山庄 18. 照金现代生态农业示范园	30. 耀州区照金镇
榆林市		19. 榆林市神木县陕北民俗文化大观园 20. 榆林市瑞丰生态庄园	31. 绥德县名州镇
杨凌区		21. 杨凌秦岭山现代农业股份有限公司示范园	

附图1　陕西省国家级主要乡村旅游目的地分布状况图

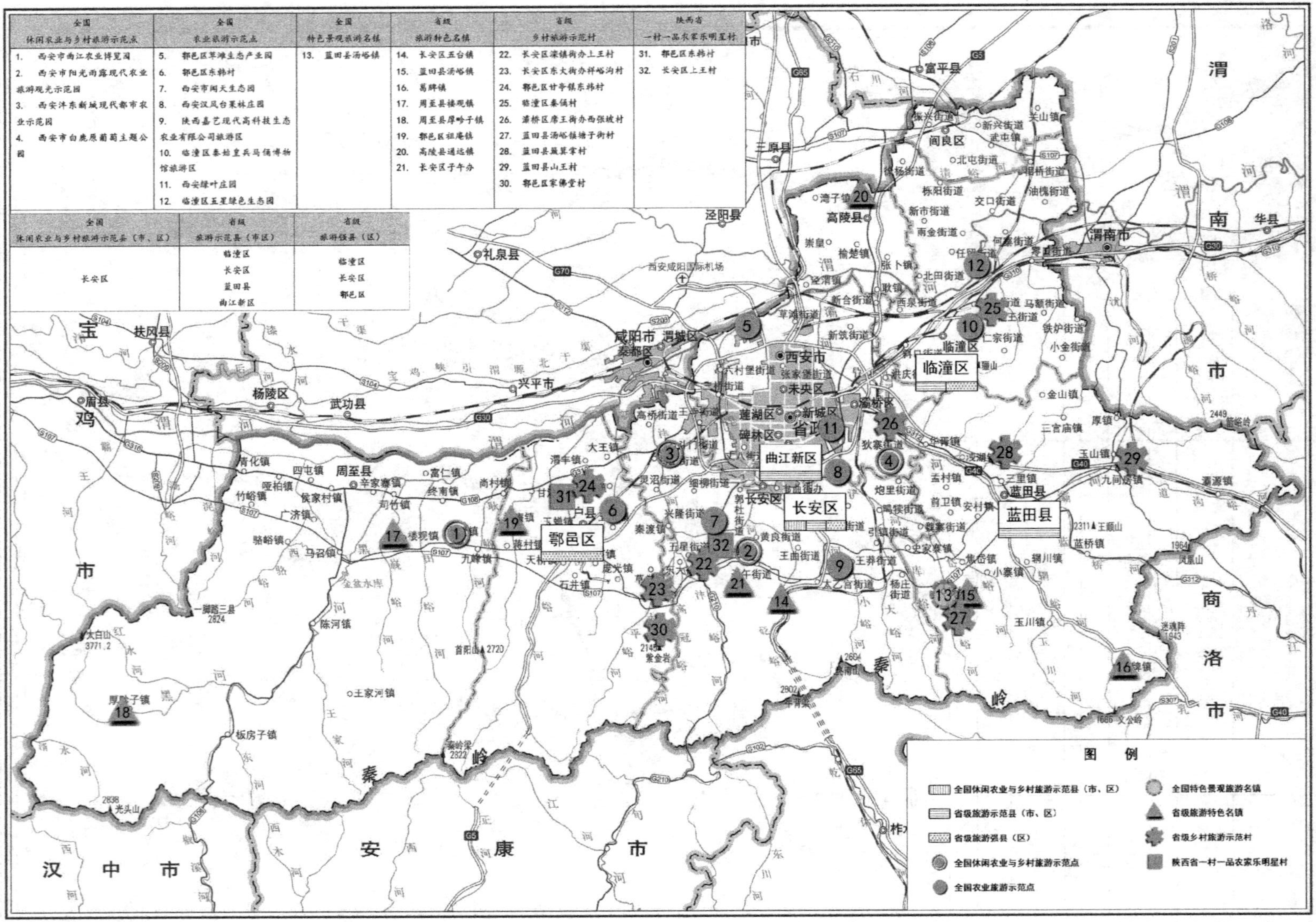

全国 休闲农业与乡村旅游示范点	全国 农业旅游示范点	全国 特色景观旅游名镇	省级 旅游特色名镇	省级 乡村旅游示范村	陕西省 一村一品农家乐明星村
1. 西安市曲江农业博览园 2. 西安市阳光雨露现代农业旅游观光示范园 3. 西安浐东新城现代都市农业示范园 4. 西安市白鹿原葡萄主题公园	5. 鄠邑区草滩生态产业园 6. 鄠邑区东韩村 7. 西安市闲天生态园 8. 西安汉风台果林庄园 9. 陕西嘉艺现代高科技生态农业有限公司旅游区 10. 临潼区秦始皇兵马俑博物馆旅游区 11. 西安绿叶庄园 12. 临潼区五星绿色生态园	13. 蓝田县汤峪镇	14. 长安区五台镇 15. 蓝田县汤峪镇 16. 葛牌镇 17. 周至县楼观镇 18. 周至县厚畛子镇 19. 鄠邑区祖庵镇 20. 高陵县通远镇 21. 长安区子午办	22. 长安区滦镇街办上王村 23. 长安区东大街办祥峪沟村 24. 鄠邑区甘亭镇东韩村 25. 临潼区秦俑村 26. 灞桥区席王街办西张坡村 27. 蓝田县汤峪镇塘子街村 28. 蓝田县簸箕掌村 29. 蓝田县山王村 30. 鄠邑区家佛堂村	31. 鄠邑区东韩村 32. 长安区上王村

全国 休闲农业与乡村旅游示范县（市、区）	省级 旅游示范县（市区）	省级 旅游强县（区）
长安区	临潼区 长安区 蓝田县 曲江新区	临潼区 长安区 鄠邑区

图例

- 全国休闲农业与乡村旅游示范县（市、区）
- 省级旅游示范县（市、区）
- 省级旅游强县（区）
- 全国休闲农业与乡村旅游示范点
- 全国农业旅游示范点
- 全国特色景观旅游名镇
- 省级旅游特色名镇
- 省级乡村旅游示范村
- 陕西省一村一品农家乐明星村

附图2　西安市乡村旅游主要目的地空间分布图

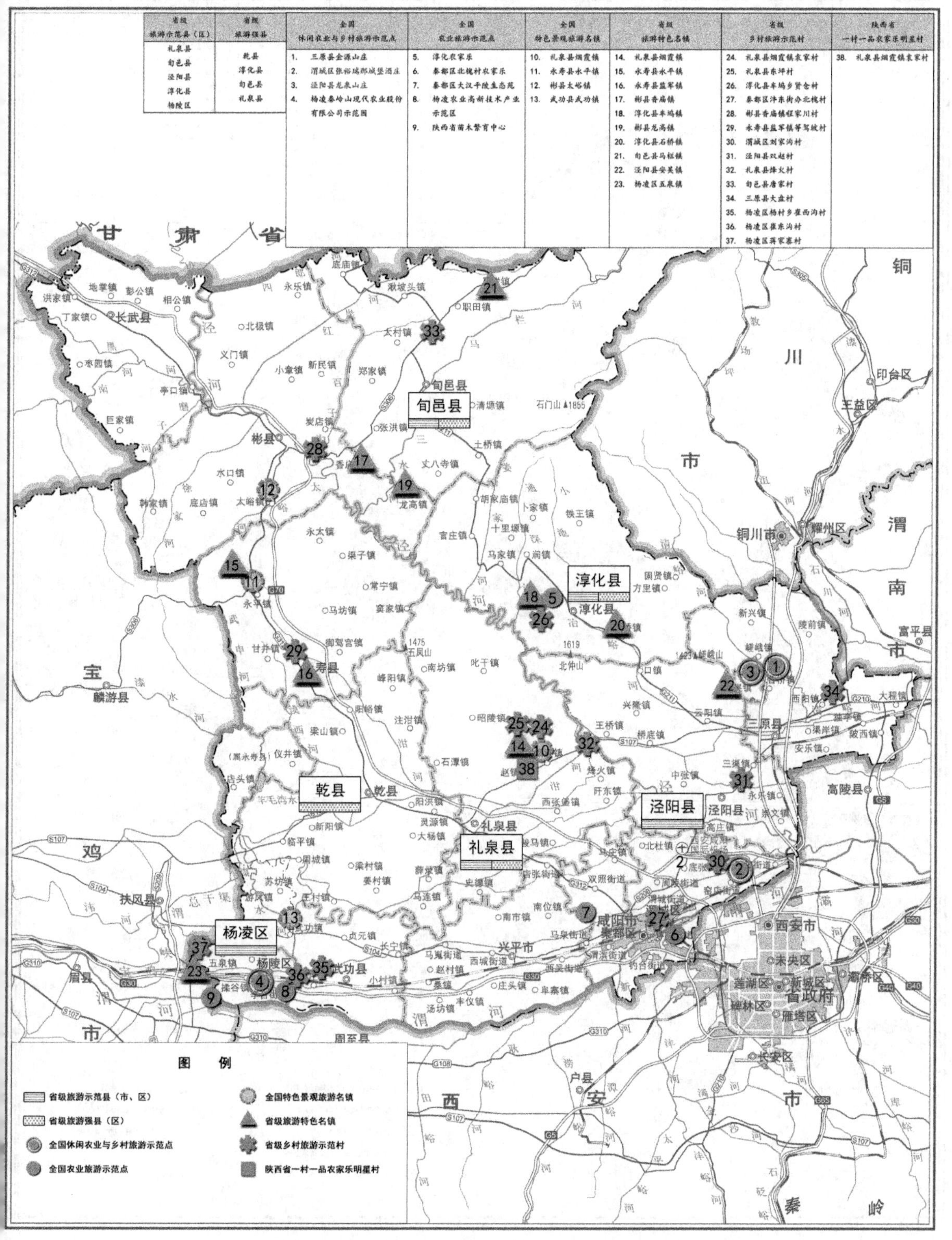

附图 3　咸阳市乡村旅游主要目的地空间分布图

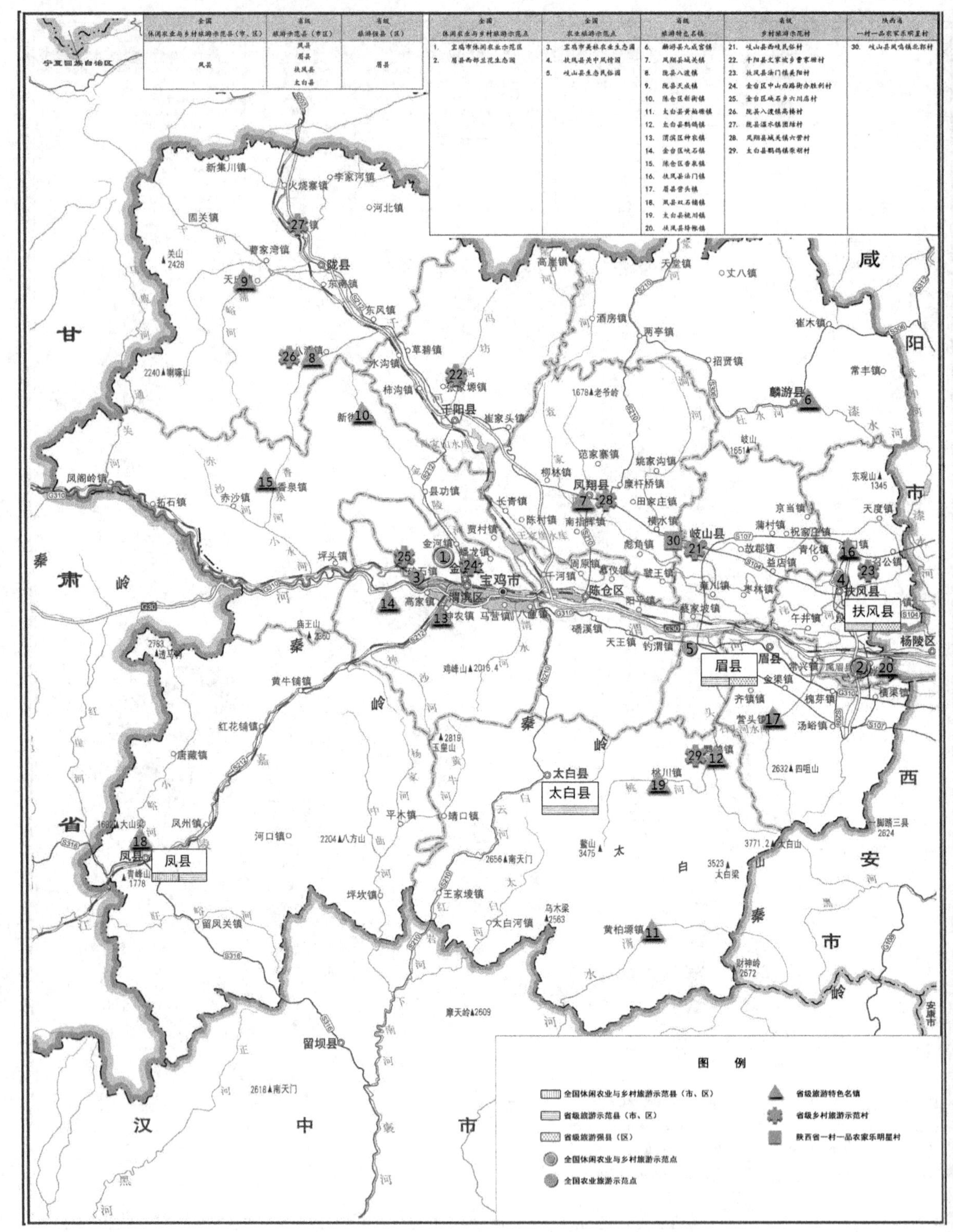

附图 4　宝鸡市乡村旅游主要目的地空间分布图

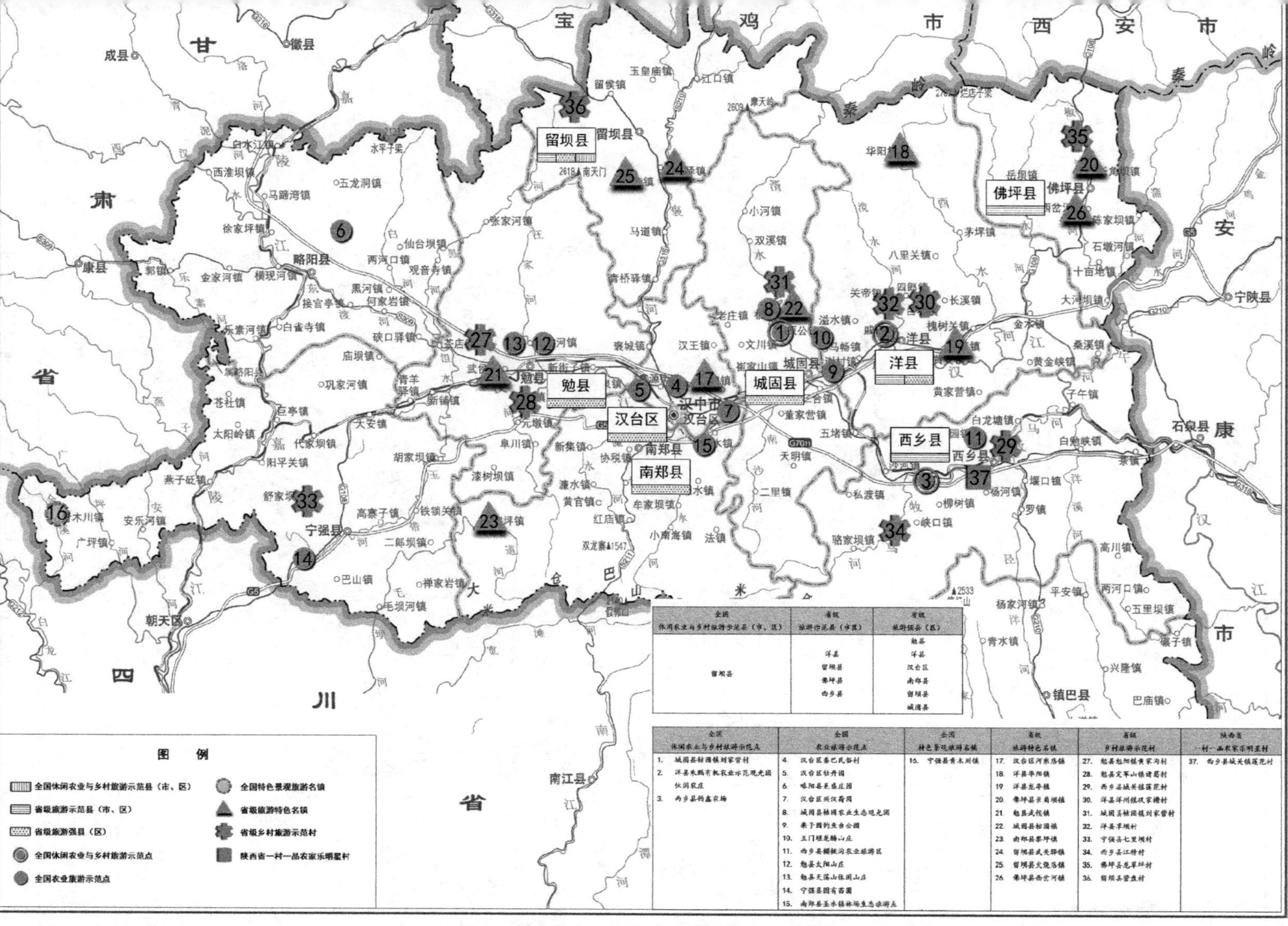

附图 5　汉中市乡村旅游主要目的地空间分布图

全国 农业旅游示范点	全国 特色景观旅游名镇	省级 旅游特色名镇	省级 乡村旅游示范村
1. 汉阴县农业观光区	8. 岚皋县花里镇	10. 宁陕县皇冠镇	17. 平利县城关镇龙头村
2. 平利县农业观光园	9. 旬阳县蜀河镇	11. 石泉县后柳镇	18. 平利县城关镇纸坊沟村
3. 汉滨区县河村毛坝田园		12. 石泉县熨斗镇	19. 岚皋县南宫山镇宏大村
4. 岚皋县南宫山镇宏大村		13. 岚皋县南宫山镇	20. 岚皋县南宫山镇龙安村
5. 岚皋县四季镇头桥村		14. 汉滨区县河镇	21. 岚皋县四季镇头桥村
6. 宁陕县蒿沟村清泉山庄		15. 平利县长安镇	22. 石泉县后柳镇水红村
7. 平利县西河乡朝阳度假村		16. 石泉县两河镇	23. 石泉县城关镇上坝村
			24. 石泉县城关镇红岩村
			25. 汉滨区县河镇县河村
			26. 汉阴县城关镇龙岭村
			27. 石泉县堰关村

全国 休闲农业与乡村旅游示范县（市、区）	省级 旅游示范县（市区）	省级 旅游强县（区）
平利县	岚皋县 石泉县 宁陕县	汉滨区 岚皋县 宁陕县

附图6　安康市乡村旅游主要目的地空间分布图

图例

- 全国休闲农业与乡村旅游示范县（市、区）
- 省级旅游示范县（市、区）
- 省级旅游强县（区）
- 全国农业旅游示范点
- 省级旅游特色名镇
- 省级乡村旅游示范村
- 陕西省一村一品农家乐明星村

全国 休闲农业与乡村旅游示范县（市、区）	省级 旅游示范县（市区）	省级 旅游强县（区）
柞水县	商南县 柞水县 山阳县	商南县 柞水县

全国 农业旅游示范点	省级 旅游特色名镇	省级 乡村旅游示范村	陕西省 一村一品农家乐明星村
1. 商州区牧护关秦茂村	3. 商南县金丝峡镇	11. 商州区黑龙口镇渠坪村	29. 柞水县石瓮镇东甘沟村
2. 商南县茶叶联营公司	4. 丹凤县棣花镇	12. 商南县城关镇任家沟村	
	5. 山阳县漫川关镇	13. 丹凤县棣花镇万家湾村	
	6. 柞水县凤凰镇	14. 柞水县下梁镇明星村	
	7. 柞水县营盘镇	15. 柞水县凤凰镇凤镇街村	
	8. 柞水县石瓮镇	16. 柞水县石瓮镇东甘沟村	
	9. 丹凤县竹林关镇	17. 柞水县营盘镇朱家湾村	
	10. 镇安县云盖寺镇	18. 丹凤县龙驹寨镇冠山村	
		19. 山阳县法官镇道关村	
		20. 商州区江山村	
		21. 洛南县巡检街社区	
		22. 丹凤县棣花社区	
		23. 商南县后湾村	
		24. 商南县太子坪社区	
		25. 山阳县前店子村	
		26. 山阳县法官庙村	
		27. 镇安县丰收村	
		28. 柞水县营镇社区	

附图 7 商洛市乡村旅游主要目的地空间分布图

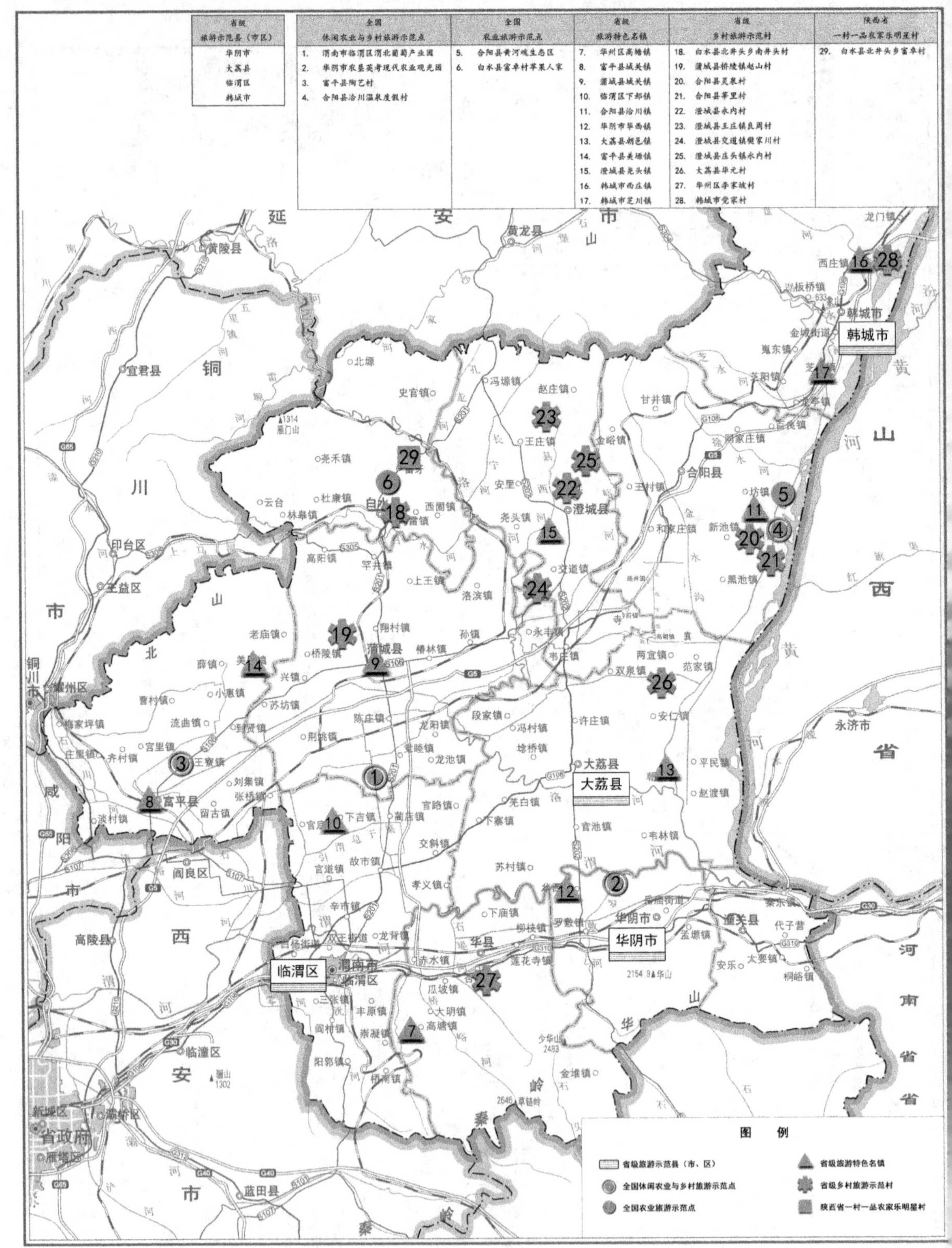

附图 8　渭南市乡村旅游主要目的地空间分布图

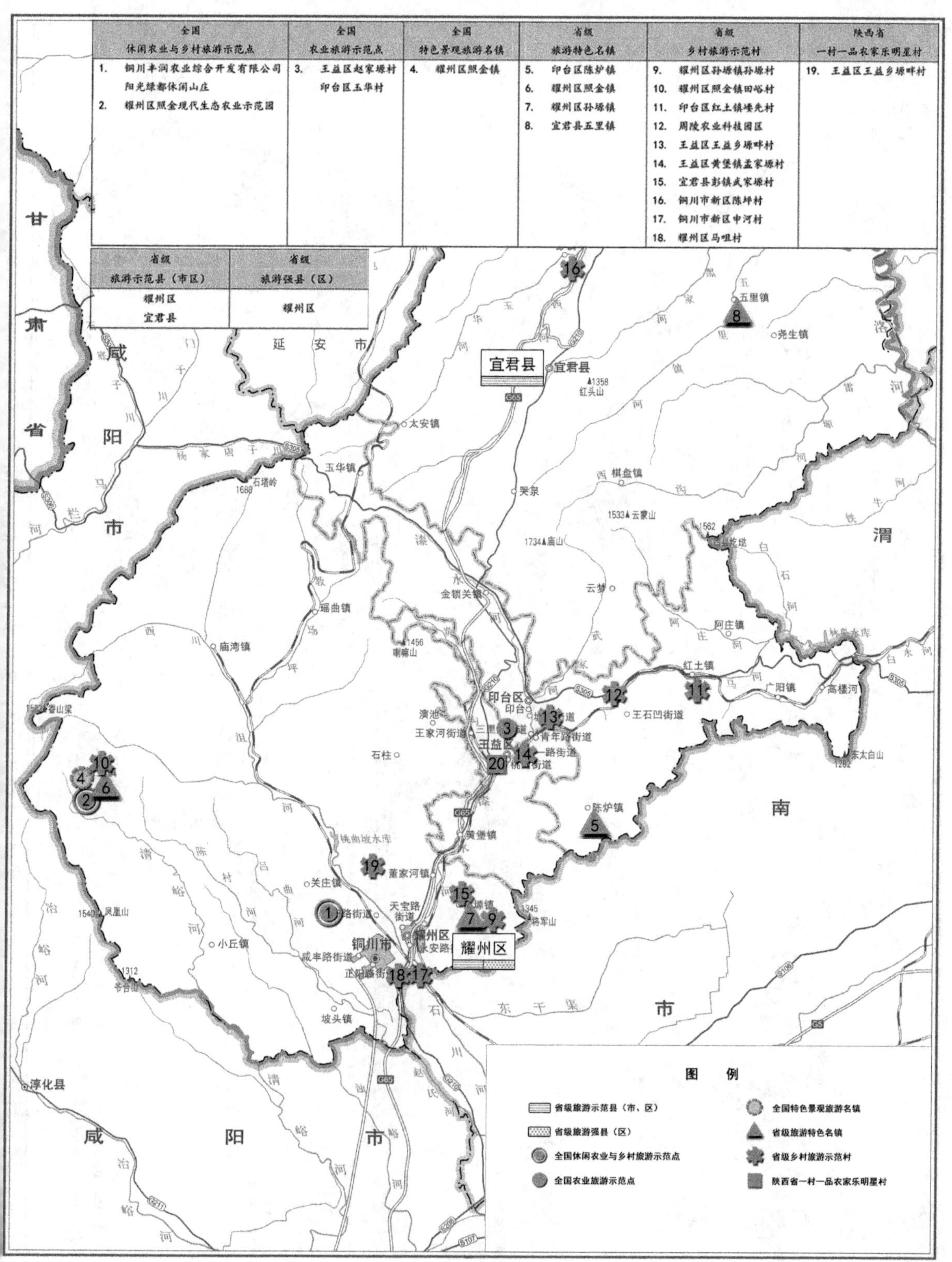

附图9 铜川市乡村旅游主要目的地空间分布图

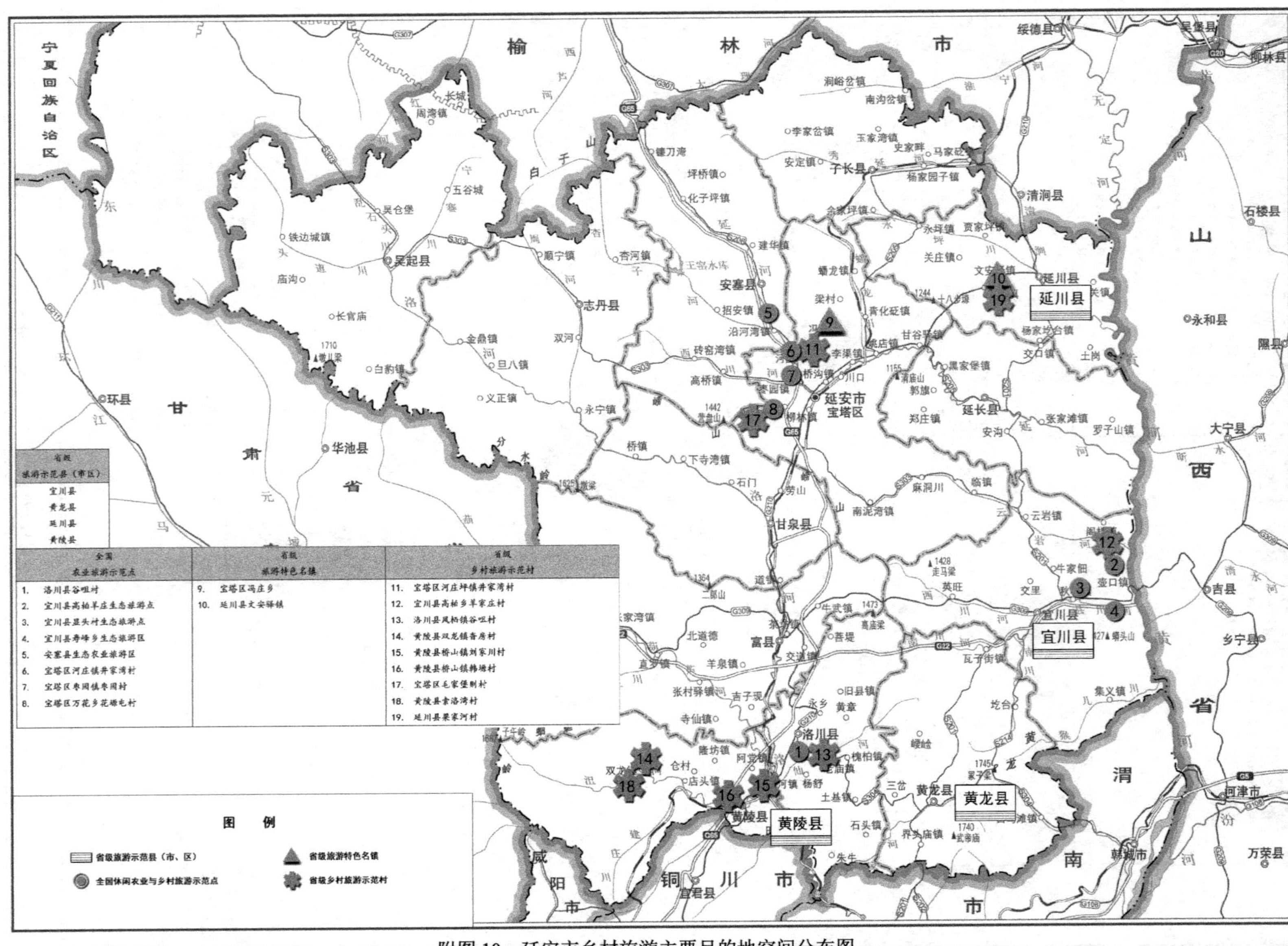

省级 旅游示范县（市区）
宜川县
黄龙县
延川县
黄陵县

全国 农业旅游示范点	省级 旅游特色名镇	省级 乡村旅游示范村
1. 洛川县谷咀村	9. 宝塔区冯庄乡	11. 宝塔区河庄坪镇井家湾村
2. 宜川县高柏羊庄生态旅游点	10. 延川县文安驿镇	12. 宜川县高柏乡羊家庄村
3. 宜川县显头村生态旅游点		13. 洛川县凤栖镇谷咀村
4. 宜川县寿峰乡生态旅游区		14. 黄陵县双龙镇香房村
5. 安塞县生态农业旅游区		15. 黄陵县桥山镇刘家川村
6. 宝塔区河庄镇井家湾村		16. 黄陵县桥山镇韩塬村
7. 宝塔区枣园镇枣园村		17. 宝塔区毛家堡削村
8. 宝塔区万花乡花塬屯村		18. 黄陵县索洛湾村
		19. 延川县梁家河村

附图10　延安市乡村旅游主要目的地空间分布图

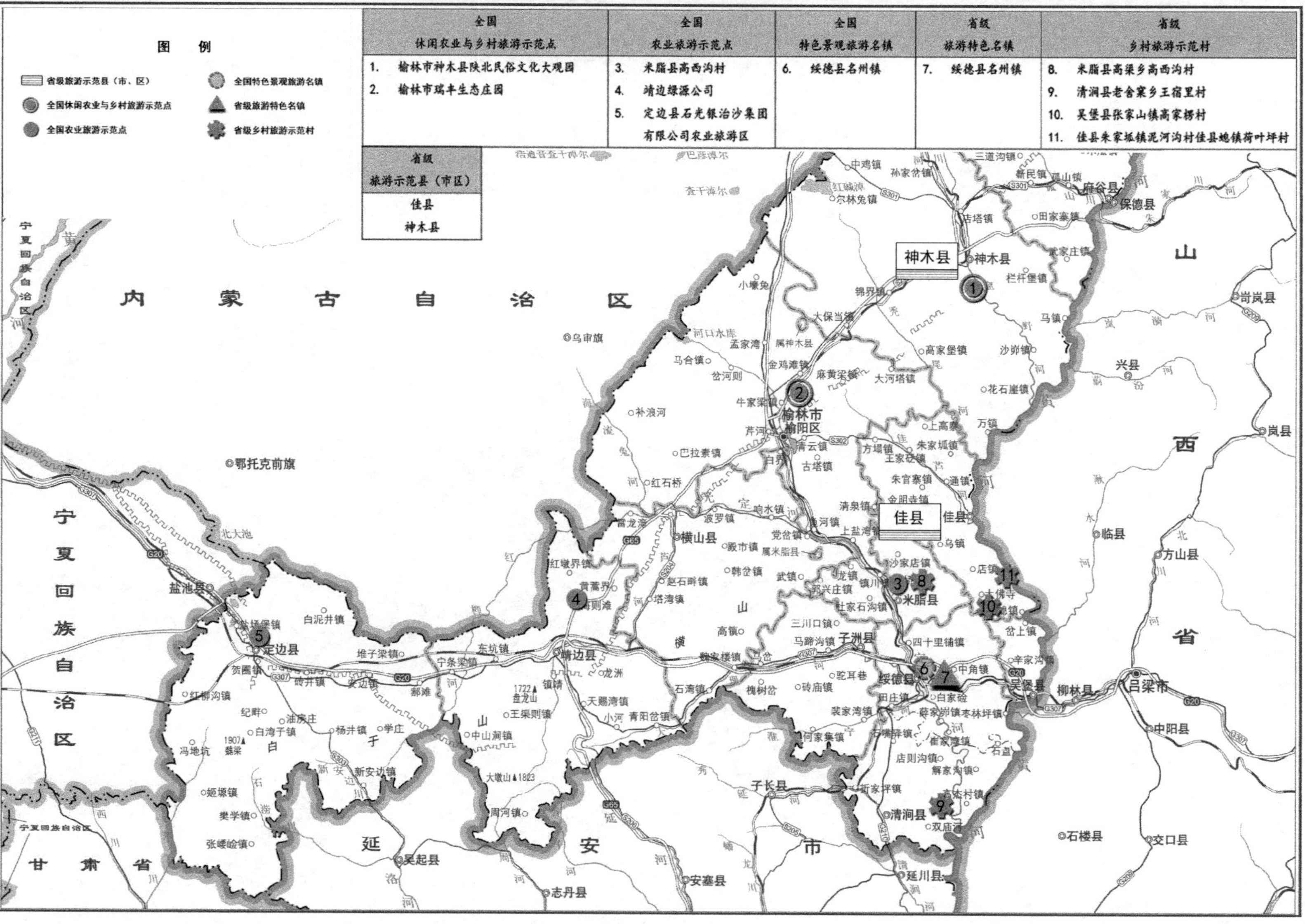

附图 11　榆林市乡村旅游主要目的地空间分布图